GCSE
FRENCH

Gloria Richards
Chair of Examiners

Terry Murray
Head of Modern Languages; Chief Examiner

Letts Educational
Aldine Place
London W12 8AW
Tel: 0181 740 2266
Fax: 0181 743 8451
e-mail: mail@lettsed.co.uk

Every effort has been made to trace copyright holders and to obtain their permission for the use of copyright material. The authors and publishers will gladly receive information enabling them to rectify any error or omission in subsequent editions.

First published 1982
Revised 1983, 1986, 1987, 1989, 1992, 1994, 1997

Text: © Gloria Richards and Terry Murray 1997
Design and illustrations: © BPP (Letts Educational) Ltd 1997

All our Rights Reserved. No part of this publication may be reproduced, stored in a retrieval system, or transmitted, in any form or by any means, electronic, mechanical, photocopying, recording or otherwise, without the prior permission of Letts Educational.

British Library Cataloguing in Publication Data
A CIP record for this book is available from the British Library.

ISBN 1 85758 597 6

Acknowledgments
Terry Murray would like to thank his wife, Rhoda, and children, Catherine, Clare, Michael and Elizabeth for their support and encouragement.
Gloria Richards would like to thank her husband, Vaughan Richards, for the photographs, and would like to thank her husband and daughter for their continuing support and encouragement.
The useful IT vocabulary on pages 85–6 is taken from *Modern Languages, Information File No. 1* published in 1990 by the National Council for Educational Technology (NCET) and is reproduced here with the permission of the publishers. The article and photograph on page 145 are taken from OKAPI no. 588, BAYARD PRESSE, and is reproduced here with the permission of the publishers. The authors would like to thank the Midland Examining Group, Scottish Qualifications Authority, and Welsh Joint Education Committee for their permission to reproduce questions from past papers.

The answers supplied to the Exam Board questions are solely the responsibility of the authors, and are not supplied or approved by the Exam Boards.

Printed in Great Britain by Ashford Colour Press, Gosport

Letts Educational is the trading name of BPP (Letts Educational) Ltd

Contents

Starting points

Introduction — 1
How to use this book — 1
About the exam — 1

Syllabus analysis — 6

Devising a revision programme — 17
Organising your revision — 17
How to revise for French — 17

Revision topics

1	Grammar revision	19
1.1	Introduction	19
1.2	Grammatical terms	19
1.3	Articles	20
1.4	Nouns	20
1.5	Adjectives	21
1.6	Indefinite adjectives	22
1.7	Comparative and superlative of adjectives	23
1.8	Demonstrative adjectives	23
1.9	Posessive adjectives	23
1.10	Adverbs	24
1.11	Comparative and superlative of adverbs	24
1.12	Personal pronouns	25
1.13	Posessive pronouns	25
1.14	Demonstrative pronouns	26
1.15	Disjunctive pronouns	26
1.16	Relative pronouns	27
1.17	Indefinite pronouns	27
1.18	Conjunctions	28
1.19	Prepositions	29
1.20	Verbs	32
1.21	The present tense	32
1.22	The future tense	36
1.23	The imperfect tense	37
1.24	The conditional tense	38
1.25	The perfect tense	39
1.26	The pluperfect, future perfect and conditional perfect tenses	41
1.27	The past historic tense	42
1.28	The subjunctive	43
1.29	The passive	44
1.30	The imperative	45
1.31	The present participle	45
1.32	Verbs followed by prepositions	46
1.33	Impersonal verbs	47
1.34	Tenses with 'si'	48
1.35	Venir de	48
1.36	Negatives	48
1.37	Questions	49
1.38	Inversion	50
1.39	Functions	50

2	Test yourself on grammar	53
2.1	Articles and nouns	53
2.2	Adjectives	53
2.3	Adverbs	53
2.4	Pronouns	53
2.5	Conjunctions	54
2.6	Prepositions	54
2.7	Verbs	54
2.8	Imperative and present participle	55
2.9	Negatives	55
2.10	Functions	56

3	Test yourself answers	57
3.1	Articles and nouns	57
3.2	Adjectives	57
3.3	Adverbs	57
3.4	Pronouns	57
3.5	Conjunctions	57
3.6	Prepositions	58
3.7	Verbs	58
3.8	Imperative and present participle	59
3.9	Negatives	59
3.10	Functions	59

4	Vocabulary	60
4.1	Introduction	60
4.2	Important words	60
4.3	Useful words	62
4.4	Area of experience A – Everyday activities	63
4.5	Area of experience B – Personal and social life	70
4.6	Area of experience C – The world around us	77
4.7	Area of experience D – The world of work	83
4.8	Area of experience E – The international world	86

5	Listening	89
5.1	Introduction to Foundation Tier	89
5.2	How to prepare for the Foundation Listening test	89
5.3	During the examination	90
5.4	Foundation Tier examination questions	90
5.5	Transcripts	95
5.6	Suggested answers	96
5.7	Introduction to Higer Tier	97
5.8	During the examination	97
5.9	Higer Tier examination questions	98
5.10	Transcripts	103
5.11	Suggested answers	106

6	Speaking	108
6.1	Introduction	108
6.2	Preparing for the examination	108

6.3	General conversation	109
6.4	Presentation/prepared talk	114
6.5	Introduction to role-plays	117
6.6	Foundation Tier practice role-plays	118
6.7	Examiner's role and suggested answers	120
6.8	Higher Tier practice role-plays	122
6.9	Examiner's role and suggested answers	124
6.10	Narrative account	127

7	Reading	130
7.1	Introduction	130
7.2	Preparing for the examination	131
7.3	During the examination	139
7.4	Foundation Tier questions	141
7.5	Suggested answers	144
7.6	Higher Tier questions	144
7.7	Suggested answers	153
7.8	Votre guide anti panique	154

8	Writing	156
8.1	Introduction	156
8.2	Preparing for the examination	156
8.3	Foundation Tier tasks	157
8.4	Suggested answers	161
8.5	Higher Tier tasks	163
8.6	Suggested answers	166
8.7	Coursework	167

Examination practice

Complete GCSE paper	169
Introduction	169
The examination paper	169
Suggested answers	184
Index	189

Starting points

Introduction

This book has been written to help you revise for the GCSE examination in French. The key to success in these examinations lies in your ability to convince the examiner that you have mastered the four basic skills which all the Examining Groups test in one form or another. The skills are listening and reading comprehension, speaking and writing French.

How to use this book

The first thing you need to find out before you plan your revision programme is exactly what will be expected of you in the examination itself. The analysis of the syllabuses of each of the Examining Groups on pages 6–16 will help you do this. If you are a mature student it can be used to give you guidance on which Group's examination will suit you best. The analysis and summary of the Groups' requirements indicate the emphasis each Group gives to the different skills and how they are tested. You should concentrate on the types of question your Group sets and ensure that you are given the fullest possible information about the grammar and vocabulary which your particular Group expects you to have studied. The syllabus content of each Examining Group is on pages 6–16.

Success at GCSE in French means having a good knowledge of vocabulary and the grammar of the language. This is not a text book or a vocabulary book, but if you use it wisely as an aid to revision and in conjunction with your course books and specimen examination materials, there should not be any difficulty in achieving success in your Examining Group's tests. This book assumes that you have studied French for at least two years. You should work systematically through the grammar sections and follow the advice and hints on how to tackle the tests which you will be expected to take in your examination. Finally, you can practise the types of question which you will have to do. We recommend that you use this book in conjunction with the accompanying audio support. If you do not have a copy of the CD, or have the CD but would prefer a cassette, please complete and return the order form at the back of the book.

Remember, there is a good deal of distilled experience and advice contained in the hints on examination technique. So if you know your vocabulary, you know your grammar and you follow the advice given and improve your examination technique you should find that the reward for your efforts will be the success you are anxious to achieve.

Enjoy your revision and good luck in your French examinations.

About the exam

- You will have to do four exams, Listening, Speaking, Reading and Writing, except in Scotland where there is no Writing exam.
- Each of the four exams carries equal weighting, i.e. 25% per exam. (In Scotland there is 50% for Speaking, 25% for Listening and 25% for Reading. See pages 6–16 for further details.)

1

Introduction

- Your teacher will administer your Speaking exam.
- There is a coursework alternative for the Writing exam in most Boards. Check with your teacher: ask if you are doing the coursework or the terminal exam.
- Some Boards offer a coursework alternative for Speaking. Check with your teacher.
- If your Board is SEG you will be doing a modular course and different rules apply. See the Analysis of Syllabuses section for more information.
- Nearly all the questions and rubrics (the instructions at the beginning of the question) will be in French and you will have to answer in French.
- If you are answering a question in French in the Listening or Reading exam and you make a mistake, the mistake will not be penalised unless it makes your meaning unclear.
- About 20% of the questions in the Listening and Reading exams will be in English and you have to answer these in English.
- In the role-play part of your Speaking exam the scene-setting will be in English.
- In some parts of the exams you can use a dictionary. See the Analysis of Syllabuses section to find the rules for your Board, and study the section on 'using a dictionary' on page 5 to help you to make the most of this opportunity. Electronic dictionaries are not permitted.
- In both the Foundation Tier and the Higher Tier for each exam there is what is called *overlapping material*. This means that the questions at the end of the Foundation Tier are *identical* to the questions at the beginning of the Higher Tier.
- In Scotland there are three levels of entry known as Foundation, General and Credit Levels. It is quite normal for you to attempt the papers at two adjacent levels. They will be graded separately and you will be awarded the better of the two sets of grades.
- You need to find out from your teacher whether you are doing the *full course* or the *short course*. If you are doing the full course you will study all five *Areas of Experience*. If you study the short course you will study only two of the five *Areas of Experience* (see page 16). In Scotland there is no short course option.

Grading

You will be graded on the 8-point scale of A*, A, B, C, D, E, F, G.

After your answers are marked, your work will be awarded a number of points depending on how good your work was. There are 8 points available for each skill or component. The points you score for each component are added up and the total number of points decides what grade you get.

This is the scale that all Boards use:

Points per component	Grade	Scale
8	A*	30-32
7	A	26-29
6	B	22-25
5	C	18-21
4	D	14-17
3	E	10-13
2	F	6-9
1	G	2-5
0	U	0-1

- In Scotland there are six grades numbered 1 to 6, with grade 7 being reserved for those who complete the course but fail to meet the grade criteria for any level.

Tiering

- For each skill (listening, speaking, reading and writing) there are two possible levels of entry.
- These levels of entry are called the Foundation Tier and the Higher Tier.
- Foundation Tier will assess Grades C–G.
- Higher Tier will assess Grades A*–D.
- You must enter for all four skills (listening, speaking, reading and writing).
- You may enter either the same tier for all four skills or you may mix your tiers.
- You cannot enter for both Foundation Tier and Higher Tier for the same skill.
- In Scotland there are three entry levels and two grades are assessed at each level.

    Foundation Level   (in any of the three areas of assessment) – grades assessed 5 & 6

    General Level   (in any of the three areas of assessment) – grades assessed 4 & 3

About the exam

Credit Level   (in any of the three areas of assessment) – grades assessed 2 & 1

If you are entered for the optional Writing examination in either of the two upper levels the grades assessed are the same as shown above. The following table is a helpful guide to the papers which you are advised to attempt:

Expected External Grade	Papers/Levels	Grades Assessed
7, 6	Foundation	6, 5
5, 4	Foundation and General	6, 5, 4, 3
3, 2, 1	General and Credit	4, 3, 2, 1

Areas of Experience

These are the topic areas that you will study for your GCSE. These topics have been laid down by the government and all the Exam Boards have to follow them. They are listed below as Areas A–E.

If you do a *full course* you have to cover them all. If you do a *short course* in Years 10 and 11, then you study one of Areas A, B or C and in addition Area D or E, making a total of *two* to be studied for the short course.

A Everyday activities
This should include:
- the language of the classroom
- home life and school
- food, health and fitness

B Personal and social life
This should include:
- self, family and personal relationships
- free time and social activities
- holidays and special occasions

C The world around us
This should include:
- home town and local area
- the natural and made environment
- people, places and customs

D The world of work
This should include:
- further education and training
- careers and employment
- language and communication in the workplace

E The international world
This should include:
- travel at home and abroad
- life in other countries and communities
- world events and issues

Examination rubrics

Rubrics are the instructions at the beginning of a question in any of the papers which tell you what you are expected to do. They will usually be in French.

Choisissez la description qui correspond le mieux…	*Choose the description which best fits…*
Cochez les cases appropriées	*Tick the appropriate boxes*
Cochez seulement 5 lettres/cases	*Tick only five letters/boxes*
Complétez la table	*Fill in the table*
D'abord…	*First…*
Décidez comment…	*Decide how…*
Décrivez…	*Describe…*
Demandez ce que…	*Ask what…*
Dites…	*Say…*
Dites-lui ce que vous avez…	*Tell him/her what you have…*
Donnez ou demandez les détails suivants	*Give or ask for the following details*
Ecoutez attentivement…	*Listen carefully…*
Ecrivez…	*Write…*
… une liste/une carte postale/une lettre/un article/ un reportage/les choses etc	*… a list/a*
Ecrivez environ… mots	*Write about… words*
Ecrivez la lettre/le numéro…	*Write the letter/number…*
Ecrivez la lettre qui correspond…	*Write the letter which corresponds/matches…*
Ecrivez les réponses…	*Write the answers…*
Elle parle avec…	*She is talking to…*

Introduction

En anglais	*In English*
En chiffres	*In numbers*
En français	*In French*
Encerclez oui ou non	*Circle yes or no*
Entre deux personnes…	*Between two people…*
Expliquez…	*Explain…*
Faites correspondre…	*Match up…*
Faites des notes	*Make notes*
Faux	*False*
Il/Elle parle/écrit au sujet de/sur…	*He/She is speaking/writing about…*
Il y aura deux pauses pendant l'annonce/l'extrait	*There will be two pauses during the advert/extract*
Les réponses suivantes	*The following answers*
Lisez attentivement…	*Read carefully…*
Lisez les questions/la liste etc	*Read the questions/the list etc*
Maintenant…	*Now…*
Pour chaque question/personne/client	*For each question/person/customer*
Préparez les tâches suivantes en français	*Prepare the following tasks in French*
Présentez-vous	*Introduce yourself*
Puis corrigez l'affirmation…	*Then correct the statement…*
Quelques questions/phrases etc	*Some questions/sentences etc*
Regardez les notes/les dessins/la grille etc	*Look at the notes/drawings/grid etc*
Remerciez…	*Thank…*
Remplissez les blancs	*Fill in the blanks*
Répondez à la question de…	*Answer… 's question*
Répondez à toutes les questions	*Answer all the questions*
Répondez aux questions…	*Answer the questions…*
Répondez en français ou cochez les cases	*Answer in French or tick the boxes*
Remplissez le formulaire/la fiche etc	*Fill in the form etc*
Saluez…	*Greet…*
Si la phrase/affirmation est vraie, cochez la case vrai	*If the sentence/statement is correct, tick the true box*
Tournez la page	*Turn over*
Trouvez les mots /phrases etc	*Find the words/sentences etc*
Voici…	*Here is…*
… une liste/des informations/une carte postale/ une lettre/des annonces/un texte/un extrait d'un journal/magazine etc	*… a list/some information/a postcard/a letter/some adverts/a text/an extract from a newspaper/magazine etc*
Voici un exemple	*Here is an example*
Vous allez entendre…	*You are going to hear…*
… un message/une conversation/un dialogue/ une émission/un reportage à la radio/une interview à la télévision etc	*… a message/conversation/dialogue/programme/ report/account on the radio/interview on the television etc*
Vous allez entendre la conversation deux fois	*You are going to hear the conversation twice*
Vous écoutez…	*You are listening to…*
Vous envoyez…	*You are sending…*
Vous n'aurez pas besoin de toutes les lettres	*You will not need all the letters*
Vrai	*True*

Question types

For the Listening and Responding and the Reading and Responding, there are a number of question types that you need to understand.

There may be:

1. Multiple-choice questions. An example is question 8 on page 142.
2. True/false questions. An example is question 3 on page 145.
3. Grid completion. An example is question 5 on page 146.
4. Responses in French. An example is question 11 on page 143.
5. Matching (you have to tick correct box or write appropriate letter). An example is question 12 on page 143.
6. Note completion. An example is question 7 on page 147.

About the exam

Using a dictionary

In some parts of the exam you will be allowed to use a dictionary. (To find out which parts, look at the Analysis of syllabuses section in this book.). In theory this should make the exams easier. In practice, as many candidates will lose marks through mis-use of the dictionary as candidates who gain marks through proper use of the dictionary.
- Mis-use of the dictionary can lead to mistakes.
- Over-use of the dictionary can lead to a serious loss of time.

Six rules for the use of a dictionary

1. Get familiar with your dictionary.
   - You will see that one half is target language to English and the other half is English to target language.
   - Use a marker pen on the edge of the pages to mark off the first half. Then you won't waste time looking in the wrong half.
   - Use the words in bold at the top of the page to find an entry.
   - Spend time looking at how each entry is laid out so that you understand that words have different meanings and that each meaning is dealt with in turn.
2. Do not bother looking up words which you do not need to answer the question. Stick to the *key* words.
3. Work out how long it takes you on average in seconds to find a word. Then work out for each of your exams how many words you will have time *realistically* to look up in the exam without spoiling your chances of getting the answers down.
4. Do your exam with little or no help from the dictionary and *then* at the end of the exam use the dictionary with the time left.
5. In the Speaking and Writing exams use language that you know to be correct rather than trying to create something new with the help of the dictionary. You won't have time.
6. Learn the list of abbreviations in your dictionary.

Below is an example of what entries on a page in a dictionary might look like.

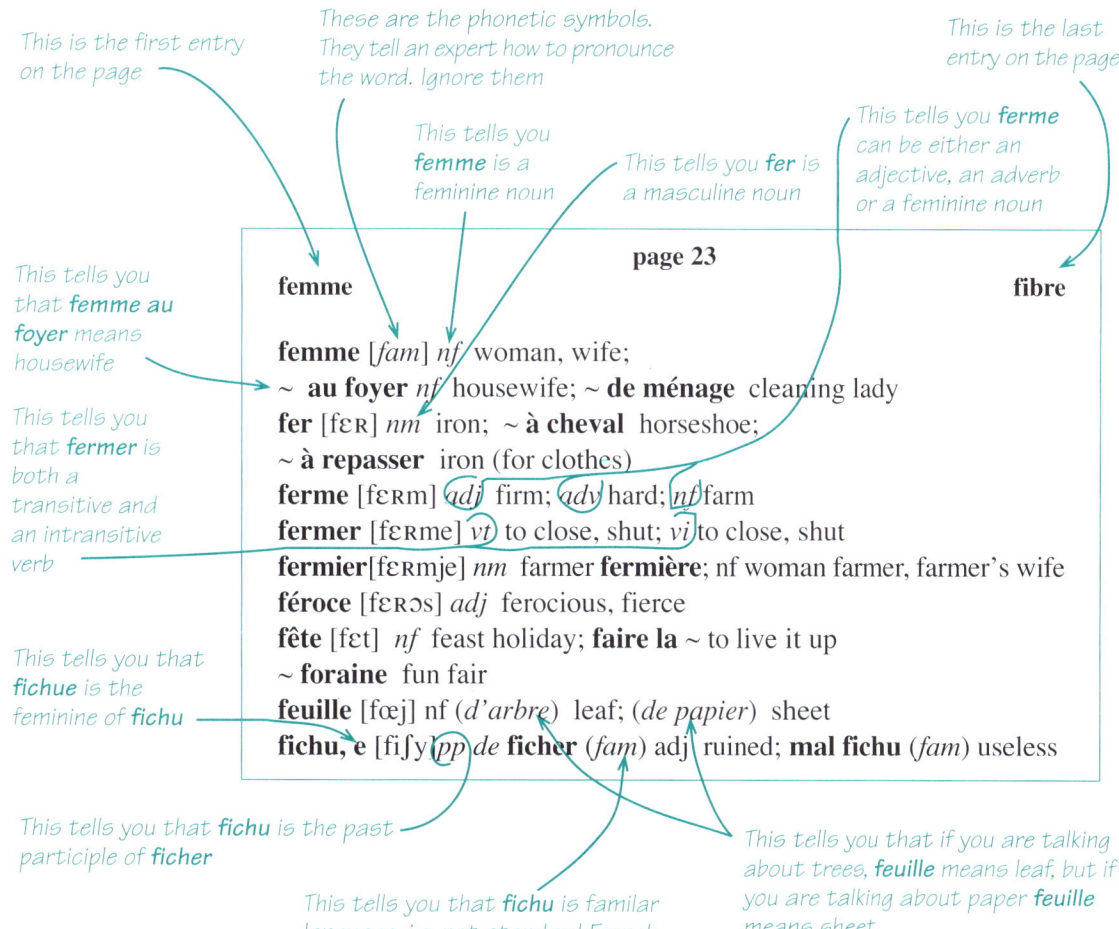

Syllabus analysis

The following table lists all of the topics you will need to revise for your French GCSE course, no matter which syllabus you are studying. It has spaces for you to write notes in and fill in work dates, and a tick column for indicating finished topics so that you can easily see what you still have to do.

Topic	Covered in Unit No	Target finish date	Notes	✔
Foundation Tier				
Grammar	1.1–3.10			
Vocabulary	4.1–4.7			
Listening and responding	5.1–5.6			
Speaking	6.1–6.7, 6.10			
Reading	7.1–7.5			
Writing	8.1–8.4, 8.7			
Higher Tier				
Grammar	1.1–3.10			
Vocabulary	4.1–4.7			
Listening and responding	5.7–5.11			
Speaking	6.1–6.5, 6.8–6.10			
Reading	7.1–7.3, 7.6–7.8			
Writing	8.1–8.2, 8.5–8.7			

Specific details for each syllabus are given on the following pages.

Edexcel Foundation (incorporating London Examinations)

Address: Stewart House, 32 Russell Square, London, WC1B 5DN   Tel: 0171 331 4000

Listening and responding
- Dictionaries are *not* allowed.
- You have to listen to a cassette recorded by native speakers. You will hear everything at least *twice*.
- Your teacher will stop the cassette to allow you time to write your answers.
- The questions will require non-verbal responses (i.e. ticking boxes), target-language answers or answers in English.
- About 20% of the questions will be answered in English. These will usually be at the end of the tests.

Foundation Tier
The test will last approximately 25 minutes.
- You will have to understand instructions, announcements, telephone messages, short narratives, advertisements, news items.
- For Grades E, F and G you will have to identify main points and extract specific details.

- For Grades C and D you will have to identify points of view and understand references to the past, present and future.

Higher Tier

The test will last approximately 35 minutes.
- You will have to do some of the harder Foundation Tier questions.
- You will hear radio broadcasts, discussions, presentations and interviews.
- You will have to identify points of view, understand references to the past, present and future, recognise attitudes and emotions and be able to draw conclusions.

Speaking

You must choose between the Coursework Option and the Terminal Exam Option.

Terminal Exam Option

The test will be recorded by your teacher.
- You may use a dictionary during the preparation time.
- Whether you do Foundation or Higher Tier, you do two role-plays and two conversations.
- The role-plays will either be in the form of instructions in English with pictures to guide you, or prompts in the target language.
- The two conversations will be chosen from this list. You choose the first one; your teacher chooses the second one: shopping; school/college and future plans; friends; food and meals; leisure and entertainment; the world of work; holidays; local area; home and family; daily routine at home, school and work; special occasions; pocket money.

Foundation Tier

The test will last 8–9 minutes
- Role-play A will be simple. Role-play B will have some unpredictability.
- In the conversations, if you want to get Grades C or D you will have to be able to refer to the past, present and the future and be able to express personal opinions.

Higher Tier

The test will last 11–12 minutes
- Role-play B will have some unpredictability. Role-play C will have even more unpredictability. It will be marked for communication *and* quality of language.
- In the conversations you will have to produce longer sequences of speech and use a variety of structures and vocabulary in order to express ideas and justify points of view.

Coursework Option

Your teacher has details of what you must do.
- You must submit three units of work.
- Each unit must have a transaction and a conversation element.
- One of the units must be from Areas of Experience D or E.
- The work must be completed by the end of the first week in May of Year 11.
- Your work will be marked by the teacher and moderated by the Board.

Reading and Responding

- You may use a dictionary.
- 20% of the questions will be in English and require an answer in English.
- The English questions will usually come at the end of the tests.

Foundation Tier

The test will last 30 minutes
- The materials will be signs, notices, adverts, messages, letters, leaflets, newspaper and magazine extracts.
- You will have to identify main points and extract specific detail.
- For Grades C and D you will have to identify points of view, understand unfamiliar language and understand references to past, present and future events.

Higher Tier

The test will last 50 minutes
- You will do the harder questions from the Foundation Tier.
- The texts will be longer than in the Foundation Tier.
- You will have to identify points of view, understand unfamiliar language, understand references to past, present and future events, recognise attitudes and emotions, and be able to draw inferences and conclusions.

Writing

You must choose between the Coursework Option and the Terminal Exam Option.

Terminal Exam Option
You will have the use of a dictionary throughout.
Foundation Tier
The test will last 30 minutes. You have to do *three* tasks:
1. Write a list, e.g. a shopping list.
2. Write a message or a postcard of about 30 words.
3. Write about 70 words, e.g. a letter.

Higher Tier
The test will last 50 minutes. You have to do *two* tasks:
1. Task 3 from the Foundation Tier
2. Write about 150 words, e.g. a narrative or a letter.

Coursework Option
You have to submit three pieces of work. Your teacher has full details of how to approach these.
- They must be from three different Areas of Experience – one must be from Areas of Experience C or D.
- They can be a collection of short pieces or a single piece of writing.
- For Grades D–G submit at least 250–350 words in total.
- For Grades A*–C submit at least 500–600 words.
- Your teacher may guide you but cannot correct your work in detail before it is submitted.
- Coursework must be submitted by the end of the first week in May of Year 11.
- Your teacher will mark your work and it will be moderated by the Board.

Midland Examining Group (MEG)

Address: 1 Hills Road, Cambridge, CB1 2EU   Tel: 01223 553311

Listening and Responding

The test will last approximately 40 minutes.
- Dictionaries are not allowed.
- You will listen to a cassette recorded by native speakers. You will hear everything at least twice.
- The questions will require non-verbal responses (i.e. ticking boxes), target-language answers or answers in English.
- About 20% of the questions will be answered in English. These will be the first one in the Foundation Tier and one of the last ones in the Higher Tier.

Foundation Tier
- You attempt Sections 1 and 2 of the paper.
- You will have to understand instructions, announcements, telephone messages, short narratives, advertisements, news items.
- For Grades E, F and G you will have to identify main points and extract specific details.
- For Grades C and D you will have to identify points of view and understand references to the past, present and future.

Higher Tier
- You will have to do some of the harder Foundation Tier questions, i.e. you attempt Sections 2 and 3 of the paper.
- You will hear radio broadcasts, discussions, presentations and interviews.
- You will have to identify points of view, understand references to the past, present and future, recognise attitudes and emotions and be able to draw conclusions.

Speaking

The test will last 10–12 minutes. It will be recorded by your teacher.
- You may use a dictionary during the preparation period.
- Whether you do Foundation or Higher Tier, you have to do two role-plays, make a presentation and take part in a conversation.

Midland Examining Group (MEG)

- The role-plays will either be in the form of instructions in English with pictures to guide you, or prompts in the target language.
- The Presentation means that you have to prepare a topic of your choice chosen from the Areas of Experience. In the exam you talk for one minute on your topic and then you discuss your topic more freely with the teacher. You may bring a cue-card with up to five short headings into the exam to help you remember what to say. You may use illustrative materials for your presentation. You must not use written notes.
- General Conversation means that the examiner (your teacher) will lead you into a conversation on *three* topics, drawn from the Areas of Experience, such as life at home and at school, holidays, friends, opinions. You will not know the titles of the topics before the exam. You cannot use the same topic for your presentation and your conversation. Your teacher will ensure that this does not happen. The more you say, the more accurate your language is, the more complex your language is, the higher your score.
- Your exam will be recorded on cassette. Either your teacher will mark it and send it away to the Board for moderation or he/she will send it off for external marking.

Foundation Tier
- Role-play A will be simple. Role-play B will have some unpredictability.
- In the Presentation and Conversation, if you want to get Grade C you will have to be able to refer to the past, present and the future and to be able to express personal opinions.

Higher Tier
- Role-play B will have some unpredictability. Role-play C will require you to act as a story-teller, relating an incident that happened in the past. You must develop the incident in your own way. It will be marked for communication *and* quality of language.
- In the Presentation and Conversation you will have to produce longer sequences of speech and use a greater variety of structures and vocabulary to express ideas and justify points of view.

Reading and Responding

The test will last 50 minutes.
- You may use a dictionary.
- 20% of the questions will be in English and require an answer in English. These will be at the beginning of the Foundation Tier and near the end of the Higher Tier.

Foundation Tier
- The materials will be signs, adverts, messages, letters, leaflets, newspaper and magazine extracts.
- You will have to identify main points and extract specific detail.
- For Grades C and D you will have to identify points of view, understand unfamiliar language and understand references to past, present and future events.

Higher Tier
- You will do the harder questions from the Foundation Tier.
- The texts will be longer than at Foundation Tier.
- You will have to identify points of view, understand unfamiliar language, understand references to past, present and future events, recognise attitudes and emotions, and be able to draw inferences and conclusions.

Writing

You must choose between the Coursework Option and the Terminal Exam Option.

Terminal Exam Option
The test will last 50 minutes. You will have the use of a dictionary throughout.

Foundation Tier
You have to do *four* tasks:
1–2 Single-word tasks, e.g. form-filling, writing a list.
3   A message or postcard of about 40 words.
4   A text of about 100 words, e.g. a letter. You will have a choice of two.

Higher Tier
You have to do *two* tasks:
1   Task 4 from the Foundation Tier.
2   Write a composition of about 150 words. It could be a report on something you have experienced. You will have a choice of two.

Syllabus analysis

Coursework Option

You have to submit three pieces of work. Your teacher has full details of how to approach these.
- For Grades E, F and G the pieces should be about 40 words, e.g. design a poster, complete a booking form.
- For Grades C and D the pieces should be about 100 words, e.g. an article or a letter.
- For Grades A* to C the pieces should be about 150 words, e.g. tell the story of a film, an account of an adventure or an experience.

Northern Examinations and Assessment Board (NEAB)

Address: 12 Harter Street, Manchester, M1 6HL   Tel: 0161 953 1180

Listening and Responding

- Dictionaries are only allowed during the five-minute reading time at the beginning and the five-minute checking time at the end.
- You have to listen to a cassette recorded by native speakers. You will hear everything twice.
- Your teacher will stop the cassette to allow you time to write your answers.
- The questions will require non-verbal responses (i.e. ticking boxes), target-language answers or answers in English.
- About 20% of the questions will be answered in English.

Foundation Tier

The test will last approximately 30 minutes
- You will have to understand instructions, announcements, telephone messages, short narratives, advertisements, news items.
- For Grades E, F and G you will have to identify main points and extract specific details.
- For Grades C and D you will have to identify points of view and understand references to the past, present and future.

Higher Tier

The test will last approximately 40 minutes
- You will have to do some of the harder Foundation Tier questions.
- You will hear radio broadcasts, discussions, presentations and interviews.
- You will have to identify points of view, understand references to the past, present and future, recognise attitudes and emotions and be able to draw conclusions.

Speaking

The test will be recorded by your teacher.
- You will be given ten minutes preparation time during which you can use a dictionary. You can also make notes. You can take the notes with you into the exam but not the dictionary.
- Whether you do Foundation or Higher Tier, you do two role-plays, a presentation followed by a discussion, and then a general conversation.
- The role plays will either be in the form of instructions in English with pictures to guide you, or prompts in the target language
- You prepare your presentation before the exam. You have to provide a stimulus, e.g. a book, an article, a poster. Then you talk about your stimulus and your teacher will ask you questions.
- You will have a conversation on at least two, or at most three of the following topics: education and career; self and others; home and abroad; home and daily routine; leisure; holidays and travel.
- You will not know which of the topics you will have to talk about until the day of the exam.

Foundation Tier

The test will last 8–10 minutes.
- Role-play A will be simple. Role-play B will have some unpredictability.
- In the conversations, if you want to get Grades C or D you will have to be able to refer to the past, present and the future and to be able to express personal opinions.

Higher Tier

The test will last 10–12 minutes.
- Role-play B will have some unpredictability. Role-play C will have even more unpredictability. It will be marked for communication *and* quality of language

- In the conversations you will have to produce longer sequences of speech and use a variety of structures and vocabulary in order to express ideas and justify points of view.

Reading and Responding

- You may use a dictionary.
- 20% of the questions will be in English and require an answer in English. These will be at the beginning of the Foundation Tier and near the end of the Higher Tier.

Foundation Tier

The test will last 30 minutes.
- The materials will be signs, notices, advertisements, messages, letters, leaflets, newspaper and magazine extracts.
- You will have to identify main points and extract specific detail.
- For Grades C and D you will have to identify points of view, understand unfamiliar language and understand references to past, present and future events.

Higher Tier

The test will last 50 minutes.
- You will do the harder questions from the Foundation Tier.
- The texts will be longer than at Foundation Tier.
- You will have to identify points of view, understand unfamiliar language, understand references to past, present and future events, recognise attitudes and emotions, and be able to draw inferences and conclusions.

Writing

You must choose between the Coursework Option and the Terminal Exam Option.

Terminal Exam Option

- You can use a dictionary throughout.
- Provided the tasks are completed the number of words is not important. The Board, however, does suggest numbers of words for the more difficult questions.

Foundation Tier

The test will last 40 minutes. You have to do *three* tasks:
1. A short list or a form to be completed.
2. A message or postcard or text for a poster. (**1** and **2** should require a total of about 40 words.)
3. A letter (approximately 90 words) in which you must use different tenses if you want to get a Grade C.

Higher Tier

The test will last 60 minutes. You have to do *two* tasks:
1. Task 3 from the Foundation Tier.
2. A text of about 120 words, e.g. an article, a letter, publicity material.

Coursework Option

- You must submit three assignments drawn from a list of about 60: your teacher has a copy of the list.
- Your assignments must cover at least three of the Areas of Experience.
- If you are a Foundation Tier candidate your assignments should total 200–300 words.
- If you are a Higher Tier candidate your assignments should total 300–500 words.
- To get a C or above you must use past, present and future tenses and express personal opinions.

Northern Ireland Council for the Curriculum Examinations and Assessment (NICCEA)

Address: Clarendon Dock, 29 Clarendon Road, Belfast, BT1 3BG   Tel: 01232 261200

Listening and Responding

The test will last 30 minutes.
- Dictionaries are not allowed.
- You have to listen to a cassette recorded by native speakers. You will hear everything twice.

- The questions will require non-verbal responses (i.e. ticking boxes), target-language answers or answers in English.
- About 20% of the questions will be answered in English.

Foundation Tier
- You will have to understand instructions, announcements, telephone messages, short narratives, advertisements, news items.
- For Grades E, F and G you will have to identify main points and extract specific details.
- For Grades C and D you will have to identify points of view and understand references to the past, present and future.

Higher Tier
- You will have to do some of the harder Foundation Tier questions.
- You will hear radio broadcasts, discussions, presentations and interviews.
- You will have to identify points of view, understand references to the past, present and future, recognise attitudes and emotions and be able to draw conclusions.

Speaking

The test will last 30 minutes. It will be recorded by your teacher.
- You can use a dictionary only in the ten-minute preparation time.
- Whether you do Foundation or Higher Tier, you will do role-plays and a general conversation.
- The role-plays will either be in the form of instructions in English with pictures to guide you, or prompts in the target language.

Foundation Tier
- Role-play A will be simple. Role-play B will have some unpredictability.
- In the conversations, if you want to get Grades C or D you will have to be able to refer to the past, present and the future and to be able to express personal opinions.

Higher Tier
- Role-play B will have some unpredictability. Role-play C will have even more unpredictability. It will be marked for communication *and* quality of language.
- In the conversations you will have to produce longer sequences of speech and use a variety of structures and vocabulary in order to express ideas and justify points of view.

Reading and Responding

The test will last 40 minutes.
- You may use a dictionary.
- 20% of the questions will be in English and require an answer in English. These will be at the beginning of the Foundation Tier and near the end of the Higher Tier.

Foundation Tier
- The materials will be signs, notices, advertisements, messages, letters, leaflets, newspaper and magazine extracts.
- You will have to identify main points and extract specific detail.
- For Grades C and D you will have to identify points of view, understand unfamiliar language and understand references to past, present and future events.

Higher Tier
- You will do the harder questions from the Foundation Tier.
- The texts will be longer than at Foundation Tier.
- You will have to identify points of view, understand unfamiliar language, understand references to past, present and future events, recognise attitudes and emotions, and be able to draw inferences and conclusions.

Writing

The test will last 45 minutes.
- You can use a dictionary throughout.
- Provided the tasks are completed the number of words is not important. The Board however does suggest numbers of words for the more difficult questions.

Foundation Tier
- You may have to complete forms, produce lists, write notes or cards.
- You will have to write a text, such as a letter.
- There will be about 120 words in total.

Higher Tier
You have to do two tasks:

- The text or letter from the Foundation Tier.
- A longer text, e.g. a letter, report or account.

Scottish Qualifications Authority (formerly SEB)

Address: Ironmills Road, Dalkeith, Midlothian, EH22 1LE   Tel: 0131 663 6601

In Scotland the exam is called Standard Grade. In England there are two Tiers; in Scotland there are three Levels: Foundation, General and Credit. Candidates may attempt Listening and Reading papers in two adjacent levels: Foundation and General or General and Credit.

Listening

This counts for 25% of your mark.
- Dictionaries are not allowed.
- There will be three separate papers, one at each level.
- Material will be presented on tape and heard twice.
- Questions will be set in English, to be answered in English.
- There will be a progression in difficulty across the three levels.
- The items in each paper will be connected thematically, the theme will be stated in English.
- Responses expected from candidates will vary from a few words to a detailed answer. No long answers will be expected at Foundation Level.

Speaking

This counts for 50% of your mark.
- Dictionaries are not allowed.
- There will be no end of course examination – assessments will be made throughout your course and recorded on tape.
- These assessments will be made by your teacher, but in March each year a Moderator will visit the school to assess the candidates' performance based on a Speaking activity set by the Board.
- Speaking activities can be wide ranging – a sample will be used for moderation purposes and these will involve a face-to-face conversation with your teacher lasting ten minutes.

Reading

This counts for 25% of your mark.
- You may use a dictionary in all three levels.
- Questions will be set in English to be answered in English at all three levels.
- Questions will require general or detailed responses and there will be a progression in difficulty and in length from Foundation to Credit Level.
- Responses expected will vary from a few words to a detailed answer across the levels.
- Items within each paper will be connected by a thematic development which will be stated in English.

Writing

- This is an optional paper and can only be taken at General or Credit Level. Success in this paper will be recorded on the certificate but will not contribute to the overall grade awarded.
- Dictionaries are allowed at both levels.
- At General Level you will be asked to write a number of short simple messages in French.
- At Credit Level you will be required to respond to a passage, or passages in French by writing an answer of about 200 words in French , expressing your views coherently.

Southern Examining Group (SEG) Modular

Address: Stag Hill House, Guildford, GU2 5XJ   Tel: 01483 506506

This course is divided into four modules. Each module will last about 15 weeks.

Module 1
Title: Contact with a French-speaking country.
When assessed: February of Year 10.
The three tests: Listening, Speaking and Reading. Each counts for 5% of your final mark.
Listening: You listen to a cassette recorded by native speakers. You will hear the material up to three times. You answer questions mostly in the target language, but some of the questions will be non-verbal (e.g. box-ticking) or in English. Dictionaries are not allowed.
Speaking: You must produce a short tape-recorded monologue. Your teacher will help you with choosing a title. You can use a dictionary when preparing it, but not when actually recording it. You can use prompts, but you cannot read aloud from a prepared script.
Reading. You have to do a variety of reading tests and you may use a dictionary.

Module 2
Title: Organising a visit to a French-speaking country.
When assessed: June of Year 10.
The two tests: Listening and Reading. Each counts for 10% of your final mark.
Listening: You listen to a cassette recorded by native speakers and answer the questions in an examination booklet. You may not use a dictionary. You will hear each item twice.
Reading: You have to do a variety of reading tests and you may use a dictionary.

Module 3
Title: Holidays and travel.
When assessed: Through coursework during the autumn term of Year 11.
There are two skills tested: Speaking (5%) and Writing (10%).
Speaking: As for Module 1.
Writing: You have to produce two pieces of written work as coursework. It is not a test. You are allowed to draft and re-draft. Use IT if you want.
Foundation Tier
(a) One piece of writing of about 30 words, for example a postcard, message or form.
(b) One piece of writing of 100–120 words, for example a letter or a response to a questionnaire.
Higher Tier
Two pieces of writing, of different types, of 100–120 words. They may be for example formal or informal letters, articles or reports.

Module 4: External exam
This takes place in the normal summer examination period of Year 11. There are four exams:
Speaking (15%)
One role-play and one conversation. You have five minutes (*Foundation*) or eight minutes (*Higher*) preparation time during which you can use a dictionary, but you may not make notes.
Listening (10%)
As for Module 2.
Reading (10%)
As for Module 2.
Writing (15%)
You have to produce one piece of written work. You may use a dictionary.
Foundation Tier
One piece of writing of about 80 words, e.g. a response to a questionnaire or a letter.
Higher Tier
One piece of writing of about 120 words, e.g. a response to a letter, an article or a report.

Welsh Joint Education Committee (WJEC)

Address: 245 Western Avenue, Cardiff, CF5 2YX   Tel: 01222 265000

Listening and Responding

The test will last 45 minutes.
- Dictionaries are only allowed during the ten-minute reading time at the beginning and the ten-minute checking time at the end.

Welsh Joint Education Committee (WJEC)

- You have to listen to a cassette recorded by native speakers. You will hear everything three times.
- The questions will require non-verbal responses (i.e. ticking boxes), target-language answers or answers in English/Welsh.
- About 20% of the questions will be answered in English/Welsh.

Foundation Tier
- You will have to understand instructions, announcements, telephone messages, short narratives, advertisements, news items.
- For Grades E, F and G you will have to identify main points and extract specific details
- For Grades C and D you will have to identify points of view and understand references to the past, present and future.

Higher Tier
- You will have to do some of the harder Foundation Tier questions.
- You will hear radio broadcasts, discussions, presentations and interviews.
- You will have to identify points of view, understand references to the past, present and future, recognise attitudes and emotions and be able to draw conclusions.

Speaking

The test will be recorded by your teacher.
- You can use a dictionary only during the preparation time.
- Whether you do Foundation or Higher Tier, you do two role-plays and a conversation.
- The role-plays will either be in the form of instructions in English/Welsh with pictures to guide you, or prompts in the target language.

Foundation Tier
The test will last 10 minutes.
- Role-play A will be simple. Role-play B will have some unpredictability.
- In the conversation, if you want to get Grades C or D you will have to be able to refer to the past, present and the future and to be able to express personal opinions.

Higher Tier
The test will last 12 minutes.
- Role-play B will have some unpredictability. Role-play C will have even more unpredictability. It will be marked for communication and quality of language.
- In the conversation you will have to produce longer sequences of speech and use a variety of structures, tenses and vocabulary in order to express ideas and justify points of view.

Reading and Responding

The test will last 40 minutes.
- You may use a dictionary.
- 20% of the questions will be in English/Welsh and require an answer in English/Welsh.

Foundation Tier
- The materials will be signs, notices, advertisements, messages, letters, leaflets, newspaper and magazine extracts.
- You will have to identify main points and extract specific detail.
- For Grades C and D you will have to identify points of view, understand unfamiliar language and understand references to past, present and future events.

Higher Tier
- You will do the harder questions from the Foundation Tier.
- The texts will be longer than at Foundation Tier.
- You will have to identify points of view, understand unfamiliar language, understand references to past, present and future events, recognise attitudes and emotions, and be able to draw inferences and conclusions.

Writing

You must choose between the Coursework Option and the Terminal Exam Option.

Terminal Exam Option
You may use a dictionary throughout.

Foundation Tier
The exam lasts 45 minutes. You will be expected to:
- elicit and provide information

- describe events in the past, present and future
- express opinions, emotions and ideas

Higher Tier
The exam lasts 60 minutes. You will be expected to:
- write in different ways to suit the audience and the context
- justify any ideas and points of view expressed
- write with increased accuracy and an increasingly wide range of language

Coursework Option

Five pieces of work may be submitted in the coursework option. These will be pieces of work done in class under teacher supervision. A dictionary may be used. Further details are given in the WJEC syllabus.

Short course

This is what you need to know if you are taking a short course.
- The exam boards do not mark your papers more leniently because you are taking a short course. The same level of competence is expected for, say, a grade A* in the short course as for a grade A* in the full course.
- The main difference between a full course and a short course is that the full course tests knowledge of all five Areas of Experience (see page 3), whereas the short course tests only two.
- In theory you could be studying one Area from either A, B or C and one Area from D and E. In practice you are likely to be doing Areas B and D – but do check with your teacher.
- When learning vocabulary concentrate on the words that deal with Areas of Experience B and D (see pages 70–77 and 83–86). However, you should also learn as much vocabulary as you can from the other Areas of Experience.

Speaking

Make sure that you can talk about family, free time, holidays and your future career.

Listening

Again the topics of family, free time, holidays and your future career will be tested. Make sure you know the vocabulary.

Reading

You may well have a lot of questions set on texts to do with the world of work. Make sure you know the words for unemployment, salary, working times, boss, lunch break, training, tax, etc. See the Area D vocabulary section on pages 83–86.

Writing

It is absolutely essential that you know how to write a letter applying for a job. It could be a temporary summer job or a permanent post. Study the letters in Chapter 8.

Devising a revision programme

Organising your revision

You cannot expect to remember all the grammar and vocabulary that you have learned over a period of three or four years unless you are prepared to revise. You need to be able to recall the vocabulary and rules of grammar from your memory during any part of the examination.

Organise your revision by making a timetable. Choose a time when you are at your most receptive. It might be best to revise in the early evening before you get too tired, or early in the morning after a good night's sleep. Having decided when to revise, put the times on to your revision timetable.

You also need a suitable place to revise. Find a quiet, or fairly quiet room away from distractions like TV or loud music. You need a table, a chair, adequate light (a table lamp will often help you to concentrate) and a comfortable temperature. It is better to revise when sitting at a table than when lying down. It is more effective to revise inside the house rather than basking in the sun.

How to revise for French

When revising vocabulary do not just keep reading the words and their meanings through aimlessly. Try to learn the words in context. Remember you need to know the gender and the plural of all nouns.

Learn lists of words in short spells at a time and always give yourself a written test. In other words you must review the words you have learned. Without this review you will forget what you have learned very quickly.

When revising grammar points you should make notes on a postcard, which will then help you to do some light revision on the night before the exam. Look for the important key facts about French grammar and make notes on them as you revise. Use the test yourself section of this book to test what you have revised. If you have not understood and are still getting it wrong then go back to the relevant grammar section and look at it again.

The reviewing of what you have revised is very important. You should try to carry out this testing and retesting of what you have learned during a revision session after 24 hours, then after a week and maybe again after a month. You should keep your summary notes for use just before the exam.

Plan all your revision in short bursts, depending on your span of concentration.

1. You learn most by studying for 20–40 minutes and then testing yourself to see how much you remember.
2. Take regular breaks. On your timetable you could split a two-hour session into four shorter periods, like this: revise for 25 minutes; break for 10 minutes; work another 25 minutes; then stop, have a longer break (20–30 minutes) and then work for another 35–40 minutes. Give yourself a reward at the end of the revision period, e.g. watch TV, read a book, listen to a record or the radio, or go and see a friend.
3. Have a definite start time and finish time. Learning efficiency tends to fall at the beginning of a revision session but rises towards the end.
4. Allow two hours each day for revision at the beginning of your programme and build up to three hours a day or more during the last three or so weeks of revision before the examinations start. Make sure French has a weekly session in your revision programme.

Devising a revision programme

Some other tips:

Don't waste revision time
(a) Recognize when your mind begins to wander.
(b) If you have things on your mind deal with them first; or make a list of the 'things you need to do' then go back to your revision.
(c) Get up and move about – do something different, make a cup of tea, etc.
(d) Think with your daydream – it will probably go away.
(e) Change your revision subject – move to another subject, then come back to French revision.

Work in pairs
(a) Learning vocabulary is easy this way; you can test one another.
(b) Practise talking French with a friend.
(c) Listen to French radio broadcasts together.

Understand the work
Learning grammar 'parrot fashion' can lower recall. Remember: *work, test, rest, reward*.

Do not give up
You may feel irritable and depressed, but recognize that this is a common problem. Do not give up.
   Here is the 'Ladder to Success' which can help you understand how to prepare properly not only for your French examinations but other examinations as well.

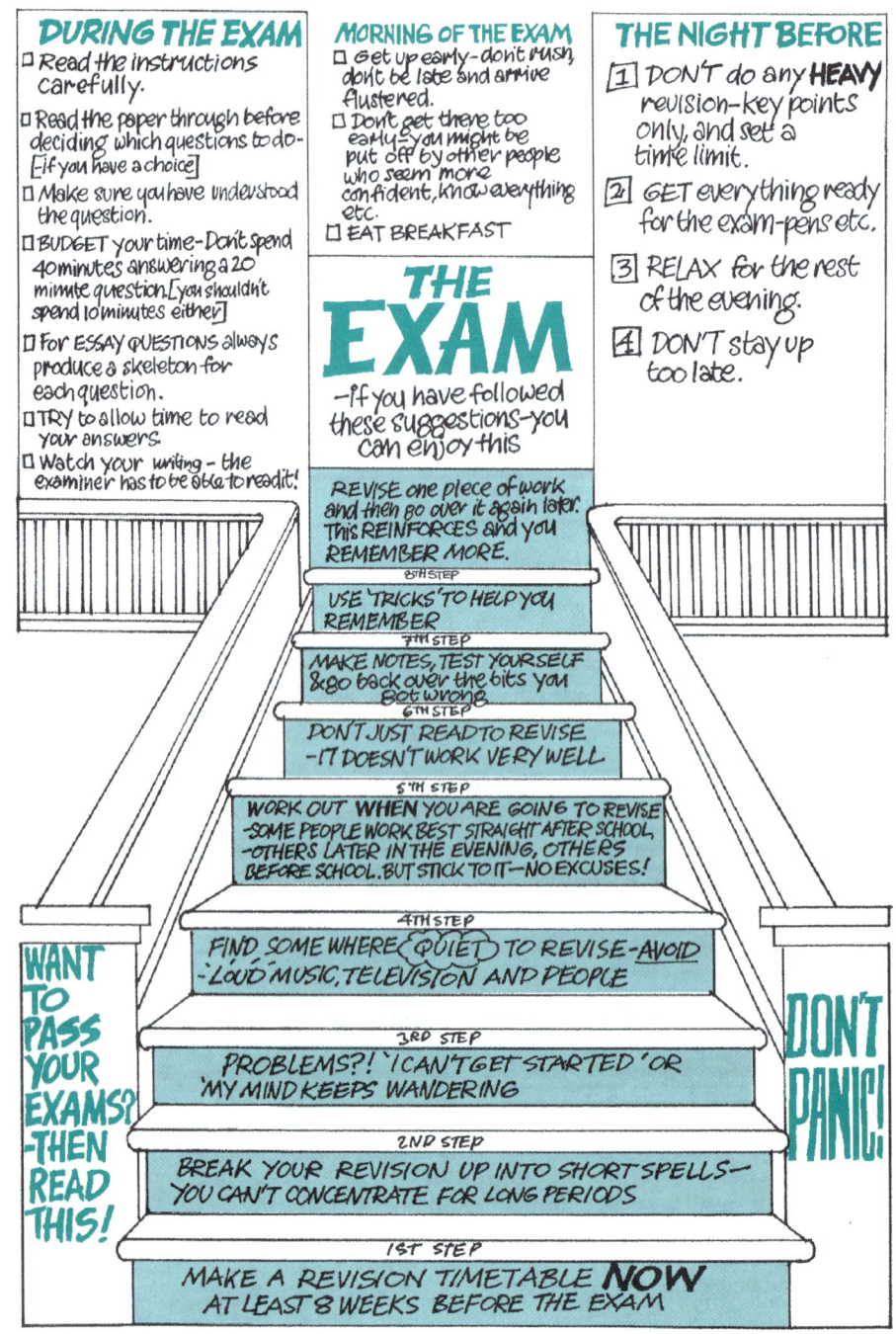

Revision topics

Chapter 1
Grammar revision

1.1 Introduction

A good working knowledge of French grammar will give you confidence and the ability to succeed at the highest level. You will need to take time to check that you know and understand the grammar set out in this book. A careful revision plan should be made so that you do not panic before and during the examination.

As most of the National Curriculum GCSE French examination will contain instructions in French, you will need to be confident in your ability to understand and use the language correctly. Here is a useful guide for you when planning your grammar revision programme during the final year before the exam.

September – revise the present tense and adjectival agreements
October – revise the perfect tense (those verbs conjugated with *avoir* and *être*, including reflexive verbs)
November – revise the future tense and the use/position of adverbs
December/January – revise the imperfect tense and the use of prepositions
(**NB** Mock exams in December or January will affect your revision plan)
February – revise the conditional tense, negatives and any major grammatical point which showed weakness in the mock exams
March – revise the simple forms of the subjunctive tense, numbers and dates
April – revise the present participle, the *après avoir/être* constructions and the weather
May – revise the passive and how to avoid it/the use of *on*

As you work through each of the grammar sections in this book, do the self-test sections to make sure that you have understood the grammar.

1.2 Grammatical terms

Before you start your grammar revision, you need to familiarise yourself with some grammatical terms. Look at this sentence:

The boy eats a delicious dinner slowly in the kitchen.

The	definite article
boy	noun (subject)
eats	verb
a	indefinite article
delicious	adjective
dinner	noun
slowly	adverb
in	preposition
the	definite article
kitchen.	noun

The *definite article* is the grammatical name given to the word 'the'.
The *indefinite article* is the name given to the word 'a' or 'an'.

A *noun* is a person, place, thing or animal.
A *verb* is a word that describes an action (e.g. eats).
An *adjective* is a word that describes a noun (e.g. delicious).
An *adverb* is a word that describes a verb. It tells you how an action is done (e.g. slowly). Many adverbs in English end in '-ly'.
A *preposition* is a word placed before a noun or a pronoun to indicate time, place or condition (e.g. *in* the kitchen).
A *conjunction* is a word that links two parts of a sentence (e.g. he was eating *and* drinking). The most common conjunctions in English are 'and' and 'but'.
A *pronoun* is a word that stands in place of a noun. In the sentence above, we could replace the noun 'the boy' by the pronoun 'he'. Similarly, 'a dinner' could be replaced by 'it'.
A *negative* is a word like 'not' or 'never' that indicates that an action is not being done.
Gender refers to whether a word is masculine or feminine.
The *subject* is the name given to the person or thing doing the action. In the sentence above, the subject is 'the boy'.
The *object* is the name given to the person or thing that has the action done to it. In the sentence above 'a dinner' is the object.

1.3 Articles

Remember these points:
(a) The definite articles (**le**, **la**, **l'**, **les** = the) are used more frequently in French than they are in English. Remember to use them in such expressions as:
Children like ice cream. **Les** enfants aiment **les** glaces.
Poor Mary has forgotten her book. **La** pauvre Marie a oublié son livre.
He prefers red wine to white wine. Il préfère **le** vin rouge **au** vin blanc.
(b) When preceded by the preposition **à**, the forms of the definite article are: **au, à la, à l', aux**.
When preceded by the preposition **de**, the forms are: **du, de la, de l', des**.
(c) The indefinite articles (**un, une, des** = a, some) are omitted when giving people's occupations:
My father is an engineer. Mon père est ingénieur.
Her brothers are students. Ses frères sont étudiants.
(d) The partitive articles (**du, de la, de l', des** = some) are contracted to **de** or **d'** in the following instances:
   (i) After a negative:
   J'ai **des** pommes. Je n'ai pas **de** pommes.
   Il a **de** l'argent. Il n'a pas **d'**argent.
   Note also: J'ai une voiture. Je n'ai pas **de** voiture.
   (ii) When an adjective precedes the noun:
   des livres; **de** gros livres
   des robes; **de** jolies robes

1.4 Nouns

Making nouns plural

As in English, the plurals of nouns in French are normally formed by adding 's' to the singular noun, e.g. un garçon, des garçons.
However, there are several important exceptions to this rule which you will be expected to know. Check carefully the following plural forms which do not follow the normal rule:

l'animal (m)	les animaux	*animal(s)*
le bijou	les bijoux	*jewel(s)*
le bois	les bois	*wood(s)*
le cadeau	les cadeaux	*present(s)*
le caillou	les cailloux	*pebble(s)*
le chapeau	les chapeaux	*hat(s)*

le château	les châteaux	*castle(s)*
le cheval	les chevaux	*horse(s)*
le chou	les choux	*cabbage(s)*
le ciel	les cieux	*sky/heaven skies/heavens*
l'eau (f)	les eaux	*water(s)*
le feu	les feux	*fire(s) (pl. also = traffic-lights)*
le fils	les fils	*son(s)*
le gâteau	les gâteaux	*cake(s)*
le genou	les genoux	*knee(s)*
le hibou	les hiboux	*owl(s)*
le jeu	les jeux	*game(s)*
le journal	les journaux	*newspaper(s)*
le mal	les maux	*evil(s)/harm(s)/hurt(s)*
le nez	les nez	*nose(s)*
l'œil (m)	les yeux	*eye(s)*
l'oiseau (m)	les oiseaux	*bird(s)*
l'os (m)	les os	*bone(s)*
le prix	les prix	*price(s)/prize(s)*
le tableau	les tableaux	*picture(s)*
le temps	les temps	*time(s)/weather(s)*
le timbre-poste	les timbres-poste	*postage stamp(s)*
le travail	les travaux	*works*

Note also:
madame   **mes**dames
mademoiselle   **mes**demoiselles
monsieur   **mes**sieurs

Family names do *not* change in French when they are used in the plural:
We are going to the Gavarins'. Nous allons chez les Gavarin.

1.5 Adjectives

(a) When you are writing in French, you must pay special attention to the ending of words. Adjectives in English have the same form in the singular and the plural.
e.g. *singular:* the little boy
plural: the little boys
In French the endings of adjectives often change.
e.g. *singular:* le petit garçon
plural: les petits garçons

(b) Another important difference between English and French is the position of adjectives. In English, adjectives precede the noun:
the white house, the intelligent girl.
In French, all but a few common adjectives are placed after the noun:
la maison **blanche**, la fille **intelligente**
These are the adjectives which *do* precede the noun in French; try to memorise them:
beau   bon   excellent   gentil   grand   gros   jeune   joli   long   mauvais
même (= same)   meilleur   nouveau   petit   vieux   vilain
Some adjectives change their meaning according to their position:

un **cher** ami	*a dear friend*
un vin **cher**	*an expensive wine*
un **ancien** élève	*a former pupil*
un bâtiment **ancien**	*an old building*
mes **propres** mains	*my own hands*
mes mains **propres**	*my clean hands*

(c) The spelling of adjectives in French changes according to the gender of the noun they are describing, as well as according to whether the noun is singular or plural:
le **vieux** livre
la **vieille** maison

An adjective is normally made feminine by the addition of 'e'.
  e.g. joli/jolie
When a word already ends in 'e' it does not change.
  e.g. jeune (m and f)
There are also a number of adjectives which have irregular feminine forms. These must be learnt:

Masculine singular	Feminine singular		Masculine singular	Feminine singular	
ancien	ancienne	*old*	gentil	gentille	*nice*
bas	basse	*low*	gras	grasse	*fat*
beau	belle	*beautiful*	gros	grosse	*big*
blanc	blanche	*white*	jaloux	jalouse	*jealous*
bon	bonne	*good*	long	longue	*long*
bref	brève	*brief*	neuf	neuve	*brand new*
cher	chère	*dear*	nouveau	nouvelle	*new*
doux	douce	*sweet*	premier	première	*first*
épais	épaisse	*thick*	public	publique	*public*
entier	entière	*entire/whole*	roux	rousse	*auburn, russet*
faux	fausse	*false*	sec	sèche	*dry*
favori	favorite	*favourite*	secret	secrète	*secret*
fou	folle	*mad*	vieux	vieille	*old*
frais	fraîche	*fresh*	vif	vive	*lively*

Note also the forms **bel**, **nouvel**, **vieil**. These are used before masculine singular words beginning with a vowel or 'h'.
  e.g. un **bel** homme
      un **nouvel** élève
      un **vieil** autobus

1.6 Indefinite adjectives

(a) **Autre(s)**, other
  Les autres élèves sont sages. *The other pupils are good.*
  J'ai une autre robe rouge. *I have another red dress.*
(b) **Chaque**, each
  chaque élève, *each pupil*
  chaque maison, *each house*
(c) **Même(s)**, same
  Nous avons vu le même film. *We saw the same film.*
  Ils ont les mêmes disques. *They have the same records.*
(d) **Plusieurs**, several
  J'ai acheté plusieurs livres. *I have bought several books.*
(e) **Quelque(s)**, some
  pendant quelque temps, *for some time*
  Quelques élèves sont arrivés. *Some pupils have arrived.*
(f) **Tel**, **telle**, **tels**, **telles**, such
  Pay special attention to the position of this word.
  un tel homme, *such a man*
  une telle femme, *such a woman*
  de tels hommes, *such men*
  de telles femmes, *such women*
(g) **Tout**, **toute**, **toutes**, all (+ article)
  tout le fromage, *all the cheese*
  toute la famille, *all the family*
  tous les garçons, *all the boys*
  toutes les jeunes filles, *all the girls*

1.7 Comparative and superlative of adjectives

(a) The comparative and superlative forms of adjectives are quite simple when the adjective precedes the noun:

more, **plus**	less, **moins**	as, **aussi**
the most, **le(la, les) plus**	the least, **le (la, les) moins**	
stronger, plus fort	*less strong*, moins fort	*as strong*, aussi fort
the strongest, le plus fort	*the least strong*, le moins fort	
la plus forte	la moins forte	
les plus fort(e)s	les moins fort(e)s	

In all three cases **que** is used to complete the comparison. It can mean as or than.
  Pierre est plus fort que Jean. *Peter is stronger than John.*
  Les lions sont aussi forts que les tigres. *Lions are as strong as tigers.*
Be particularly careful with:
  better, **meilleur**   un meilleur élève, *a better pupil*
  best, le **meilleur**   le meilleur élève, *the best pupil*

(b) When an adjective follows the noun, it keeps the same position when it is made comparative or superlative:
une histoire plus amusante, *a more interesting story*
In the superlative, the definite article must be repeated after the noun:
l'histoire **la** plus amusante, *the most interesting story*

(c) 'In' with a superlative is translated by **de**:
L'élève le plus intelligent **de** la classe. *The most intelligent pupil in the class.*

1.8 Demonstrative adjectives

masculine	*feminine*	*plural*
ce	cette	ces

There is a special masculine singular form which is used before a vowel or 'h': **cet**.
  These adjectives correspond to the English *this, that/these, those*.
  ce livre   *this book, that book*
  cet homme   *this man, that man*
  cette maison   *this house, that house*
  ces élèves   *these pupils, those pupils*
   -ci and **-là** may be added for extra emphasis:
  ce livre-ci, *this book (here)*
  ce livre-là, *that book (there)*, etc.

1.9 Possessive adjectives

	masculine	*feminine*	*plural*
my	mon	ma	mes
your	ton	ta	tes
his/her	son	sa	ses
our	notre	notre	nos
your	votre	votre	vos
their	leur	leur	leurs

(a) Before a singular feminine noun beginning with a vowel or 'h', use **mon**, **ton**, **son**:
son amie, *his (her) girlfriend*
ton histoire, *your story*
mon auto, *my car*

(b) **son** = his *or* her
sa = his *or* her
The difference in usage depends on the gender of the possession and not on the gender of the owner:
sa maman, *his mother or her mother*
son stylo, *his pen or her pen*

1.10 Adverbs

(a) Adverbs of manner are normally formed by adding **-ment** to the feminine form of the adjective:
heureuse (f), *happy* – **heureusement**, *happily*
douce (f), *sweet, gentle* – **doucement**, *sweetly, gently*

As usual, there are exceptions to this rule. Here are some of the more common ones:
constamment *constantly*
énormément *enormously*
évidemment *evidently*
gentiment *nicely*
mal *badly*
précisément *precisely*
profondément *deeply*
vraiment *truly, really*
Note the irregular form **mal**.

Of all the adverbs which candidates misspell, the word **vite** (quickly) is the word which is most frequently misspelt. **Vite** is now the only spelling of this word. It does not have the same ending as the other adverbs above.

(b) One of the most important things to remember about adverbs in French is their position in relation to the verb. In English, we often place the adverb before the verb. In French, the adverb never comes between the subject and the verb of a sentence. The normal position for the adverb in French is after the verb.
e.g. Je vais **souvent** à Paris. *I often go to Paris.*
When using the perfect tense, however, the adverb is nearly always placed between the auxiliary and the past participle.
e.g. J'ai **trop** mangé. *I've eaten too much.*
Occasionally, the adverb in French is placed at the beginning of a sentence, but there are hidden dangers here, especially with such words as **aussi** (also, so) and **ainsi** (thus). It is better, therefore, to keep to the general rule of placing the adverb after the verb.

(c) Adverbial **tout**
Tout = all, altogether, quite. When used before an adjective, **tout** does not agree with the adjective unless the adjective is feminine and begins with a consonant:
Elle est toute seule. *She is all alone.*
Elles étaient tout émues. *They (f) were quite moved.*

1.11 Comparative and superlative of adverbs

These are formed in a similar way to the comparatives and superlatives of adjectives, except that, because they are adverbs, they are invariable. There are no feminine or plural forms of the article.
e.g. Marie chante **le plus fort**. *Mary sings the loudest.*
Note also: best, **mieux,** *the best,* **le mieux**
e.g. Elle chante le mieux. *She sings the best.*

1.12 Personal pronouns

(a) Subject pronouns

	singular	plural
1	je	nous
2	tu	vous
3	il/elle/on	ils/elles

Remember that **on** is a third person singular pronoun, so the verb must agree with it:

On **va** en ville,

even though in translation we might use another personal form:

They/we are going to town.

(b) Object pronouns

The normal positions are:

1	2 (Direct)	3 (Indirect)	4	5	
me					
te	le				
(se)	la	lui			
nous	les	leur	y	en	verb
vous					
(se)					

Je te le donne. *I give it to you.*
Il m'en a parlé. *He talked to me about it.*
Nous les y enverrons. *We'll send them there.*

The object pronouns always keep to this order, except in affirmative commands. In affirmative commands:

(i) The object pronouns follow the verb and are joined to the verb by hyphens.
(ii) Columns 1 and 2 change place.
(iii) **Me** becomes **moi**, and **te** becomes **toi**, except before **en** when they become **m'en** and **t'en**.

Examples

Affirmative statement: *I have given some to him.* Je **lui en** ai donné.
Negative statement: *I have not given any to him.* Je ne **lui en** ai pas donné.
Affirmative command: *Give some to him.* Donnez-**lui-en**.
Negative command: *Don't give any to him.* Ne **lui en** donnez pas.
Affirmative command: *Give them to me.* Donnez-**les-moi**.
Affirmative command: *Give me some.* Donnez-**m'en**.

1.13 Possessive pronouns

These correspond to the English 'mine', 'yours', 'his', etc.

	singular masculine	singular feminine	plural masculine	plural feminine
mine	le mien	la mienne	les miens	les miennes
yours	le tien	la tienne	les tiens	les tiennes
his/hers	le sien	la sienne	les siens	les siennes
ours	le nôtre	la nôtre	les nôtres	les nôtres
yours	le vôtre	la vôtre	les vôtres	les vôtres
theirs	le leur	la leur	les leurs	les leurs

Usage

Où est ton billet? Voici **le mien**. *Where is your ticket? Here is mine.*
Je n'ai pas de voiture. Pouvons-nous y aller dans **la vôtre**?
I haven't a car. Can we go there in yours?

In this last sentence 'yours' = your car. Since 'car' is feminine in French (**la voiture**), the feminine possessive pronoun must be used irrespective of the gender of the possessor.

Possession may also be expressed in the following way:
A qui est ce stylo? Il est **à moi**. *Whose pen is this? It's mine.*

1.14 Demonstrative pronouns

These pronouns are used to say 'this one/that one', and in the plural, 'these ones/those ones'.

singular		plural	
masculine	feminine	masculine	feminine
celui	celle	ceux	celles

If you wish to stress 'this/these' or 'that/those', then the endings **-ci** or **-là** respectively may be added:

Voici deux livres. Celui-ci est à moi. Celui-là est à Natalie.
Here are two books. This one (here) is mine. That one (there) is Natalie's.
Ces chaussures sont à 400F, mais celles-là sont à 350F.
These shoes cost 400F, but those cost 350F.

Always check carefully the gender of the pronouns you are using.

Ceci/cela (this/that)   **Cela** is often shortened to **ça**:
Ecoutez **ceci**. *Listen to this.*   Qui a dit **ça**? *Who said that?*
Qui a dit **cela**? *Who said that?*   **Ça**, c'est vrai. *That's true.*

1.15 Disjunctive pronouns

These pronouns are also sometimes called 'emphatic' or 'stressed' pronouns.

moi	me/I	nous	us/we
toi	you	vous	you
lui	him/he	eux	them (m)/they
elle	her/she	elles	them (f)/they

The word **-même** may be added to the above words to translate **-self**:
moi-même *myself*, toi-même *yourself*, etc.
Note also **soi-même**, *oneself*. Use this when you are using **on**.
On peut le faire soi-même. *One can do it oneself.*
Disjunctive pronouns should be used:
(a) After prepositions:
devant moi, *in front of me*
sans eux, *without them*
chez elle, *at her house*
(b) To emphasise a pronoun at the beginning of a sentence:
Moi, je l'ai fait. *I did it.*
Lui, il est venu. *He came.*
(c) When a pronoun stands alone:
Qui l'a fait? – Moi. *Who did it? – I did.*

- **(d)** In comparisons:
    - Vous êtes plus intelligent que moi. *You are more intelligent than I.*
    - Il est aussi grand que toi. *He is as tall as you.*
- **(e)** With **c'est** and **ce sont**:
    - C'est vous. *It's you.*
    - Ce sont elles. *It's them (f).*
    - **Ce sont** is used only with the third person plural.

i.e. when object of sentence is 3rd p plural.

1.16 Relative pronouns

- **(a)**
    - **qui** — who, which (*subject*)
    - **que** — whom, that (*object*)
    - **dont** — whose, of whom, of which
    - Voici les enfants qui sont sages. *Here are the children who are good.*
    - Voici les enfants que vous n'aimez pas. *Here are the children whom you don't like.*
    - Voici le livre dont vous avez besoin. *Here is the book which you need.*
- **(b)**
    - **ce qui** — that which (subject)/what
    - **ce que** — that which (object)/what
    - **ce dont** — that of which/what
    - Dites-moi ce qui est arrivé. *Tell me what has happened.*
    - Dites-moi ce que vous avez fait. *Tell me what you did.*
    - Dites-moi ce dont vous avez besoin. *Tell me what you need.*

dont = of which etc.
duquel = " when preceded by preposition.

- **(c)**
    - **lequel** (m.) — (the...) which
    - **laquelle** (f.) — (the...) which
    - **lesquels** (m.pl.) — (the...) which
    - **lesquelles** (f.pl.) — (the...) which
    - These relative pronouns are used with prepositions:
        - Voilà la table sur laquelle vous trouverez vos livres.
        - *There is the table on which you will find your books.*
        - Regardez cette maison devant laquelle il y a un agent de police.
        - *Look at that house in front of which there is a policeman.*
    - The above relative pronouns combine with **à** and **de** to become:
        - **auquel** (m.) — duquel
        - **à laquelle** (f.) — de laquelle
        - **auxquels** (m.pl.) — desquels
        - **auxquelles** (f.pl.) — desquelles
        - Nous irons au jardin public au milieu duquel se trouve un petit lac.
        - *We shall go to the park in the middle of which there is a little lake.*
        - Ce sont des choses auxquelles je ne pense pas.
        - *They are things I don't think about.* (penser **à** = *to think about*)
    - **Lequel** etc. may be used on their own as questions:
        - J'ai rapporté un de vos livres. – Lequel?
        - *I've brought back one of your books. – Which one?*
        - Puis-je emprunter une de tes cravates? – Laquelle?
        - *May I borrow one of your ties? – Which one?*

1.17 Indefinite pronouns

autre, other
- J'ai vendu quelques livres mais je garderai **les autres**.
- *I have sold some books but I shall keep the others.*

chacun(e), each one
> Regardez ces voitures. **Chacune** est d'occasion.
> *Look at those cars. Each one is second-hand.*

N'importe is a very useful indefinite pronoun:
> **n'importe qui**, anybody
> N'importe qui peut le faire. *Anybody can do it.*
> **n'importe quoi**, anything
> Rapportez n'importe quoi. *Bring back anything.*
> **n'importe quel(le)(s)**, any
> Vous le trouverez dans n'importe quelle épicerie. *You will find it at any grocer's.*

plusieurs, several
> As-tu des disques? Oui, j'en ai plusieurs. *Have you any records? Yes, I have several.*

quelqu'un, someone
> Attendez-vous quelqu'un? *Are you waiting for someone?*

quelques-un(e)(s), some, a few
> Quelques-uns de vos élèves sont paresseux. *Some of your pupils are lazy.*

tout, everything
> Il connaît tout. *He knows everything.*

tout le monde, everybody
> Tout le monde est arrivé. *Everybody has arrived.*

1.18 Conjunctions

car, for (because)
> Do not confuse this with the preposition **pour**. If you wish to use the word 'for' meaning 'because', remember to use **car**.
> Il a dû rentrer à la maison à pied car il avait perdu la clé de sa voiture.
> *He had to walk home for he had lost his car key.*
> **Car** is an alternative to **parce que** (because).

comme, as
> Faites comme vous voulez. *Do as you like.*

depuis que, since (time)
> Il a commencé à neiger depuis que je suis sorti. *It has began to snow since I came out.*

donc, so (reason)
> Do not use this word at the beginning of a sentence, but it may introduce a clause.
> Il est malade, donc il est resté à la maison. *He is ill, so he stayed at home.*

lorsque, **quand**, when
> Be very careful when using these conjunctions. The future tense is frequently needed in French after these two conjunctions where in English we use the present tense:
> Je te téléphonerai quand je serai à Paris.
> *I shall telephone you when I am in Paris. (i.e. when I shall be in Paris)*
> Similarly, the future perfect is used where in English we use the perfect tense:
> Je viendrai quand j'aurai fini mon travail.
> *I shall come when I have finished my work. (i.e. when I shall have finished my work)*

NB **Dès que** and **aussitôt que** (as soon as) follow the same rule.
> Dès qu'il sera à la maison, je te téléphonerai. *As soon as he is at home, I shall telephone you.*

parce que, because
> Il n'a pas réussi parce qu'il n'a pas travaillé. *He didn't succeed because he didn't work.*
> NB there is no hyphen between these two words.

puisque, since (reason)
> Il travaille dur puisqu'il désire réussir. *He is working hard since he wants to succeed.*

pendant que, during, while
> Pendant qu'il lisait son journal, on a sonné à la porte.
> *While he was reading his newspaper someone rang the doorbell.*

tandis que, while, whilst (contrast)
> Christophe a bien travaillé tandis que Pierre n'a rien fait.
> *Christopher has worked well while Peter has done nothing.*

1.19 Prepositions

One of the most important things to remember as far as prepositions are concerned is that frequently there is no one single word in French which will translate a particular word in English. Pupils in the early stages of learning French often ask such questions as 'How do you translate 'in'?' There are, of course, several ways of translating 'in', e.g. **dans**, **en**, **à**, etc. Usually only one of these will be appropriate in the particular circumstances. Below are some guidelines for the use of some everyday prepositions.

About

à peu près, approximately
  J'ai à peu près cinquante livres. *I have about fifty books/pounds.*
à propos de, concerning
  Je voudrais vous parler à propos de votre visite. *I should like to speak to you about your visit.*
au sujet de, on the subject of (similar to **à propos de**)
  Il parlait au sujet des vacances. *He was speaking about the holidays.*
de quoi, of what
  De quoi parles-tu? *What are you speaking about?*
environ
  J'arriverai à dix heures environ. *I shall arrive about ten o'clock.*
vers (similar to **environ**)
  Nous partirons vers deux heures. *We shall leave about two o'clock.*

Along

le long de
  Il marchait le long du quai. *He was walking along the platform/quay.*
avancer, to move along
  Avancez, messieurs, s'il vous plaît. *Move along, gentlemen, please.*
dans
  Il marchait dans la rue. *He was walking along the street.*
sur
  La voiture roulait vite sur la route. *The car was going quickly along the road.*
NB for *along with* use **avec**:
  Marie est allée au supermarché avec Suzanne.
  Mary went to the supermarket along with Susan.

Among(st)

parmi
  Il a caché le trésor parmi les rochers. *He hid the treasure among the rocks.*
entre
  Nous étions entre amis. *We were among friends.*

Before

avant
  Venez avant midi. *Come before noon.*
déjà, already
  Je l'ai déjà vu. *I've seen it before.*
devant, place
  Tenez-vous devant la classe. *Stand before the class.*

By

à
  Je viendrai à vélo. *I'll come by bike.*
de
  La vieille dame descendait la rue, suivie d'un voleur. *The old lady went down the street, followed by a thief.*
en
  J'y suis allé en auto. *I went there by car.*

par
    Les enfants ont été punis par leur mère. *The children have been punished by their mother.*
près de, near
    Asseyez-vous près du feu. *Sit by the fire.*

For

depuis
    Depuis is used with the present tense to express 'has/have been…' in a time clause:
    J'apprends le français depuis cinq ans. *I have been learning French for five years.*
    Il est ici depuis trois jours. *He has been here for three days.*
Similarly, the imperfect tense is used to express 'had been…':
    Il habitait Paris depuis deux ans. *He had been living in Paris for two years.*
    Nous l'attendions depuis deux heures. *We had been waiting for him for two hours.*
pendant, during
    Nous avons travaillé pendant trois heures. *We have worked for three hours.*
pour
    For future or pre-arranged time:
    Nous serons là pour trois semaines. *We shall be there for three weeks.*

In

à
    Les enfants sont à l'école. *The children are in school.*
    Other useful expressions:
    à l'intérieur, *inside*   au lit, *in bed*
    à Londres, *in London*   au soleil, *in the sun*
    à la mode, *in fashion*   à voix haute, *in a loud voice*
dans
    Ils sont dans la salle à manger. *They are in the dining-room.*
de
    Elle s'habille de noir. *She dresses in black.*
en
    J'habite en France. *I live in France.*
    Vous y arriverez en quatre heures. *You will get there in four hours.*
    Elle s'habille en pantalon. *She dresses in trousers.*
sous
    J'aime marcher sous la pluie. *I like walking in the rain.*
sur
    Un sur vingt a un magnétoscope. *One in twenty has a video tape-recorder.*

On

à
    à droite, *on the right*
    à gauche, *on the left*
    à pied, *on foot*
    Nous allons à l'école à pied. *We go to school on foot.*
    à son retour, *on his/her return*
    A son retour, il est allé la voir. *On his return he went to see her.*
dans
    Je l'ai rencontré dans l'autobus. *I met him on the bus.*
de
    d'un côté, *on one side*
    de l'autre côté, *on the other side*
en
    en vacances, *on holiday*
    en vente, *on sale*
par
    par une belle journée d'été, *on a fine summer's day*
sur
    sur la table, *on the table*
    This is the most obvious translation of 'on'; but as is shown above, there are other words which

must be used in certain circumstances. Remember that with dates, 'on' is not translated:
Elle est venue lundi. *She came on Monday.*

Out

dans
Il a pris une lettre dans le tiroir. *He took a letter out of the drawer.*
'Dans' is used here because we think of what the object was in just before it was taken out.

hors
hors de danger, *out of danger*   hors de la maison, *out of the house*
hors d'haleine, *out of breath*   hors de vue, *out of sight*

par
Elle regardait par la fenêtre. *She was looking out of the window.*

sur
See also 'in'.
neuf sur dix, *nine out of ten.*

Over

au-dessus
Il a tiré au-dessus de ma tête. *He fired over my head.*

par-dessus
J'ai sauté par-dessus le mur. *I jumped over the wall.*

d'en face, over the way (i.e. opposite)
Elle habite la maison d'en face. *She lives in the house over the way.*

plus de (more than)
J'ai plus de mille francs. *I have over a thousand francs.*

sur
Mettez la couverture sur le lit. *Put the blanket over the bed.*

Since

depuis
See also 'for'.
Il n'a rien fait depuis son arrivée. *He has done nothing since he arrived.*

Until

Jusqu'à
Nous y resterons jusqu'à minuit. *We shall stay there until midnight.*

If you wish to use a clause following 'until' remember that you must then use **jusqu'à ce que** + subjunctive.
Je resterai ici jusqu'à ce qu'il vienne. *I shall stay here until he comes.*

à demain, until tomorrow

Translation of 'up, down, in, out' with a verb of motion

In sentences such as:
He ran into the house,
She ran down the street,
it is better to change the preposition into a verb:
Il **est entré** dans la maison en courant.
Elle **a descendu** la rue en courant.

You will notice that the verb in the original sentence has now become a present participle + en. Remember that **descendre** (which is normally conjugated with **être** in the perfect tense) is here conjugated with **avoir**, as the verb has a direct object, 'la rue'.

As you can see from the above examples, there is no simple way of translating one French word with a single corresponding word in English. You must have a sure knowledge of individual French phrases and of the different ways of expressing even simple words like 'in' and 'on' if you are to achieve 'Frenchness' in both oral and written work. Careful reading of French passages will help you to become more aware of French expressions. Try to read a few lines of good French each day and make a note of, and learn, as many useful phrases as possible.

1.20 Verbs

The most important part of any sentence is the verb. In almost all examinations, the incorrect use of verbs is heavily penalised. You must make sure, therefore, that you revise the sections on verbs carefully. The main tenses which you will be expected to use to speak and write accurately are: present, future, imperfect, conditional, perfect and pluperfect.

There are also other tenses which you will be required to know for the Higher Tier papers, but mainly for recognition purposes. These are the past historic, the future and conditional perfect, and, occasionally, the simpler forms of the present subjunctive. You must check to see which tenses are specified by your Examining Group for active use and which will be for recognition purposes only.

French verbs are more difficult to learn than English verbs because each verb has several different forms. English verbs usually have no more than two or three different forms in each tense, e.g.:

I go,	you go,	he goes,	she goes,	we go,	you go,	they go
1	1	2	2	1	1	1

French verbs, however, can have as many as six different forms, e.g:

je vais,	tu vas,	il va,	elle va,	nous allons,	vous allez,	ils vont,	elles vont
1	2	3	3	4	5	6	6

You must set time aside each week to revise verbs carefully. You must learn all the forms of each verb, paying particular attention to spelling.

The other main difficulty with French verbs is that there are many common irregular verbs which have to be learnt separately as they do not fit into the normal verb patterns. This, too, takes time to check thoroughly.

The sections that follow cover the main types of regular verb and the main irregular verbs in the tenses which you will be expected to know. Always remember that the correct spelling (including the correct use of accents) is very important.

Many verbs are regular and conform to the patterns given below for the various tenses. There are three main types of regular verb, usually referred to by the last two letters of the present infinitive.

Type 1: **-er** verbs, e.g. donn**er** (to give)
Type 2: **-ir** verbs, e.g. fin**ir** (to finish)
Type 3: **-re** verbs, e.g. vend**re** (to sell)

Remember that each type has different endings. Check these endings carefully.

1.21 The present tense

Type 1: -er verbs

Regular -er verbs
The majority of -er verbs in French follow this pattern:
  donner – to give
  je donn**e**   I give
  tu donn**es**   you (*singular*) give
  il donn**e**   he gives
  elle donn**e**   she gives
  nous donn**ons**   we give
  vous donn**ez**   you (*plural or polite singular form*) give
  ils donn**ent**   they give (*masculine form*)
  elles donn**ent**   they give (*feminine form*)

You will see that the endings for type 1 regular verbs are:
  -e, -es, -e, -e, -ons, -ez, -ent, -ent.

These are added to the stem of the verb, i.e. the infinitive **donner** minus the **-er** ending.
Other regular verbs follow the same pattern:
  regarder   – je regard**e**
  arriver   – j'arriv**e***
  parler   – je parl**e**

  When speaking French remember to omit the 'e' of **je when it is followed by a vowel or 'h'. NB especially **j'habite**.*

1.21 The present tense

Irregular -er verbs
The most common irregular -er verbs which may occur are listed below. Check each one carefully. Not every verb has the same degree of irregularity.

For example, the verb **manger** (to eat) has only one irregularity in the present tense, which is the addition of 'e' in the **nous** form, i.e. nous mangeons. The 'e' is added to keep the 'g' sound soft.

Similarly, the verb **commencer** requires a cedilla (ç) in the **nous** form, to keep the 'c' sound soft: nous commençons.

The pattern of the following verbs is more irregular:

jeter – to throw	**appeler** – to call
je jette	j'appelle
tu jettes	tu appelles
il jette	il appelle
elle jette	elle appelle
nous jetons	nous appelons
vous jetez	vous appelez
ils jettent	ils appellent
elles jettent	elles appellent

You will see that the actual endings of the present tense of **jeter** and **appeler** are the same as those for the regular -er verbs. The irregularity occurs in the doubling of the consonant.

Some other -er verbs are irregular because of the addition or changes of accents, e.g. **espérer**, **répéter**, **acheter**, **lever**, **mener**. The irregularities in all these verbs occur in the singular and the third person plural forms. Try to be as accurate in your use of accents as you would be with spelling.

espérer – to hope	**répéter** – to repeat	**acheter** – to buy
j'espère	je répète	j'achète
tu espères	tu répètes	tu achètes
il espère	il répète	il achète
elle espère	elle répète	elle achète
nous espérons	nous répétons	nous achetons
vous espérez	vous répétez	vous achetez
ils espèrent	ils répètent	ils achètent
elles espèrent	elles répètent	elles achètent

lever – to lift	**mener** – to lead
je lève	je mène
tu lèves	tu mènes
il lève	il mène
nous levons	nous menons
vous levez	vous menez
ils lèvent	ils mènent
elles lèvent	elles mènent

-er verbs whose infinitives end in **-oyer** or **-uyer** change the 'y' to 'i' in the singular and the third person plural forms:

envoyer – to send	**ennuyer** – to annoy
j'envoie	j'ennuie
tu envoies	tu ennuies
il envoie	il ennuie
elle envoie	elle ennuie
nous envoyons	nous ennuyons
vous envoyez	vous ennuyez
ils envoient	ils ennuient
elles envoient	elles ennuient

Type 2: -ir verbs

Regular -ir verbs
The endings for the present tense of these verbs are:
   -is, -is, -it, it, -issons, issez, -issent, -issent
These are added to the stem of the verb, i.e. the present infinitive minus the -ir.

Chapter 1 Grammar revision

finir – to finish
je finis	nous finissons
tu finis	vous finissez
il finit	ils finissent
elle finit	elles finissent

Irregular -ir verbs
There are several important irregular -ir verbs which do not follow the above pattern, e.g.:

courir – to run
je cours
tu cours
il court
elle court
nous courons
vous courez
ils courent
elles courent

dormir – to sleep
je dors
tu dors
il dort
elle dort
nous dormons
vous dormez
ils dorment
elles dorment

fuir – to flee
je fuis
tu fuis
il fuit
elle fuit
nous fuyons
vous fuyez
ils fuient
elles fuient

ouvrir[1] – to open
j'ouvre
tu ouvres
il ouvre
elle ouvre
nous ouvrons
vous ouvrez
ils ouvrent
elles ouvrent

partir[2] – to leave
je pars
tu pars
il part
elle part
nous partons
vous partez
ils partent
elles partent

venir[3] – to come
je viens
tu viens
il vient
elle vient
nous venons
vous venez
ils viennent
elles viennent

Type 3: -re verbs

Regular -re verbs
Regular -re verbs have the following endings added to the stem:
-s, -s, -, -, -ons, -ez, -ent, -ent.

vendre – to sell
je vends	nous vendons
tu vends	vous vendez
il vend	ils vendent
elle vend	elles vendent

Irregular -re verbs
The verb **être** is the most irregular of -re verbs:

être – to be
je suis	nous sommes
tu es	vous êtes
il est	ils sont
elle est	elles sont

Listed below are some of the more common irregular -re verbs.

battre – to beat
je bats
tu bats
il bat
elle bat
nous battons
vous battez
ils battent
elles battent

boire – to drink
je bois
tu bois
il boit
elle boit
nous buvons
vous buvez
ils boivent
elles boivent

conduire – to drive
je conduis
tu conduis
il conduit
elle conduit
nous conduisons
vous conduisez
ils conduisent
elles conduisent

---

[1] Although **ouvrir** is an -ir verb, it acts like an -er verb in the present tense. Other verbs which are like **ouvrir** include: **couvrir** (to cover), **cueillir** (to pick), **découvrir** (to discover), **offrir** (to offer).

[2] The verb **sortir** has the same pattern as **partir**: je sors, tu sors, il sort, vous sortez, etc.

[3] The verbs **devenir** (to become), **tenir** (to hold), and **retenir** (to hold back) have the same pattern as **venir**: je deviens, il retient, nous tenons, etc.

1.21 The present tense

connaître – to know
je connais
tu connais
il connaît
elle connaît
nous connaissons
vous connaissez
ils connaissent
elles connaissent

craindre – to fear
je crains
tu crains
il craint
elle craint
nous craignons
vous craignez
ils craignent
elles craignent

croire – to believe
je crois
tu crois
il croit
elle croit
nous croyons
vous croyez
ils croient
elles croient

craindre – to fear
je crains
tu crains
il craint
elle craint
nous craignons
vous craignez
ils craignent
elles craignent

dire – to say
je dis
tu dis
il dit
elle dit
nous disons
vous disez
ils disent
elles disent

écrire – to write
j'écris
tu écris
il écrit
elle écrit
nous écrivons
vous écrivez
ils écrivent
elles écrivent

faire – to do, make
je fais
tu fais
il fait
elle fait
nous faisons
vous faites
ils font
elles font

lire – to read
je lis
tu lis
il lit
elle lit
nous lisons
vous lisez
ils lisent
elles lisent

mettre – to put
je mets
tu mets
il met
elle met
nous mettons
vous mettez
ils mettent
elles mettent

prendre – to take
je prends
tu prends
il prend
elle prend
nous prenons
vous prenez
ils prennent
elles prennent

rire – to laugh
je ris
tu ris
il rit
elle rit
nous rions
vous riez
ils rient
elles rient

suivre – to follow
je suis[1]
tu suis
il suit
elle suit
nous suivons
vous suivez
ils suivent
elles suivent

vivre – to live
je vis[2]
tu vis
il vit
elle vit
nous vivons
vous vivez
ils vivent
elles vivent

[1] Although this part of the verb has the same spelling as the first person singular, present tense of the verb **être** (to be), the sense of the rest of the sentence will indicate which verb is being used.
[2] These forms have the same spelling as the past historic tense of the verb **voir** (to see). Once again, the sense of the sentence will indicate which verb and tense are being used.

Verbs ending in -oir

In addition to the three main types of verb, there is a fourth group, the infinitives of which end in **-oir** All of these verbs are irregular. The more common ones are listed below.

avoir – to have
j'ai
tu as
il a
elle a
nous avons
vous avez
ils ont
elles ont

s'asseoir – to sit down
je m'assieds
tu t'assieds
il s'assied
elle s'assied
nous nous asseyons
vous vous asseyez
ils s'asseyent
elles s'asseyent

devoir – to owe
je dois
tu dois
il doit
elle doit
nous devons
vous devez
ils doivent
elles doivent

35

falloir – to be necessary
3rd person singular only:
il faut – it is necessary

pleuvoir – to rain
3rd person singular only:
il pleut – it is raining

pouvoir – to be able
je peux
tu peux
il peut
elle peut
nous pouvons
vous pouvez
ils peuvent
elles peuvent

vouloir – to want
je veux
tu veux
il veut
elle veut
nous voulons
vous voulez
ils veulent
elles veulent

voir – to see
je vois
tu vois
il voit
elle voit
nous voyons
vous voyez
ils voient
elles voient

savoir – to know
je sais
tu sais
il sait
elle sait
nous savons
vous savez
ils savent
elles savent

recevoir – to receive
je reçois
tu reçois
il reçoit
elle reçoit
nous recevons
vous recevez
ils reçoivent
elles reçoivent

Reflexive verbs

In addition to the above verbs, you will need to revise the present tense of reflexive verbs. The present tense endings of these follow the patterns already given. The difference is that an extra pronoun, called a reflexive pronoun, precedes the verb.

se coucher – to go to bed

je **me** couche	nous **nous** couchons
tu **te** couches	vous **vous** couchez
il **se** couche	ils **se** couchent
elle **se** couche	elles **se** couchent

1.22 The future tense

When you are talking about something which is going to happen in the future, you can often avoid using the future tense by using the present tense of **aller** plus an infinitive:

Je **vais acheter** des chaussures samedi prochain.
I will (am going to) buy some shoes next Saturday.

Using the verb **aller** plus an infinitive instead of the future tense will often add a touch of 'Frenchness' to your speech. However, you must still be able to recognise and use the correct forms of the future tense.

All verbs have the same endings in the future tense in French. They are:
-ai, -as, -a, -a, -ons, -ez, -ont, -ont.

Type 1: -er verbs

The future endings are added to the whole of the infinitive:

donner
je donnerai – *I shall give*
tu donneras
il donnera
elle donnera
nous donnerons
vous donnerez
ils donneront
elles donneront

Type 2: -ir verbs

The future endings are added to the whole of the infinitive:

finir

je finirai – *I shall finish*	nous finirons
tu finiras	vous finirez
il finira	ils finiront
elle finira	elles finiront

Type 3: -re verbs

The final 'e' of the infinitive is omitted, before adding the appropriate endings:

vendre

je vendrai – *I shall sell*	nous vendrons
tu vendras	vous vendrez
il vendra	ils vendront
elle vendra	elles vendront

The future tense of irregular verbs

Listed below are the future tenses of the common irregular verbs, which you will be expected to know. The endings are the same as for all other verbs in the future tense, but you must check carefully the spellings of these irregular verbs.

acheter	j'achèterai	*I shall buy*	faire	je ferai	*I shall do*
aller	j'irai	*I shall go*	falloir	il faudra	*it will be necessary*
apercevoir	j'apercevrai	*I shall perceive, notice*	jeter	je jetterai	*I shall throw*
			mourir	je mourrai	*I shall die*
appeler	j'appellerai	*I shall call*	pleuvoir	il pleuvra	*it will rain*
s'asseoir	je m'assiérai	*I shall sit down*	pouvoir	je pourrai	*I shall be able*
avoir	j'aurai	*I shall have*	recevoir	je recevrai	*I shall receive*
courir	je courrai	*I shall ran*	répéter	je répéterai	*I shall repeat*
cueillir	je cueillerai	*I shall pick*	savoir	je saurai	*I shall know*
devoir	je devrai	*I shall owe, I shall have to*	tenir	je tiendrai	*I shall hold*
			venir	je viendrai	*I shall come*
envoyer	j'enverrai	*I shall send*	voir	je verrai	*I shall see*
être	je serai	*I shall be*	vouloir	je voudrai	*I shall want*

1.23 The Imperfect tense

This tense is one of the past tenses in French. You must remember that it is not the only past tense. As its name suggests, it is an 'unfinished' tense and should not be used for completed actions.

The imperfect endings are:

-ais, **-ais**, **-ait**, **-ait**, **-ions**, **-iez**, **-aient**, **-aient**.

Except for the verb **être**, the imperfect tense is always formed from the stem of the first person plural of the present tense.

e.g.
nous donnons	– je donnais	*I was giving*
nous finissons	– je finissais	*I was finishing*
nous vendons	– je vendais	*I was selling*
nous allons	– j'allais	*I was going*

Examples of verbs in the imperfect tense:

finir   **aller**

je finissais – *I was finishing*	j'allais – *I was going*
tu finissais	tu allais
il finissait	il allait
elle finissait	elle allait
nous finissions	nous allions
vous finissiez	vous alliez
ils finissaient	ils allaient
elles finissaient	elles allaient

The verb **être** is the only verb whose imperfect tense is not formed in the above way. The imperfect tense of **être** is as follows:

être

j'étais – *I was*	nous étions
tu étais	vous étiez
il était	ils étaient
elle était	elles étaient

You must be very careful in your use of the imperfect tense. The following English expressions can all be translated by the imperfect tense:

I went
I was going
I used to go
I would go
} j'allais

(a) *I went* to town every Saturday. **J'allais** en ville tous les samedis.
Here 'went' signifies a repeated action in the past which should be translated by the imperfect tense.
(b) *I was going* to telephone you later: **J'allais** te téléphoner plus tard.
(c) *I used to go* to their house every day. **J'allais** chez eux chaque jour.
Here the action is a repeated action in the past as in (a). The imperfect tense is therefore required.
(d) *I would go* (= used to go) to town on Fridays. **J'allais** en ville le vendredi.
Even the word 'would' may need to be translated by the imperfect tense if it means 'used to'. Remember that 'would' is translated by the conditional tense (see below) when you wish to suggest a condition.

1.24 The conditional tense

For most candidates, this tense will be for recognition purposes only. Candidates may wish, however, to include this tense in their oral exam or in the free composition section. The formation of this tense is really an amalgamation of the stem of the future tense and the endings of the imperfect tense.

Future		**Conditional**	
je serai	*I shall be*	je ser**ais**	*I should be*
j aurai	*I shall have*	j aur**ais**	*I should have*
je finirai	*I shall finish*	je finir**ais**	*I should finish*
je voudrai	*I shall want*	je voudr**ais**	*I should like (want)*

Je voudrais is one of the most useful examples of the conditional tense in French. It is used constantly, especially when shopping or asking for something (e.g. booking a hotel room or campsite, asking the way, etc). For further examples see the role-plays in the Speaking chapter. Here is an example of a verb in the conditional tense:

vouloir

je voudrais – *I should like (want, wish)*	nous voudrions
tu voudrais	vous voudriez
il voudrait	ils voudraient
elle voudrait	elles voudraient

There are no exceptions in the formation of the conditional tense. All verbs follow the above rule.
The conditional implies that something would happen if something else did. It is often used after or before a clause beginning with **si** (if), which is in the imperfect tense:

S'il faisait beau, j'irais à la piscine.
If the weather were fine, I would go to the swimming pool.
Elle viendrait avec nous, si elle avait assez d'argent.
She would come with us if she had enough money.

1.25 The perfect tense

Candidates will need to use this tense in almost all sections of the examination. All Examining Groups include a knowledge of the perfect tense in their syllabuses. You should therefore pay special attention to this tense when revising. More marks are lost through the incorrect use of this tense than for any other single reason.

In French the perfect tense has two main forms:
1. Those verbs which are conjugated with **être**.
2. Those verbs which are conjugated with **avoir** (this is by far the largest group).

1 Verbs conjugated with 'être'

(a) The verbs in the following list are all conjugated with **être**. It is not difficult to learn this list as there are only sixteen verbs.

aller	to go	partir	to leave
arriver	to arrive	rentrer	to go back
descendre	to go down	rester	to stay
devenir	to become	retourner	to return
entrer	to enter	revenir	to come back
monter	to go up	sortir	to go out
mourir	to die	tomber	to fall
naître	to be born	venir	to come

Because the above verbs are conjugated with **être**, the past participles will agree with the subject of the verb.

arriver

je suis arrivé(e) – *I have arrived, I arrived*   nous sommes arrivé(e)s
tu es arrivé(e)   vous êtes arrivé(e)(s)
il est arrivé   ils sont arrivés
elle est arrivée   elles sont arrivées

The past participles of all the **-er** verbs in the list above will also end in **-é**:

aller	je suis allé(e)	*I went*
entrer	je suis entré(e)	*I entered*
monter	je suis monté(e)	*I went up*
rentrer	je suis rentré(e)	*I went back*
rester	je suis resté(e)	*I stayed*
retourner	je suis retourné(e)	*I returned*
tomber	je suis tombé(e)	*I fell*

The past participle endings for the other verbs in the list are as follows:

descendre	je suis descendu(e)	*I went down*
devenir	je suis devenu(e)	*I became*
revenir	je suis revenu(e)	*I came back*
venir	je suis venu(e)	*I came*
partir	je suis parti(e)	*I left*
sortir	je suis sorti(e)	*I went out*
mourir	il est mort, elle est morte	*he died, she died*
naître	je suis né(e)	*I was born*

(b) Reflexive verbs

All reflexive verbs are conjugated with **être**. For example:

se laver

je me suis lavé(e) – *I washed myself*   nous nous sommes lavé(e)s
tu t'es lavé(e)   vous vous êtes lavé(e)(s)
il s'est lavé   ils se sont lavés
elle s'est lavée   elles se sont lavées

Note the use of **t'** and **s'** before the vowel in the **tu** and **il/elle** forms.

Other reflexive verbs follow this pattern. The only variation will be in the past participle when the verb is not an **-er** verb. For example:

s'asseoir	je me suis assis(e)	*I sat down*
se souvenir	je me suis souvenu(e)	*I remembered*
se taire	je me suis tu(e)	*I became silent*

Special note

In certain cases the ending of the past participle does not agree with the reflexive pronoun. This happens when the verb is followed by a direct object. For example:

Elle s'est lavée. *She washed herself.*

Here the past participle agrees with the reflexive pronoun. But:

Elle s'est lavé les mains. *She washed her hands.*

Here the verb is followed by a direct object and the past participle does not agree.

2 Verbs conjugated with 'avoir'

Except for the categories given in **l(a)** and **l(b)** above, all other verbs in French are conjugated with **avoir** in the perfect tense. Remember that the past participles of these verbs do *not* agree with the subject of the verb.

donner
j'ai donné – *I have given, I gave*
tu as donné
il a donné
elle a donné
nous avons donné
vous avez donné
ils ont donné
elles ont donné

finir
j'ai fini – *I have finished, I finished*
tu as fini
il a fini
elle a fini
nous avons fini
vous avez fini
ils ont fini
elles ont fini

3 -re verbs

Vendre
j'ai vendu – *I have sold, I sold*
tu as vendu
il a vendu
elle a vendu
nous avons vendu
vous avez vendu
ils ont vendu
elles ont vendu

In addition to the three main types of verb listed above, there are many irregular verbs which have irregular past participles. These irregular verbs are still conjugated in the normal way with **'avoir'**, but it is very important that you know the exact form of the irregular past participle.

Given below are some of the more common irregular verbs, in the perfect tense, which you will be expected to know.

avoir	j'ai eu	*I had, I have had*
boire	j'ai bu	*I drank, I have drank*
conduire	j'ai conduit	*I drove, I have driven*
connaître	j'ai connu	*I knew, I have known*
courir	j'ai couru	*I ran, I have run*
craindre	j'ai craint	*I feared, I have feared*
croire	j'ai cru	*I believed, I have believed*
devoir	j'ai dû	*I had to (owed), I have had to (have owed)*
dire	j'ai dit	*I said, I have said*
écrire	j'ai écrit	*I wrote, I have written*
être	j'ai été	*I have been, I was*
faire	j'ai fait	*I made, I did, etc*
falloir	il a fallu	*It has been necessary, it was necessary*
lire	j'ai lu	*I read, I have read*
mettre	j'ai mis	*I put, I have put*
ouvrir	j'ai ouvert	*I opened, I have opened*
pleuvoir	il a plu	*It rained, it has rained*
pouvoir	j'ai pu	*I have been able, I was able*
prendre	j'ai pris	*I took, I have taken*
recevoir	j'ai reçu	*I received, I have received*
rire	j'ai ri	*I laughed, I have laughed*
savoir	j'ai su	*I knew, I have known*
suivre	j'ai suivi	*I followed, I have followed*
tenir	j'ai tenu	*I held, I have held*
vivre	j'ai vécu	*I lived, I have lived*
voir	j'ai vu	*I saw, I have seen*
vouloir	j'ai voulu	*I wanted, I have wanted*

Special note
In certain circumstances, the verbs in **1(a)** which are normally conjugated with **être** may be conjugated with **avoir**. This change occurs when the verb has a direct object. For example:
   Il a descendu l'escalier. *He went down the stairs.*
   Elle a sorti un billet de 100 francs. *She took out a 100 franc note.*

Preceding direct object agreements
Although verbs conjugated with **avoir** in the perfect tense never agree with the subject of the verb, there are occasions when the past participle does agree with the direct object when this direct object precedes the verb. For example:
   1(a) J'ai vu la maison.
   Here the direct object follows the verb. Therefore, no agreement is made.
   1(b) Voici la maison que j'ai achetée.
   Here the direct object precedes the verb. Therefore, an agreement is made by adding 'e' (since **maison** is feminine) to the past participle.
   2(a) J'ai acheté ces livres.
   No agreement is made as the direct object follows the verb.
   2(b) J'ai vu ces livres. Je les ai achetés.
   The agreement is made here since the direct object **les** precedes the verb.

1.26 The pluperfect, future perfect and conditional perfect tenses

When listening to spoken French, or reading French you will need to recognise the following tenses:
(a) the pluperfect tense
(b) the future perfect tense
(c) the conditional perfect tense.

These tenses are formed from the imperfect, future and conditional tenses of **avoir** and **être**, plus the past participle of the required verb. If a verb is conjugated with **avoir** in the perfect tense, then it will be conjugated with **avoir** in the tenses given above. Similarly, those verbs which are conjugated with **être** in the perfect tense will still be conjugated with **être** in the above tenses. For example:

Perfect:	j'**ai** fini	*I (have) finished*
Pluperfect:	j'**avais** fini	*I had finished*
Future Perfect:	j'**aurai** fini	*I shall have finished*
Conditional perfect:	j'**aurais** fini	*I should have finished*
Perfect:	je **suis** allé(e)	*I went, I have gone*
Pluperfect:	j'**étais** allé(e)	*I had gone*
Future Perfect:	je **serai** allé(e)	*I shall have gone*
Conditional Perfect:	je **serais** allé(e)	*I should have gone*
Perfect:	je me **suis** lavé(e)	*I (have) washed myself*
Pluperfect:	je m'**étais** lavé(e)	*I had washed myself*
Future Perfect:	je me **serai** lavé(e)	*I shall have washed myself*
Conditional Perfect:	je me **serais** lavé(e)	*I should have washed myself*

Given below are complete examples of:

The pluperfect tense **aller**	**The future perfect tense** **finir**	**The conditional perfect tense** **se laver**
j'étais allé(e) – *I had gone*	j'aurai fini – *I shall have finished*	je me serais lavé(e) – *I should have washed myself*
tu étais allé(e)	tu auras fini	tu te serais lavé(e)
il était allé	il aura fini	il se serait lavé
elle était allée	elle aura fini	elle se serait lavée
nous étions allé(e)s	nous aurons fini	nous nous serions lavé(e)s
vous étiez allé(e)(s)	vous aurez fini	vous vous seriez lavé(e)(s)
ils étaient allés	ils auront fini	ils se seraient lavés
elles étaient allées	elles auront fini	elles se seraient lavées

1.27 The past historic tense

The past historic tense is sometimes used in written French instead of the perfect tense. The past historic tense will only be required for recognition purposes, if at all. Some forms of the past historic tense are very different from the form of the infinitive and may cause you difficulty if you have not revised this tense carefully. Check the syllabus of your Examining Group to see if this tense is required.

Type 1: –er verbs

The past historic endings added to the stem of the verb are:

-ai, -as, -a, -a, -âmes, -âtes, -èrent, -èrent.

donner
je donnai – *I gave*	nous donnâmes
tu donnas	vous donnâtes
il donna	ils donnèrent
elle donna	elles donnèrent

Type 2: –ir verbs

The past historic endings added to the stem of the verb are:

-is, -is, -it, -it, -îmes, -îtes, -irent, -irent.

finir
je finis – *I finished*	nous finîmes
tu finis	vous finîtes
il finit	ils finirent
elle finit	elles finirent

You will notice that the singular form of the past historic tense of **–ir** verbs resembles the present tense of the verb. However, by looking carefully at the passage of French with which you are dealing, you will know which tense is being used. The meaning of the passage or the tense of the other verbs used will help you to decide.

Type 3: –re verbs

Type 3 verbs have the same endings in the past historic tense as Type 2 verbs.

vendre
je vendis – *I sold*	nous vendîmes
tu vendis	vous vendîtes
il vendit	ils vendirent
elle vendit	elles vendirent

The past historic of irregular verbs

(a) The following verbs have the same endings as Type 2 and Type 3 verbs above, but the stems of the verbs in the past historic are irregular:

s'asseoir	je m'assis	*I sat down*
conduire	je conduisis	*I drove*
craindre	je craignis	*I feared*
dire	je dis	*I said*
écrire	j'écrivis	*I wrote*
faire	je fis	*I made*
joindre	je joignis	*I joined*
mettre	je mis	*I put*
plaindre	je plaignis	*I pitied*
prendre	je pris	*I took*
produire	je produisis	*I produced*
rire	je ris	*I laughed*
voir	je vis	*I saw*

(b) In the past historic tense certain irregular verbs have the following endings:

-us, -us, -ut, -ut, -ûmes, -ûtes, -urent, -urent.

apercevoir	j'aperçus	*I noticed*
avoir	j'eus	*I had*
boire	je bus	*I drank*
connaître	je connus	*I knew*
courir	je courus	*I ran*
croire	je crus	*I believed*
devoir	je dus	*I had to*
être	je fus	*I was*
falloir	il fallut	*it was necessary*
lire	je lus	*I read*
mourir	il mourut	*he died*
paraître	je parus	*I appeared*
plaire	je plus	*I pleased*
pleuvoir	il plut	*it rained*
pouvoir	je pus	*I was[1] able*
recevoir	je reçus	*I received*
savoir	je sus	*I knew*
se taire	je me tus	*I became silent*
vivre	je vécus	*I lived*
vouloir	je voulus	*I wanted*

[1] Care must be taken to differentiate between this and the continuos past tense: the imperfect.

Here is an example of a verb in the past historic tense with the above endings:

avoir

j'eus – *I had*	nous eûmes
tu eus	vous eûtes
il eut	ils eurent
elle eut	elles eurent

The verbs **tenir** and **venir** and their compounds (e.g **retenir**, **revenir**) have special past historic forms which must be learned separately.

tenir	**venir**
je tins – *I held*	je vins – *I came*
tu tins	tu vins
il tint	il vint
elle tint	elle vint
nous tînmes	nous vînmes
vous tîntes	vous vîntes
ils tinrent	ils vinrent
elles tinrent	elles vinrent

The past historic tense is translated into English in the same way as the perfect tense. The difference between them is that the perfect tense is used when speaking or writing a letter about what has happened in the past, and the past historic tense is used for a literary, narrative account of events in the past.

1.28 The subjunctive

The subjunctive will rarely be required at GCSE level. However, an easy subjunctive may occur in a passage of French for comprehension purposes, and Higher Tier candidates may wish to use the subjunctive in their writing test, if appropriate.

The present subjunctive is formed from the third person plural, present indicative:

donner	ils donnent	– **je donne**
finir	ils finissent	– **je finisse**
vendre	ils vendent	– **je vende**

The endings for the present subjunctive are:

-e, -es, -e, -e, -ions, -iez, -ent, -ent.

finir

je finisse	nous finissions
tu finisses	vous finissiez

il finisse   ils finissent
elle finisse elles finissent

There are also several irregular verbs whose subjunctive you may need to recognise:

aller	– j'aille, nous allions, ils aillent
avoir	– j'aie, il ait, nous ayons, ils aient
être	– je sois, nous soyons, ils soient
faire	– je fasse, etc.
pouvoir	– je puisse, etc.
savoir	– je sache, etc.
vouloir	– je veuille, nous voulions, ils veuillent

Given below are some of the constructions which require the use of the subjunctive:

(a) il faut que… *it is necessary that…*
Il faut que vous travailliez. *You must work.*

(b) bien que… *although…*
quoique… *although…*
afin que… *in order that…*
avant que… *before…*
jusqu'à ce que… *until…*
Je veux vous parler avant que vous sortiez. *I want to speak to you before you go out.*
Bien que le temps soit mauvais, nous allons sortir. *Although the weather is bad we are going to go out.*

(c) vouloir que… *to wish that… (to want)*
préférer que… *to prefer that…*
regretter que… *to regret that…(to be sorry that…)*
Je veux que vous restiez. *I want you to stay.*
Je regrette que vous soyez malade. *I am sorry that you are ill.*

(d) il est possible (impossible) que… *it is possible (impossible) that…*
douter que… *to doubt that…*
Il est impossible qu'il réussisse. *It is impossible for him to succeed.*

There are other tenses of the subjunctive mood and other occasions when the subjunctive is required, but they are not required at this level.

1.29 The passive

The passive in French is formed as in English, using a suitable tense of 'to be' (**être**) plus the past participle of the verb required:

Il **a été mordu** par un chien. *He has been bitten by a dog.*

However, most French people prefer to avoid using the passive by making the verb active in some way. There are a number of ways of doing this:

(a) The agent of a passive sentence can become the subject of an active sentence:
Un chien l'a mordu. *A dog bit him.*

(b) Where the agent is not mentioned, **on** can be used as the subject:
On a vendu cette maison. *This house has been sold.*

(c) Sometimes a reflexive verb can be used:
Les cigarettes se vendent ici. *Cigarettes are sold here.*

Caution

In writing, it is very tempting for candidates to use the passive in French to try to translate their thoughts which are often in the passive in English (e.g. she is called, I am bored, they were saved, etc). It is always very easy for an examiner to recognise those candidates who have thought out their sentences in English and then tried to translate them into French in the writing section. Their compositions will be littered with passive-type English sentences clumsily translated word for word into French. The result is a very poor non-French composition. Always try to use a known French construction in your answers and avoid the passive in French where possible.

Beware of English sentences which contain a passive, such as 'He is called Peter' which should be translated with a reflexive verb:

Il **s'appelle** Pierre.

1.30 The imperative

(a) Commands in French are formed from the **tu**, **nous**, and **vous** forms of the present tense of verbs, omitting the pronouns. For example:
   finis!   *finish!* (singular)
   finissons!   *let us finish!*
   finissez!   *finish!* (plural)

(b) -er verbs omit the 's' in the second person singular imperative:
   tu portes   – **porte**   *carry*
   tu vas   – **va**   *go*
   NB the second person singular imperative of **aller** retains the 's' when followed by 'y':
   Vas-y   *Go on/go there.*

(c) The following verbs have irregular imperatives:
   avoir   – aie, ayons, ayez
   être   – sois, soyons, soyez
   savoir   – sache, sachons, sachez
   vouloir – veuille, veuillons, veuillez

(d) The reflexive pronoun is retained in the imperative of reflexive verbs and follows the rules for object pronouns, i.e. in the affirmative, the pronoun follows the verb and is joined to the verb by a hyphen; the pronoun **te** becomes **toi**.
   Dépêche-toi! *Hurry up!*
   But in a negative command, the pronoun keeps its original position and spelling:
   Ne te dépêche pas! *Don't hurry!*
   Here are examples of all three imperatives in the affirmative and in the negative:
   se lever – to get up
   Lève-toi. Ne te lève pas.
   Levons-nous. Ne nous levons pas.
   Levez-vous. Ne vous levez pas.

1.31 The present participle

The present participle (e.g. going, looking, selling) is normally formed by adding **-ant** to the stem of the first person plural of the present tense:

aller	nous allons	– **allant**	*going*
regarder	nous regardons	– **regardant**	*looking*
finir	nous finissons	– **finissant**	*finishing*
vendre	nous vendons	– **vendant**	*selling*
dire	nous disons	– **disant**	*saying*

The following irregular verbs do not form the present participle from the stem of the first person plural of the present tense:

avoir	**ayant**	having
être	**étant**	being
savoir	**sachant**	knowing

Do not, however, try to use the present participle in such expressions as 'I am going', 'they are eating', etc. Expressions such as these should be translated by the present tense – **je vais**, **ils mangent**, etc.

A present participle is not finite (i.e. not complete in itself). It should be used in such expressions as:
   He went home singing. Il est rentré **en chantant**.
   Seeing that she was ill, he telephoned the doctor.
   Voyant qu'elle était malade, il a téléphoné au médecin.

The use of **en** + present participle, as in the first example above, is one that you are very likely to need. It is a frequent testing point in prose composition and you should also be able to incorporate it into free composition.

En + present participle can also mean 'by/on/when doing...':
En rentrant à la maison il a trouvé ses clés. *On returning home he found his keys.*
En travaillant dur, ils ont réussi. *By working hard, they succeeded.*

Check carefully the following examples where a present participle is used in English but not in French:

(a) He left *without saying* goodbye.
Il est parti **sans dire** au revoir.
(b) I shall have breakfast *before leaving*.
Je prendrai le petit déjeuner **avant de partir**.
(c) *Instead of working*, he went to play football.
Au lieu de travailler, il est allé jouer au football.

Note the use of the infinitive in the above three sentences. Do not be misled by the English present participle.

(d) After getting up late, we missed the bus.
Après nous être levés en retard, nous avons manqué l'autobus.

Note the use of the perfect infinitive after **après**. This construction needs special care because of the reflexive verb. The subject of the main part of the sentence (nous) dictates which reflexive pronoun must be used before **être**.

(e) I saw some boys fishing in the river.
J'ai vu des garçons **qui pêchaient** dans la rivière.

You must check very carefully before using a present participle in French to see if, in fact, you need to use a present participle construction, or if, as in the cases above, you need to use a different construction.

1.32 Verbs followed by prepositions

Some verbs in French can be directly followed by an infinitive:
Je sais nager. *I can swim*
Tu veux venir? *Do you want to come?*

Many, however, require the addition of a preposition before the following infinitive. Try to learn as many of the following as possible:

aider à *to help to...*
apprendre à *to learn to...*
s'attendre à *to expect to...*
commencer à *to begin to...*
consentir à *to agree to...*
continuer à *to continue to*
se décider à *to make up one's mind to...*
forcer à *to compel to...*
hésiter à *to hesitate to...*
inviter à *to invite to...*
se mettre à *to begin to...*
obliger à *to oblige to...*
ressembler à *to look like...*
réussir à *to succeed in...*
s'arrêter de *to stop (doing)*
avoir l'intention de *to intend to...*
avoir peur de *to be afraid of (doing)*
avoir besoin de *to need to...*

cesser de *to stop (doing)*
décider de *to decide to...*
défendre de *to forbid to...*
demander de *to ask to...*
dire de *to tell to...*
empêcher de *to prevent from...*
essayer de *to try to...*
faire semblant de *to pretend to...*
finir de *to finish (doing)*
menacer de *to threaten...*
offrir de *to offer to...*
ordonner de *to order to...*
oublier de *to forget to...*
permettre de *to allow to...*
prier de *to beg to...*
promettre de *to promise to...*
refuser de *to refuse to...*
regretter de *to be sorry for...*

Certain other words apart from verbs also require a preposition before a following infinitive:

beaucoup à (faire) *a lot to (do)*
le dernier à *the last to...*
prêt à *ready to...*
le premier à *the first to...*
rien à *nothing to...*
certain de *certain to...*
content de *pleased to...*
le droit de *the right to...*

étonné de *surprised to...*
heureux de *happy to...*
obligé de *obliged to...*
l'occasion de *the opportunity to...*
la permission de *the permission to...*
surpris de *surprised to...*
le temps de *the time to...*

Note also the preposition **pour** before an infinitive:
   Je suis allé en ville **pour** rencontrer des amis. *I went to town to meet some friends.*
   Il est trop malade **pour** venir. *He is too ill to come.*
   Vous êtes assez intelligent **pour** comprendre. *You are intelligent enough to understand.*

Some verbs need the preposition **à** before an indirect object:
   acheter à quelqu'un *to buy from someone*
   cacher à quelqu'un *to hide from someone*
   conseiller à quelqu'un *to advise someone*
   défendre à quelqu'un *to forbid someone*
   donner à quelqu'un *to give someone*
   dire à quelqu'un *to tell someone*
   emprunter à quelqu'un *to borrow from someone*
   envoyer à quelqu'un *to send (to) someone*
   se fier à quelqu'un *to trust someone*
   montrer à quelqu'un *to show (to) someone*
   obéir à quelqu'un *to obey someone*
   offrir à quelqu'un *to offer (to) someone*
   ordonner à quelqu'un *to order someone*
   penser à quelqu'un *to think about someone*
   plaire à quelqu'un *to please someone*
   prendre à quelqu'un *to take from someone*
   prêter à quelqu'un *to lend someone*
   promettre à quelqu'un *to promise someone*
   raconter à quelqu'un *to tell someone*
   répondre à quelqu'un *to reply to someone*
   réfléchir à quelque chose *to think (ponder) about something*
   ressembler à quelqu'un *to resemble someone*
   voler à quelqu'un *to steal from someone*

Some verbs need the preposition **de** before an object:
   s'approcher de *to approach…*   remercier de *to thank for…*
   dépendre de *to depend on…*   se servir de *to use…*
   jouir de *to enjoy…*   se souvenir de *to remember…*
   se moquer de *to make fun of…*

1.33 Impersonal verbs

You should be able to use the following accurately:
(a) **Il y a** + all tenses
   Il y a beaucoup de monde en ville. *There are a lot of people in town.*
   Il y avait une grande foule devant la mairie. *There was a large crowd in front of the town hall.*
   Il y a eu un accident. *There has been an accident.*
   Il y aura un jour de congé la semaine prochaine. *There will be a day's holiday next week.*
(b) **Il faut** it is necessary
   Il fallait it was necessary (*continuous*)
   Il a fallu it was necessary (*event*)
   Il faudra it will be necessary
   Il me faut rentrer. *I must go home.*
   Il lui fallait travailler dur. *He had to work hard.*
   Il m'a fallu acheter une nouvelle robe. *I had to buy a new dress.*

Remember that you may use **devoir** (*to have to*) in sentences similar to those above, but with a personal subject: J'ai dû acheter une nouvelle robe.

For **Il faut que…** see section 28 on the subjunctive.
(c) **Il reste…** there remains…
   Il me reste vingt francs. *I have twenty francs left.*
   Il restait… there remained…

Il lui restait deux pommes. *He had two apples left.*
You should be able to recognise the following impersonal verbs:
(a) **Il s'agit de...** It is a question of...
De quoi s'agit-il? Il s'agit d'un vol. *What's it about? It's about a theft.*
(b) **Il vaut mieux...** It's better...
Il vaut mieux rentrer tout de suite. *It's better to return home straightaway.*

1.34 Tenses with 'si'

Check the following rule carefully.
Si + present tense..., (future).
Si + imperfect tense..., (conditional).
Si + pluperfect tense..., (conditional perfect).
(a) S'il vient, je te téléphonerai. *If he comes, I shall telephone you.*
(b) S'il venait, je te téléphonerais. *If he were to come, I should telephone you.*
(c) S'il était venu, je t'aurais téléphoné. *If he had come, I should have telephoned you.*

1.35 Venir de

This expression means 'to have just' (done something).
Remember to use the present tense in such expressions as:
I have just arrived. **Je viens** d'arriver.
Use the imperfect tense in such expressions as:
They had just gone out. **Ils venaient de** sortir.

1.36 Negatives

ne... pas (*not*)   *Check carefully*
ne... point (*not at all*)   ne... aucun (*not one, not any*)
ne... jamais (*never*)   ne... guère (*scarcely*)
ne... personne (*nobody*)   ne... ni... ni... (*neither... nor*)
ne... plus (*no more, no longer*)   ne... nulle part (*nowhere*)
ne... que (*only*)
ne... rien (*nothing*)

The position of the negative in the sentence

(a) Present tense:
Je **ne** joue **pas** au tennis. *I don't play tennis.*
(b) Perfect tense:
Je **n'**ai **pas** joué au tennis. *I didn't play tennis.*
NB exception with 'ne... personne':
Je **n'**ai vu **personne**. *I saw nobody.*
(c) Reflexive verbs:
Je **ne** me lève **pas** de bonne heure. *I don't get up early.*
Je **ne** me suis **pas** levé de bonne heure. *I didn't get up early.*
(d) With object pronouns:
Je **ne** le vois **pas**. *I don't (can't) see him (it).*
Je **ne** l'ai **pas** vu. *I didn't see him (it).*

Remember that certain negatives may be inverted to become the subject of a sentence:
   Rien n'est arrivé. *Nothing has happened.*
   Personne n'a gagné. *Nobody won.*
   Aucun avion **n**'a décollé. *No plane took off.*
Words like **rien**, **personne** and **jamais** may be used on their own:
   Qu'a-t-il vu? **Rien**. *What did he see? Nothing.*
   Y êtes-vous allés? **Jamais**. *Did you ever go there? Never.*
   Qui avez-vous vu? **Personne**. *Whom did you see? Nobody.*

Combinations of negatives
(a) **Plus** before **rien**:
   Ils ne font plus rien. *They no longer do anything.*
(b) **Jamais** before **rien**:
   Ils ne nous donnent jamais rien. *They never give us anything.*
(c) **Plus** before **personne**:
   Je n'y rencontre plus personne. *I don't meet anyone there now.*
(d) **Jamais** before **personne**:
   Je n'y rencontre jamais personne. *I never meet anyone there.*

Negatives before an infinitive
Except for **ne... personne**, both parts of the negative precede the present infinitive:
   J'ai décidé de ne jamais revenir. *I decided never to return.*
   J'ai décidé de ne voir personne. *I decided to see nobody.*
Remember that **si** = yes after a negative question or statement:
   Ne l'avez-vous pas vu? Si, je l'ai vu. *Haven't you seen it (him)? Yes I have seen it (him).*

N'est-ce pas?
This is a most useful phrase which translates a variety of negative expressions at the end of questions, e.g.... haven't we?... didn't they?... wasn't he?... can't she? etc.
   Nous avons réussi, n'est-ce pas? *We succeeded, didn't we?*
   Ils ont gagné, n'est-ce pas? *They won, didn't they?*
   Il était malade, n'est-ce pas? *He was ill, wasn't he?*
   Elle peut venir, n'est-ce pas? *She can come, can't she?*

1.37 Questions

There are various ways of asking a question in French.
(a) One of the easiest ways is to use **est-ce que**... at the beginning of the sentence:
   Est-ce qu'il vient? *Is he coming?*
(b) Except for the first person singular of many verbs, inversion may be used:
   Vient-il? *Is he coming?*
(c) Vocal intonation is frequently used in conversation:
   Il vient? *Is he coming?*
Care must be taken when a noun is the subject of a question. Remember that, in writing, a pronoun should also be used:
   Votre frère est-il à la maison? *Is your brother at home?*
In conversation, however, vocal intonation might be used:
   Votre frère est à la maison?

Words used to introduce questions
(a) **Qui?**
   Qui est-ce qui?   Who?
   Both of the above are used as the subject of the question:
   Qui a dit cela?
   Qui est-ce qui a dit cela?   *Who said that?*
(b) **Qui?**
   Qui est-ce que?   Whom?

These two forms are used as the object of the sentence:
Qui as tu vu?
Qui est-ce que tu as vu? *Whom did you see?*

Note that when **est-ce** is used in any form of question the verb and subject are not inverted.

- **(c)** **Qu'est-ce qui?** What? (as the subject)
  Qu'est-ce qui est arrivé? *What has happened?*
- **(d)** **Que?**
  Qu'est-ce que? } What? (as the object)
  Qu'as-tu vu?
  Qu'est-ce que tu as vu? } *What have you seen?*
- **(e)** m. **Quel** + noun
  f. **Quelle** + noun
  m.pl. **Quels** + noun } What? Which?
  f.pl. **Quelles** + noun
  Quels livres? *What (which) books?*
  Quelle maison? *What (which) house?*
- **(f)** **Où?** Where?
  Où habitez-vous? *Where do you live?*
  Combien? How much?
  Combien as-tu gagné? *How much did you earn (win)?*
  Comment? How?
  Comment vas-tu? *How are you?*
  Pourquoi? Why?
  Pourquoi es-tu venu? *Why did you come?*
  Quand? When?
  Quand rentres-tu? *When are you going back (home)?*

1.38 Inversion

Remember that inversion is required in the following circumstances:
- **(a)** After direct speech:
  'Asseyez-vous', a-t-il dit. *'Sit down,' he said.*
- **(b)** After **peut-être** at the beginning of a sentence:
  Peut-être viendra-t-il. *Perhaps he will come.*
  However, inversion can be avoided by using **peut-être que**:
  Peut-être qu'il viendra. *Perhaps he will come.*
- **(c)** In certain subordinate clauses:
  Voici la maison où habite ma grand-mère. *Here is the house where my grandmother lives.*
- **(d)** Note also the translation of the following English inversion:
  Qu'elle est jolie! *How pretty she is!*

1.39 Functions

Given below is a list of the functions which a candidate should be able to carry out, with examples of useful expressions.

1 Asking for/giving advice and help
Advice: Excusez-moi, monsieur/madame, pourriez-vous me dire… ?
Je vous conseille de… (conseiller = to advise)
Help: Excusez-moi, monsieur/madame, pourriez-vous m'aider?
Puis-je vous aider?
For emergencies: Au secours!

1.39 Functions

2 Agreeing/disagreeing
Agreeing: D'accord
Je veux bien/Moi aussi.
Disagreeing: Pas du tout.
Je ne suis pas d'accord.
Non, merci.

3 Apologizing
(Oh) Pardon!
Excusez-moi!
Je regrette…

4 Responding to apologies
Ça ne fait rien.
Ne t'en fais pas.
Ne vous en faites pas.

5 Expressing appreciation
For a meal: C'est vraiment délicieux.
General: C'est bien agréable.
(C'est) formidable!
Génial!/C'est bien amusant.
C'est bien intéressant/Ça me plaît beaucoup.
Je l'aime bien.

6 Attracting attention
Pardon, monsieur/madame
Excusez-moi, monsieur/madame
Dis donc!/Dites donc! (*I say!*)
In case of fire: Au feu!
To summon help: Au secours!
To stop a thief: Au voleur!

7 Expressing certainty/uncertainty
Je suis certain(e) que… /Je suis sûr(e) que…
Je ne suis pas certain(e)/Je doute que…[1]

8 Congratulating
Bravo!
Formidable!
Félicitations!

9 Seeking/giving directions
Pour aller à…, s'il vous plaît?
Il faut tourner à droite/à gauche.
Allez tout droit. (*straight on*)
Prenez la première rue à droite/à gauche.
Allez jusqu'à… (*as far as*)

10 Expressing disappointment
C'est dommage.
Je suis vraiment déçu(e).

11 Expressing fear/worry
J'ai peur (de…)/Je crains que…[2]
Je m'inquiète de…/Cela m'inquiète.
Ne vous en faites pas! (*Don't worry*)

12 Forgetting/remembering
J'ai oublié de…
N'oublie pas de…/N'oubliez pas de…
Donne(z) mon bon souvenir à… (*Remember me to…*)

13 Expressing hope
Je l'espère bien/J'espère que…

14 Seeking/giving information
Pourriez-vous me dire…?
Y a-t-il…?
A quelle heure…? etc.
Voici…/Voilà…
Il faut…
D'abord…

15 Expressing intention
Je vais (+ infinitive)
Je compte (+ infinitive)
J'ai l'intention de…

16 Expressing interest/lack of interest
Je m'intéresse beaucoup à…
Je me passionne pour…
C'est bien intéressant.
Je n'aime pas tellement…
Cela ne m'intéresse pas beaucoup.

17 Giving/accepting invitations
Veux-tu…?/Voulez-vous…?
Je t'invite à…/Je vous invite à…
Avec plaisir.
Je veux bien.
Oui, merci.

18 Introducing/greeting people
Voici…
Je te/vous présente…
Permettez-moi de vous présenter…
Enchanté(e), monsieur/madame.
Bonjour, monsieur/madame.
Salut.

19 Taking leave of people
Au revoir, monsieur/madame.
A bientôt. (*See you soon*)
A demain. (*See you tomorrow*)
A la semaine prochaine. (*See you next week*)

20 Expressing likes/dislikes
J'aime bien…
Je n'aime pas du tout…/Je déteste…

21 Expressing need/necessity
J'ai besoin de…/Je dois…/Il me faut…

22 Offering
Puis-je…?/Je peux…?
Permets-moi de…/Permettez-moi de…
Tu permets?/Vous permettez?
Veux-tu…?/Voulez-vous…?

23 Ordering
Donne moi…/Donnez-moi…
Je voudrais…

24 Asking for/giving permission
C'est possible?/Il est possible de…?
Avec plaisir/Bien sûr/D'accord.

25 Expressing possibility/impossibility
C'est possible/On peut…/Peut-être.
Ce n'est pas possible/C'est impossible.

26 Expressing preference
J'aime mieux…
Je préfère…

27 Refusing
Je regrette mais je ne peux pas accepter.
Non merci.
Je ne veux pas.

28 Expressing regret
Je regrette…
Je suis désolé(e).

[1] Avoid this expression unless you know how to use the subjunctive.
[2] Avoid this expression unless you know how to use the subjunctive + ne.

Chapter 1 Grammar revision

29 **Reporting**
On m'a dit que…
On dit que…

30 **Requesting**
Peut-on…?
Puis-je…?
C'est possible?
… s'il te plaît?/… s'il vous plaît?

31 **Expressing satisfaction/dissatisfaction**
Ça va bien!
Très bien.
J'en suis content(e).
Ça ne va pas (du tout).
Je n'en suis pas content(e) (du tout).

32 **Socialising**

Agreed, all right!	D'accord.
Cheer up!	Courage!
Come now!	Allons donc! Voyons donc!
Good morning	Bonjour
Good afternoon	
Goodbye	Au revoir
Good evening	Bonsoir
Good night	Bonne nuit
Good health!	A votre santé!
Good luck!	Bonne chance!
Happy birthday!	Bon anniversaire!
Happy Christmas!	Joyeux Noël!
Happy New Year!	Bonne année!
How are you?	Comment vas-tu?/allez-vous?
Have a good trip!	Bon voyage!
Have a good meal!	Bon appétit!
Sleep well!	Dors bien!/Dormez bien!

33 **Expressing surprise**
Tiens!/Tenez!
Quelle idée!
Quelle surprise!
Ça m'étonne(ra) beaucoup.
Vraiment?

34 **Expressing sympathy**
Quel dommage!
Je suis désolé(e).
Mes condoléances. (*For a bereavement*)

35 **Expressing thanks/gratitude**
Merci beaucoup/bien.
Je te/vous remercie de…
J'en suis très reconnaissant.

36 **Acknowledgements**
Tu es/vous êtes bien aimable.
Je t'en prie/Je vous en prie.
De rien.

37 **Expressing understanding/misunderstanding**
Ah oui, je comprends/D'accord.
Je regrette mais je ne comprends pas/Je n'ai pas bien compris.

38 **Warning**
Attention!
Il est interdit de…
Il ne faut pas…
Prenez garde!

Chapter 2
Test yourself on grammar

2.1 Articles and nouns

Give the plural forms of the following.
1. l'animal
2. le cadeau
3. le cheval
4. le fils
5. le journal
6. l'œil
7. l'oiseau
8. monsieur
9. madame
10. le timbre-poste

2.2 Adjectives

What is the French for the following? (Give both masculine and feminine singular forms)
1. old
2. pretty
3. big
4. white
5. dear
6. first
7. sweet
8. favourite
9. beautiful
10. new

2.3 Adverbs

What is the French for the following?
1. badly
2. happily
3. too much
4. really
5. better
6. often

2.4 Pronouns

What is the French for the following?
1. Who?
2. of which
3. each one
4. anybody
5. someone

2.5 Conjunctions

What is the French for the following?
1. when
2. because
3. so
4. since (giving a reason)
5. as soon as

2.6 Prepositions

What is the French for the following?
1. amongst
2. before (place)
3. before (time)
4. on the right
5. on foot
6. until
7. on the other side
8. on holiday

2.7 Verbs

Present tense

Give the correct form of the following verbs:
1. Il (finir)
2. Nous (manger)
3. Vous (appeler)
4. Je (venir)
5. Elles (aller)
6. Tu (jeter)
7. Elle (vouloir)
8. Nous (commencer)
9. Ils (être)
10. Elles (avoir)
11. Vous (faire)
12. Il (écrire)
13. Tu (savoir)
14. Vous (dire)
15. Nous (se coucher)
16. Je (recevoir)
17. Elles (s'asseoir)
18. Elle (devoir)
19. Ils (connaître)
20. Vous (prendre)

Future tense

Give the correct form of the following verbs:
1. Ils (avoir)
2. Je (pouvoir)
3. Elle (s'asseoir)
4. Vous (venir)
5. Tu (vouloir)
6. Ils (appeler)
7. Nous (faire)
8. Il (falloir)
9. Tu (être)
10. Elles (recevoir)
11. Je (courir)
12. Elle (devoir)
13. Vous (envoyer)
14. Tu (finir)
15. Il (pleuvoir)
16. Elles (répéter)
17. Je (savoir)
18. Nous (apercevoir)
19. Tu (tenir)
20. Nous (cueillir)

Imperfect tense

Give the correct form of the following verbs:
1. Nous (finir)
2. Il (être)
3. Ils (avoir)
4. Vous (aller)
5. Je (faire)
6. Elles (pouvoir)
7. Elle (envoyer)
8. Il (vouloir)
9. Je (jeter)
10. Vous (dire)

Conditional tense

Give the correct form of the following verbs:
1. Je (vouloir)
2. Ils (aller)
3. Nous (être)
4. Tu (pouvoir)
5. Vous (demander)
6. Elle (dire)
7. Elles (avoir)
8. Je (venir)
9. Il (faire)
10. Vous (envoyer)

Perfect tense

Give the correct form of the following verbs:
1. Il (devoir)
2. Elle (s'asseoir)
3. Vous (mettre)
4. Je (suivre)
5. Tu (retourner)
6. Nous (descendre)
7. Elles (voir)
8. Il (prendre)
9. Je (devenir)
10. Nous (vivre)
11. Il (se souvenir)
12. Vous (ouvrir)
13. Tu (connaître)
14. Ils (recevoir)
15. Nous (vouloir)
16. Je (rentrer)
17. Elles (avoir)
18. Elle (craindre)
19. Vous (être)
20. Il (pouvoir)

Past historic tense

Give the English for the following:
1. Ils mirent
2. Je dus
3. Nous prîmes
4. Ils eurent
5. Elle sut
6. Ils virent
7. Elles vinrent
8. Il fut
9. Il fit
10. Elle but

2.8 Imperative and present participle

What do the following mean?
1. sachant
2. étant
3. ayant
4. Finis!
5. Sois…

2.9 Negatives

Give the French for the following:
1. I don't like homework.
2. I never go there.
3. No one has arrived.
4. She hasn't eaten anything.

2.10 Functions

1. What would you shout in an emergency if calling for help?
2. What would you say in French if you were agreeing to a suggestion?
3. How would you say to someone that it does not matter?
4. What would you say if you were congratulating someone?
5. If you were giving someone directions in French, how would you tell them to go straight on?
6. How would you say to someone in French 'It's a pity'?
7. How would you tell someone in French that you are very interested in…?
8. What would you say in French to an adult to whom you have just been introduced?
9. What would you say in French to express 'See you soon'?
10. How would you tell someone in French that something is not possible?
11. What would you say in French to tell someone that you are very sorry?
12. Give the French for:
    (a) Happy birthday!
    (b) Cheer up!
    (c) Happy New Year!
    (d) Sleep well!
13. What would you say in French to tell someone that you are sorry but that you don't understand?
14. What would you say in French to tell someone that something is forbidden?

Chapter 3
Test yourself suggested answers

3.1 Articles and nouns

1. les animaux
2. les cadeaux
3. les chevaux
4. les fils
5. les journaux
6. les yeux
7. les oiseaux
8. messieurs
9. mesdames
10. les timbres-poste

3.2 Adjectives

1. vieux/vieille
2. joli/jolie
3. grand/grande
4. blanc/blanche
5. cher/chère
6. premier/première
7. doux/douce
8. favori/favorite
9. beau/belle
10. nouveau/nouvelle

3.3 Adverbs

1. mal
2. heureusement
3. trop
4. vraiment
5. mieux
6. souvent

3.4 Pronouns

1. qui
2. dont
3. chacun(e)
4. n'importe qui
5. quelqu'un

3.5 Conjunctions

1. quand
2. parce que/car
3. donc
4. puisque
5. dès que/aussitôt que

Chapter 3 Test yourself suggested answers

3.6 Prepositions

1. parmi
2. devant
3. avant
4. à droite
5. à pied
6. jusqu'à
7. de l'autre côté
8. en vacances

3.7 Verbs

Present tense

1. Il finit
2. Nous mangeons
3. Vous appelez
4. Je viens
5. Elles vont
6. Tu jettes
7. Elle veut
8. Nous commençons
9. Ils sont
10. Elles ont
11. Vous faites
12. Il écrit
13. Tu sais
14. Vous dites
15. Nous nous couchons
16. Je reçois
17. Elles s'asseyent
18. Elle doit
19. Ils connaissent
20. Vous prenez

Future tense

1. Ils auront
2. Je pourrai
3. Elle s'assiéra
4. Vous viendrez
5. Tu voudras
6. Ils appelleront
7. Nous ferons
8. Il faudra
9. Tu seras
10. Elles recevront
11. Je courrai
12. Elle devra
13. Vous enverrez
14. Tu finiras
15. Il pleuvra
16. Elles répéteront
17. Je saurai
18. Nous apercevrons
19. Tu tiendras
20. Nous cueillerons

Imperfect tense

1. Nous finissions
2. Il était
3. Ils avaient
4. Vous alliez
5. Je faisais
6. Elles pouvaient
7. Elle envoyait
8. Il voulait
9. Je jetais
10. Vous disiez

Conditional tense

1. Je voudrais
2. Ils iraient
3. Nous serions
4. Tu pourrais
5. Vous demanderiez
6. Elle dirait
7. Elles auraient
8. Je viendrais
9. Il ferait
10. Vous enverriez

Perfect tense

1. Il a dû
2. Elle s'est assise
3. Vous avez mis
4. J'ai suivi
5. Tu es retourné(e)
6. Nous sommes descendu(e)s
7. Elles ont vu
8. Il a pris
9. Je suis devenu(e)
10. Nous avons vécu
11. Il s'est souvenu
12. Vous avez ouvert
13. Tu as connu
14. Ils ont reçu
15. Nous avons voulu
16. Je suis rentré(e)
17. Elles ont eu
18. Elle a craint
19. Vous avez été
20. Il a pu

Past historic tense

1. They put
2. I had to
3. We took
4. They had
5. She knew
6. They saw
7. They came
8. He was
9. He made/did
10. She drank

3.8 Imperative and present participle

1. knowing
2. being
3. having
4. Finish!
5. Be!

3.9 Negatives

1. Je n'aime pas les devoirs.
2. Je n'y vais jamais.
3. Personne n'est arrivé.
4. Elle n'a rien mangé.

3.10 Functions

1. Au secours!
2. D'accord.
3. Cela ne fait rien.
4. Félicitations.
5. Allez tout droit.
6. C'est dommage.
7. Je m'intéresse beaucoup à…
8. Enchanté monsieur/mademoiselle.
9. A bientôt.
10. Ce n'est pas possible.
11. Je suis désolé(e).
12. (a) Bon anniversaire!
    (b) Courage!
    (c) Bonne année!
    (d) Dors/dormez bien!
13. Je regrette mais je ne comprends pas.
14. Il est interdit de…

Chapter 4
Vocabulary

4.1 Introduction

- This chapter contains the words you need to know for GCSE.
- It has been prepared by a Chief Examiner with a major Exam Board.
- In their GCSE syllabuses all the Exam Boards have a list of about 1500 words: this list is called the Minimum Core Vocabulary.
- The exams are based on these lists.
- This chapter covers the minimum core vocabulary for six major exam boards (MEG, NEAB, Edexcel (formerly ULEAC), SEG, WJEC, NICCEA).
- The first section of words, Days, Months, etc., is a section common to all Boards.
- Each Exam Board will use words outside its list for the more difficult questions – so you should try to learn all the words in this chapter.
- All the Exam Boards have the same topic areas: these areas are called the Areas of Experience.
- The words in this chapter have been categorised into the Areas of Experience which are the topic categories that all Boards use.
- There is also a section on IT vocabulary. These words are not on the Exam Boards' lists.

4.2 Important words

Days

les jours (m) **de la semaine**   the days of the week
lundi Monday
mardi Tuesday
mercredi Wednesday
jeudi Thursday
vendredi Friday
samedi Saturday
dimanche Sunday

Months

les mois (m) **de l'année**   the months of the year
janvier January
février February
mars March
avril April
mai May
juin June
juillet July
août August

septembre September
octobre October
novembre November
décembre December

Numbers

les nombres cardinaux (m) cardinal numbers
zéro 0
un/une 1
deux 2
trois 3
quatre 4
cinq 5
six 6
sept 7
huit 8
neuf 9
dix 10
onze 11
douze 12
treize 13
quatorze 14

quinze 15
seize 16
dix-sept 17
dix-huit 18
dix-neuf 19
vingt 20
vingt et un 21
vingt-deux, etc 22
trente 30
quarante 40
cinquante 50
soixante 60
soixante-dix 70
soixante et onze 71
quatre-vingts 80
quatre-vingt-dix 90
cent 100
cent un 101
cent quatre-vingt-dix 190
deux cents 200
deux cent onze 211
mille 1000
deux mille 2000
un million 1 000 000
la dizaine about ten
la douzaine dozen

les nombres ordinaux (m) ordinal numbers
premier first
deuxième/second second
troisième third
quatrième fourth
cinquième fifth
sixième sixth
septième seventh
huitième eighth
neuvième ninth
dixième tenth
onzième eleventh
douzième twelfth
dix-septième seventeenth
dix-huitième eighteenth
dix-neuvième nineteenth
vingtième twentieth
vingt et unième twenty-first
cinquantième fiftieth
centième hundredth

Time

l'heure (f) the time

Quelle heure est-il? What's the time?
Il est sept heures It's seven o'clock
Il est deux heures cinq It's five past two
Il est neuf heures et quart It's a quarter past nine
Il est quatre heures et demie It's half past four
Il est six heures moins vingt It's twenty to six
Il est une heure moins le quart It's a quarter to one
Il est midi/minuit It's twelve o'clock noon/midnight
Il est midi et demi It's half past twelve (noon)
Il est minuit et demi It's half past twelve (midnight)
A seize heures vingt-cinq At 16.25
A quatorze heures quarante-cinq At 14.45
A dix-huit heures At 18.00
du matin a.m.
de l'après-midi p.m. until 5p.m.
du soir p.m. after 5.p.m.
à cinq heures du matin at five o'clock in the morning
Quelle est la date d'aujourd'hui? What's the date today?
C'est le lundi treize janvier mille neuf cent quatre-vingt dix-sept It's Monday the thirteenth of January 1997
dimanche le premier mai Sunday the first of May

Seasons

les saisons (f) the seasons
le printemps spring
l'été (m) summer
l'automne (m) autumn
l'hiver (m) winter
au printemps in spring
en été/automne/hiver in summer/autumn/winter
pendant l'été during the summer

Question words

les interrogatifs (m) question words
à quelle heure? at what time?
à qui? whose?
avec qui? with whom?
combien de fois? how often?
combien de temps? how long?
combien? how many?
comment? how?
où? where?
pourquoi? why?
qu'est-ce que? what?
qu'est-ce qui? what?
quand? when?
qui est-ce qui? who?
qui? who?
quoi? what?

4.3 Useful words

Quantities

autant as much
une boîte de a box of
une bouteille de a bottle of
le centimètre centimetre
une douzaine de a dozen
une goutte de a drop of
pas grand-chose not much
une livre de a pound of
la moitié half
un morceau de a piece of
un paquet de a packet of
la plupart most
un pot de a pot of
un tiers de a third of
une tranche de a slice of
un peu a little
un peu plus a little more
une paire de a pair of

Negatives

ne ... aucun no
ne ... jamais never
ne ... ni ... ni neither ... nor
ne ... pas not
ne ... personne nobody
ne ... plus no more, no longer
ne ... que only
ne ... rien nothing
non plus neither
pas de vin no wine

Prepositions

à to, at
au bout de at the end of
au fond de at the bottom/far end of
au-dessous de beneath
au-dessus de above
autour de around
avec with
à bord de aboard
chez to/at the home of
contre against
à côté de beside
dans in
derrière behind
en in
en face de opposite
en dessous de under
entre between
au lieu de instead of
au milieu de in the middle of
par through/by
par-dessus above
parmi among
sans without
sauf except
sous under
sur on
à travers across, through
vers towards

'Avoir' expressions

avoir besoin de to need
avoir envie de to want (to do something)
avoir faim to be hungry
avoir l'air (malade) to look (ill)
avoir lieu to take place
avoir mal à to feel pain in
avoir peur to be frightened
avoir raison to be right
avoir soif to be thirsty
avoir sommeil to feel sleepy
avoir tort to be wrong
en avoir marre to be fed up

Other words and expressions

à cause de because of
chacun each one
donc so
en général in general
en sus in addition
enfin at last
environ about
est-ce que c'est ça? is it that?
et and
ici here
il faut it is necessary
il n'y a pas there is not, there are not
il n'y en a pas there isn't any, there aren't any
il y a there is, there are
il y aura there will be
il y avait there was, there were
il/ils he/they (m)
je I
lorsque when
lui him
Madame Madam
Mademoiselle Miss
mais but
on one
ou or
oui yes
parce que because
pas mal a lot
quelqu'un someone
quelque chose de bon something good
quelques-uns some
selon according to
si if, so, yes
y compris included

4.4 Area of experience A – Everyday activities

Home life
At home

l'air (m) appearance
l'ampoule (f) light bulb
l'appartement (m) flat, apartment
le balcon balcony
la boîte aux lettres letter-box
la chaise chair
le chauffage (central) central heating
chez moi to/at my house
le code postal post code
le confort comfort
l'entrée principale (f) main entrance
l'escalier (m) stairs
l'étagère (f) shelf
la fenêtre window
le fond bottom, far end
le gaz gas
la grille the gate (metal)
l'habitude (f) habit
l'horloge (f) clock
intérieur (-ieure f) interior
la lampe lamp
le lavabo hand basin
la lumière light
la machine à coudre sewing machine
la maison house
le maquillage make-up
le meuble furniture
meublé furnished
la moquette carpet (fitted)
le pas step
la pâte dentifrice toothpaste
le peigne comb
la pendule clock
le placard cupboard
le plafond ceiling
le plancher floor
la porte door
la poterie pottery
la poubelle dustbin
la poudre powder
le rideau curtain
le sommeil sleep
le tapis carpet (not fitted)
le tiroir drawer
le toit roof
le volet shutter

The rooms

la cave cellar
la chambre bedroom
le garage garage
la pièce room
le rez-de-chaussée ground floor
la salle à manger dining room
la salle de bains bathroom
la salle de séjour lounge
le salon lounge
le vestibule hall

Materials

le coton cotton
le cuir leather
le feutre felt
la forme shape
la laine wool
le métal metal
le nylon nylon
le papier paper
le suède suede
en bois of wood
en coton of cotton
en laine of wool
en métal of metal
en plastique of plastic

Adjectives

ancien (ancienne f) former, ancient
clair clear, light
confortable comfortable
différent different
électrique electric
moderne modern
neuf (neuve f) new
pittoresque picturesque
typique typical

Verbs

aider to help
arroser to water
brosser to brush
construire to build
coudre to sew
débarrasser la table to clear the table
faire la vaisselle to do the washing up
faire le jardinage to do the gardening
faire le lit to make your bed
faire le ménage to do the housework
faire le repassage to do the ironing
fermer to close
laver to wash
mettre la table to lay the table
mettre le couvert to lay the table
nettoyer to clean
ranger to tidy
sécher to dry
stationner to park
travailler to work

Chapter 4 Vocabulary

utiliser to use
vérifier to check

The living room

le buffet sideboard
le canapé settee
la chaîne hi-fi hi-fi
la chaîne stéréo hi-fi
la cheminée fire-place
l'électrophone (m) record player
le fauteuil armchair
le magnétophone à cassettes cassette recorder
le magnétoscope video recorder
la peinture painting
la radio radio
le tableau painting
la télévision TV
le tourne-disque record player
le transistor transistor

The bedroom

l'armoire (f) wardrobe
la commode chest of drawers
la couverture blanket
le drap sheet
le lit bed
le manteau blanket
l'ordinateur (m) computer
l'oreiller (m) pillow
le réveil alarm clock

The bathroom

la baignoire bath(tub)
le bain bath
le bidet bidet
la brosse à dents tooth brush
les ciseaux (m) scissors
le dentifrice toothpaste
la douche shower
le gant de toilette flannel
le miroir mirror
le rasoir razor
le robinet tap
la salle de bains bathroom
le savon soap
la serviette towel
le shampooing shampoo

The kitchen

la casserole saucepan
le congélateur freezer
la cuisine kitchen
la cuisinière à gaz gas cooker
la cuisinière électrique electric cooker
l'évier (m) sink
faire la cuisine to cook
la farine flour
le four à micro-ondes micro-wave oven
le frigidaire fridge

le frigo fridge
le lave-vaisselle dishwasher
la machine à laver washing machine
la nourriture food
le plateau tray
le poêle stove
la poêle frying pan
le pot pot
les provisions (f) food
le tire-bouchon corkscrew

The garden

l'arbre (m) tree
la barrière gate/fence
la branche branch
la feuille leaf
la fleur flower
la haie hedge
le fruit fruit
l'herbe (f) grass
le jardin garden
le mur wall
la pelouse lawn
la plante plant

Pets

le chat cat
le chien dog
le cobaye guinea pig
le cochon d'Inde guinea pig
le hamster hamster
le perroquet parrot
la perruche budgerigar
le poisson fish
le poisson rouge goldfish

The housework

l'aspirateur (m) vacuum cleaner
la lessive laundry, washing
le linge linen, washing
le ménage housework
le nettoyage à sec dry-cleaning
la plume feather
la poussière dust
la tache stain
le tas heap, pile
le torchon tea-cloth, tea-towel
la vaisselle washing up

School

In class

asseyez-vous! sit down!
assieds-toi! sit down!
attention! be careful!
ça s'écrit comment? how do you spell that?
défense de forbidden to
exact correct
indiquer to point out
mettre dans le bon ordre to put into the correct order

4.4 Area of experience A – Everyday activities

par exemple for example
présent present
qu'est-ce qu'il y a? what's the matter?
qu'est-ce que c'est en français? what is it in French?
venez ici! come here!
viens ici! come here!
voici here is
voilà there is
vouloir dire to mean

Subjects

l'allemand (m) German
l'anglais (m) English
l'art (m) art
la biologie biology
la chimie chemistry
le commerce commerce
le dessin drawing
l'éducation physique (f) physical education
EMT (éducation manuelle et technique) C.D.T.
EPS (éducation physique et sportive) P.E.
l'espagnol (m) Spanish
le français French
la géographie geography
la gymnastique gymnastics
l'histoire (f) history
l'informatique (f) computing
les langues modernes/vivantes (f) modern languages
le latin Latin
les math(s) (f) maths
les mathématiques (f) maths
la physique physics
la science science
les sciences économiques (f) economics
les sciences naturelles (f) biology
la technologie technology
les travaux manuels (m) handicraft

In school

l'accent (m) accent
l'alphabet (m) alphabet
le bac(calauréat) A-level
le bulletin school report
le cercle circle
le chiffre figure (numerical)
la classe class
la description description
les devoirs (m) homework
le diplôme certificate
l'échange (m) exchange
l'emploi du temps (m) timetable
en sixième in Year 7
l'épreuve (f) test
l'erreur (f) mistake
l'examen (m) examination
par exemple for example

l'exemple (m) example
l'extrait (m) extract
la faute fault, mistake
les grandes vacances (f) summer holidays
l'horaire (m) timetable
les instructions (f) instructions
la leçon lesson
la ligne line
la matière subject
le mot word
la pause de midi lunchtime
la phrase sentence
le progrès progress
la question question
la récréation break
la rentrée back to school
le silence silence
le succès success
le tableau noir blackboard
la terminale upper-sixth/year 13
le trimestre term

Adjectives

absent absent
excellent excellent
faux (fausse f) false, wrong
juste correct
mixte mixed
primaire primary
privé private
scolaire school
secondaire secondary

The places

C.E.S. (Collège d'Enseignement Secondaire) Secondary School
la cantine canteen
le collège school
le couloir corridor
la cour school-yard
l'école (f) school (primary)
le gymnase gym
le laboratoire laboratory
le lycée school
la salle room
la salle de classe classroom
la salle de musique music room
la salle des professeurs staff room

The equipment

le bic pen
le cahier exercise book
la calculatrice calculator
le carnet notebook
le cartable school bag
le crayon pencil
la gomme rubber
la règle rule, ruler
le stylo pen
l'uniforme scolaire (m) school uniform

Chapter 4 Vocabulary

The people

le/la concierge caretaker
le directeur/la directrice headmaster/mistress
l'élève (m)(f) pupil
l'enseignant (m) teacher
l'instituteur/trice (m)(f) teacher (primary school)
le maître master
le principal headteacher
le professeur teacher
le/la secrétaire secretary
le surveillant supervisor

Verbs

ajouter to add
améliorer to improve
appartenir to belong
apprendre to learn
s'asseoir to sit down
bavarder to chatter
cacher to hide
cesser to stop (doing something)
classer to classify/to file
cocher to tick
corriger to correct
décrire to describe
demander to ask
déranger to disturb
détester to hate
deviner to guess
devoir to have to
se disputer to argue/to quarrel
diviser to divide
dormir to sleep
écouter to listen
écrire to write
effrayer to frighten
empêcher to prevent
s'endormir to go to sleep
s'ennuyer to be bored
entrer to enter
espérer to hope
essuyer to wipe
étudier to study
éviter to avoid
expliquer to explain
se fâcher to get angry
faire attention to be careful
frapper to hit
gêner to embarrass
habiter to live in
ignorer to not know (something)
mesurer to measure
se moquer de to make fun of
obliger to oblige
oublier to forget
pardonner to forgive
parler to talk
partager to share
partir to leave
permettre to permit
punir to punish
raconter to tell
se rappeler to remember
respecter to respect, observe (i.e. laws)
réussir to succeed
rire to laugh
savoir to know
sonner to ring
se taire to stay silent
terminer to finish
traduire to translate
se tromper to make a mistake
user to use
vouloir to wish, want

Food and drink
Meals

le déjeuner lunch
le dîner dinner
le goûter afternoon snack
le petit déjeuner breakfast
le pique-nique picnic
le plat dish
le plat principal main course
le repas meal
le souper supper

Vegetables

l'artichaut (m) artichoke
la betterave beetroot
la carotte carrot
le champignon mushroom
le chou cabbage
le chou de Bruxelles sprout
le chou-fleur cauliflower
la courgette courgette
les frites (f) chips
le haricot vert green bean/French bean
la laitue lettuce
le légume vegetable
l'oignon (m) onion
le petit pois pea
la pomme de terre potato
le riz rice
la salade salad, lettuce
la tomate tomato

Fruit

l'abricot (m) apricot
l'ananas (m) pineapple
la banane banana
le cassis blackcurrant
la cerise cherry
le citron lemon
la fraise strawberry
la framboise raspberry
le fruit fruit

le melon melon
mûr ripe
l'orange (f) orange
le pamplemousse grapefruit
la pêche peach
la poire pear
la pomme apple
la prune prune
le raisin grape

Meat

l'agneau (m) lamb
le bifteck steak
le bœuf beef
le canard duck
la côtelette chop
l'entrecôte (f) rib-steak
le jambon ham
le lapin rabbit
la merguez spicy sausage
le mouton mutton
le porc pork
le poulet chicken
le rôti roast meat
le salami salami
la saucisse sausage
le saucisson salami-type sausage
le steak steak
le veau veal
la viande meat

On the table

le bol bowl
la cafetière coffee pot
la carafe carafe
le couteau knife
la cuiller/la cuillère spoon
la fourchette fork
la mayonnaise mayonnaise
la moutarde mustard
la nappe tablecloth
le poivre pepper
la sauce gravy
le sel salt
la soucoupe saucer
le sucre sugar
la table table
la tasse cup
le verre glass
verser to pour
le vinaigre vinegar

Snacks

le bonbon sweet
les chips (f) crisps
le chocolat chocolate
le croque-madame toasted cheese sandwich topped with fried egg
le croque-monsieur toasted cheese sandwich with ham

la glace ice cream
l'omelette (f) omelette
les pâtes (f) pasta
la pizza pizza
le sandwich sandwich
les spaghetti (m) spaghetti
la tarte cake
la tartine slice of bread and butter
la vanille vanilla

Starters

les crudités (f) raw vegetables
l'entrée (f) starter
le hors-d'œuvre starter
le pâté pâté
le potage soup
la soupe soup

From the sea/river

le coquillage shellfish
le crabe crab
les fruits de mer (m) seafood
les moules (f) mussels
le poisson fish
la sardine sardine
le saumon salmon
le thon tuna fish
la truite trout

Desserts

le biscuit biscuit
la crème (Chantilly) whipped cream
la crêpe pancake
le dessert dessert
le fromage cheese
le gâteau cake
la glace ice cream
la pâtisserie pastry
la tarte maison home-made tart
le yaourt yogurt

Breakfast

la baguette loaf
le beurre butter
les céréales (f) cereals
la confiture jam
le croissant croissant
grillé (pain grillé) toast
le miel honey
l'œuf (m) egg
l'œuf à la coque (m) boiled egg
le pain bread
le toast toast

Drinks

l'alcool (m) alcohol
l'apéritif (m) pre-dinner drink
la bière beer
la boisson drink
le bouchon cork

Chapter 4 Vocabulary

le café   coffee
le café crème   white coffee
le chocolat chaud   hot chocolate
le cidre   cider
le citron pressé   crushed lemon
le coca (-cola)   coke
l'eau (f)   water
l'eau minérale (f)   mineral water
l'eau potable (f)   drinking water
le jus   juice
le jus de fruits   fruit juice
le lait   milk
la limonade   lemonade
l'orangina (f)   orangeade
le sirop   cordial
la soif   thirst
le thé   tea
le thé au lait   tea with milk
le vin   wine

In the restaurant

l'addition (f)   bill (i.e. in a café)
l'assiette (f)   plate
la bouteille   bottle
le choix   choice
le couvert   place at table
l'escargot (m)   snail
le garçon   waiter
le menu (à 90 francs, etc)   (90-franc) menu
le patron   restaurant owner
le plat du jour   today's menu
les pommes vapeur (f)   steamed potatoes
le pourboire   tip
la recette   recipe
le restaurant   restaurant
le self   self-service restaurant
le serveur   waiter
le service non compris   service not included
la spécialité   speciality
les toilettes (f)   toilets
le/la végétarien(ne)   vegetarian

In the café

le comptoir   counter
le garçon de café   waiter
la note   bill
l'ombre (f)   shade
le tarif   price-list
la terrasse   terrace

Two useful expressions

bon appétit   enjoy your meal
à la carte   not from the fixed menu

Adjectives

appétissant   delicious
assis   sitting
bien cuit   well-done (steak)
bon (m), (bonne f)   good
bon marché   cheap
bruyant   noisy
célèbre   famous
compris   included
correct   correct
délicieux (-ieuse f)   delicious
frais (fraîche f)   cool, fresh
léger (légère f)   light, slight
lent   slow
nombreux (-euse f)   numerous
à point   medium (steak)
principal   main
prochain   next
rare   rare
régulier (régulière f)   regular
saignant   rare (steak)
sensass   sensational
servi   served
sucré   sweet

Restaurant verbs

amener   to bring (someone)
apporter   to bring (something)
apprécier   to appreciate
approuver   to approve
attendre   to wait for
avoir envie de   to want to
bavarder   to chatter
boire   to drink
changer   to change
commander   to order
dire   to say
se disputer   to argue/to quarrel
donner   to give
emporter   to carry away
envoyer   to send
espérer   to hope
éviter   to avoid
fumer   to smoke
gêner   to embarrass
hésiter   to hesitate
laisser tomber   to drop
manger   to eat
mettre   to put
montrer   to show
pardonner   to forgive
parler   to talk
partager   to share
partir   to leave
plaire   to please
préférer   to prefer
proposer   to suggest
recommander   to recommend
regretter   to regret
remercier   to thank
servir   to serve
sourire   to smile
terminer   to finish
se tromper   to make a mistake
vouloir   to wish, want

4.4 Area of experience A – Everyday activities

Health and fitness
Sports

l'alpinisme (m)   climbing
l'athlétisme (m)   athletics
le basket   basketball
le cyclisme   cycling
l'équitation (f)   horse-riding
faire du cheval   to go riding
le football   football
le handball   handball
le hockey   hockey
la natation   swimming
la pêche   fishing
la planche à roulettes   skate-boarding
la planche à voile   windsurfing
le rugby   rugby
le ski nautique   water-skiing
les sports d'hiver (m)   winter sports
le tennis   tennis
la voile   sailing
le volley   volleyball

Sport words

la mi-temps   at half-time
le ballon   ball
le but   goal
le casque   helmet
le champion   champion
le concours   competition
le coup de pied   kick
le/la cycliste   cyclist
l'équipe (f)   team
l'étape (f)   stage
le joueur   player
le match   match
le match nul   draw
le spectateur   spectator

Verbs

aimer   to like/to love
aimer bien   to quite like
améliorer   to improve
apercevoir   to notice
apprécier   to appreciate
s'arrêter   to stop
assister   to be present at
attraper   to catch
choisir   to choose
commencer   to begin
courir   to run
se disputer   to argue/to quarrel
durer   to last
empêcher   to prevent
emporter   to carry away
envoyer   to send
finir   to finish
gagner   to win
garder   to keep
glisser   to slip, to slide
grimper   to climb
s'intéresser à   to be interested in
jeter   to throw
jouer au football   to play football
laisser tomber   to drop
lancer   to throw
se laver   to get washed
lever   to lift
manquer   to lack, to miss (a person)
mener   to lead
nager   to swim
patiner   to skate
pêcher   to fish
perdre   to lose
ralentir   to slow down
ramasser   to pick up
sauter   to jump
siffler   to whistle
terminer   to finish

The body

la bouche   mouth
le bras   arm
les cheveux (m)   hair
le cœur   heart
le cou   neck
le coude   elbow
la dent   tooth
le doigt   finger
le dos   back
l'épaule (f)   shoulder
l'estomac (m)   stomach
la figure   face
le genou   knee
la gorge   throat
la jambe   leg
la joue   cheek
la langue   tongue
la lèvre   lip
la main   hand
le menton   chin
le nez   nose
l'œil (m), les yeux (m)   eye, eyes
l'oreille (f)   ear
l'os (m)   bone
la peau   skin
le pied   foot
le poing   fist
la poitrine   breast, chest
le sang   blood
le talon   heel
la tête   head
le ventre   stomach
le visage   face
la voix   voice
les yeux (m)   eyes

Illness

l'ambulance (f)   ambulance
l'ampoule (f)   blister

Chapter 4 Vocabulary

l'aspirine (f) aspirin
le comprimé tablet
le corps body
le coup de soleil sunstroke
la douleur pain
en forme in good shape
enrhumé having a cold
la fièvre fever, temperature
la grippe flu
mal unwell
malade sick
la maladie illness
la médecine medicine (the science)
le médicament medicine
l'ordonnance (f) prescription
la pilule pill
la piqûre sting
le remède remedy
le rhume cold
la santé health
le sparadrap plaster

Verbs

avoir mal à l'estomac to have stomach pains
avoir mal à l'oreille to have ear ache
avoir mal à la gorge to have a sore throat
avoir mal à la tête to have a head ache
avoir mal au cœur to feel sick
avoir mal au dos to have a sore back
avoir mal au ventre to have a stomach ache
avoir mal aux dents to have tooth ache
avoir le mal de mer to be sea-sick
avoir mal à la tête to have a head ache
se blesser to hurt oneself
se casser to break
se couper to cut oneself
se faire mal to hurt oneself
garder le lit to stay in bed
guérir to cure
mourir to die
piquer to sting
prendre rendez-vous to make an appointment
respirer to breathe
se sentir to feel
souffrir to suffer
tomber malade to fall ill
tousser to cough
trembler to shiver
vomir to vomit

4.5 Area of experience B – Personal and social life

Self, family and personal relationships

Family

l'adulte (m)(f) adult
l'âge (m) age
aîné older, oldest
s'appeler to be called
le beau-frère brother-in-law
le beau-père father-in-law
le bébé baby
la belle-mère mother-in-law
la belle-sœur sister-in-law
cadet (cadette f) younger, youngest
célibataire single (not married)
le cousin/la cousine cousin
la dame lady
le demi-frère half-brother
la demi-sœur half-sister
l'enfant (m)(f) child
l'épouse (f) wife
l'époux (m) husband
la famille family
la femme wife, woman
le/la fiancé(e) fiancé
la fille girl, daughter
le fils son
le frère brother
le/la gosse child
la grand-mère grand-mother
les grands-parents grand-parents
le grand-père grand-father
l'homme (m) man
le jumeau/la jumelle twin
maman Mummy
le mari husband
les membres de la famille (m) family members
la mère mother
naître to be born
le neveu nephew
la nièce niece
offrir to offer, to give (a present)
l'oncle (m) uncle
le papa Dad
les parents (m) parents
le père father
le petit-fils grandson
la petite-fille grand-daughter
les petits-enfants (m) grandchildren
la sœur sister
la tante aunt
le veuf widower
la veuve widow
vivre to live

Friends

l'ami (m), **l'amie** (f)   friend
l'amour (m)   love
beaucoup de monde   a lot of people
la bise   kiss on cheek
le/la camarade   friend
le copain/la copine   friend
la correspondance   mail
le correspondant   pen friend
de la part de   from
le dialogue   conversation
les gens (m)   people
l'hospitalité (f)   hospitality
l'invitation (f)   invitation
le jumelage   twinning
jumelé   twinned
la lettre   letter
le mensonge   lie
les nouvelles (f)   news
la personne   person
le rendez-vous   meeting
la réponse   reply
la surprise   surprise
la surprise-partie   party
tout le monde   everybody
la ville jumelée   twin town
le visiteur   visitor
les vœux (m)   wishes

Verbs

accompagner   to accompany
aimer   to like/love
aimer bien   to quite like
s'allonger   to lie down
s'amuser   to have a good time
s'asseoir   to sit down
bavarder   to chatter
chanter   to sing
correspondre   to correspond
se coucher   to go to bed
danser   to dance
se débrouiller   to sort out one's difficulties/to manage
se dépêcher   to hurry
se déshabiller   to get undressed
se détendre   to relax
se disputer   to argue/to quarrel
s'écrire   to write to each other
s'endormir   to go to sleep
s'ennuyer   to be bored
s'entendre avec   to get on well with
épouser   to marry
se fâcher   to get angry
faire des promenades   to go for walks
faire du baby-sitting   to babysit
faire la connaissance   to get to know
faire les courses   to go shopping
faire partie de   to be a part of
s'habiller   to get dressed
s'intéresser à   to be interested in
inviter   to invite
jouer   to play
se laver   to get washed
se lever   to get up
manger   to eat
se moquer de   to make fun of
oublier   to forget
pardonner   to forgive
parler   to talk
partir   to leave
pleurer   to cry
prendre des photos   to take photos
présenter   to introduce
se promener   to go for a walk
punir   to punish
raconter   to tell
se raser   to shave
recevoir   to receive
se rencontrer   to meet
rendre visite à   to visit (a person)
rentrer   to go home
se reposer   to rest
se réveiller   to wake up
se voir   to see each other
voir   to see

Clothes

l'anorak (m)   anorak
la bague   ring
les baskets (m or f)   trainers
le blouson   jacket
la botte   boot
la boucle d'oreille   earring
le bouton   button
le caleçon   underpants
la ceinture   belt
le chapeau   hat
la chaussette   sock
la chaussure   shoe
la chemise   shirt
la chemise de nuit   nightie
le chemisier   blouse
le collant   tights
le collier   necklace
le complet   suit (man's)
le costume   suit (man's)
la cravate   tie
la culotte   knickers
l'écharpe (f)   scarf (neck)
le foulard   scarf (head)
le gant   glove
le gilet   waistcoat
l'imperméable (m)   raincoat
le jean   jeans
la jupe   skirt
le képi   kepi
les lunettes (f)   glasses
le maillot de bain   swimming costume
la manche   sleeve
la mode   fashion

Chapter 4 Vocabulary

la montre   watch
le mouchoir   handkerchief
l'or (m)   gold
la paire   pair
le pantalon   pair of trousers
la pantoufle   slipper
le parapluie   umbrella
le pardessus   overcoat
la poche   pocket
la pointure   size (shoes)
le porte-monnaie   purse
le portefeuille   wallet
le pull(-over)   pullover
le pyjama   pyjamas
la robe   dress
le rouge à lèvres   lipstick
le ruban   ribbon
le sac à main   handbag
la sandale   sandal
le short   shorts
le slip   briefs
le soulier   shoe
le soutien-gorge   bra
le survêtement   tracksuit
le T-shirt   T-shirt
le tablier   apron
le tricot   sweater
la veste   jacket
les vêtements (m)   clothes

Free time and social activities

Free time

avec plaisir   with pleasure
le bal   dance
la balle   ball
le bar   bar
le bistrot   bar/pub
la boîte de nuit   night club
les boules (f)   bowls
la boum   party
le bricolage   DIY
le café   café
le café-tabac   café/tobacconist's
la canne à pêche   fishing rod
la cassette   cassette
le CD   CD
le centre de loisirs   leisure centre
le centre sportif   sports centre
la chaîne hi-fi   hi-fi
la chaîne stéréo   hi-fi
le championnat   championship
la chance   luck
la chanson   song
le chanteur(-euse f)   singer
la chose   thing
la cigarette   cigarette
le cinéma   cinema
le cirque   circus
le club   club
le concert   concert

le congé   holiday/time off
la distraction   entertainment
les échecs (m)   chess
l'électrophone (m)   record-player
l'exposition (f)   exhibition
la fête   party
gonfler   to inflate
le jardin d'agrément   pleasure garden
le jardin potager   vegetable garden
le jardin zoologique   zoo
le jardinage   gardening
le jeu   game
le jeu d'arcade   arcade game
le jeu électronique   computer game
le jeu vidéo   video game
le jouet   toy
la location   hiring out/renting out
le loisir   leisure, free time
la machine à coudre   sewing machine
le magnétophone à cassettes   cassette recorder
le magnétoscope   video recorder
la maison des jeunes   youth club
les mots croisés (m)   crossword
la natation   swimming
l'opéra (m)   opera
le passe-temps   hobby
le patin (à roulettes)   (roller) skate
la patinoire   ice-skating rink
la pêche   fishing
la peinture   painting
la piste   ski-slope, track
la planche à voile   sail board
la pompe   pump
la poupée   doll
la promenade   walk
la radio   radio
la randonnée   long walk
le résultat   result
le sac à dos   rucksack
le slip de bain   swimming trunks
le spectacle   show
le sport   sport
le stade   stadium
le tabac   tobacco
la télévision par câble   cable (TV)
le terrain   pitch
le vélo   bicycle
la voile   sailing
le VTT (vélo tout terrain)   all-terrain bike
le week-end   week-end
le yoga   yoga

Reading

la bande dessinée   comic strip
illustré   illustrated
le journal   newspaper
la lecture   reading
lire   to read
le livre   book

le magazine magazine
la page page
la revue magazine
le roman novel
le roman d'amour romance novel
le roman policier detective novel

At the cinema

l'acteur (m)/**l'actrice** (f) actor/actress
la comédie comedy
le commencement start
le début beginning
le dessin animé cartoon
le film comique comedy
le film d'amour romantic film
le film d'aventures adventure film
le film d'épouvante horror film
le film d'horreur horror film
le film policier detective film
la fin end
l'ouvreuse (f) usherette
la pièce de théâtre play
le rang row
la séance performance
sous-titré sub-titled
le théâtre theatre
la vedette star
en version française dubbed in French
en version originale not dubbed
le western western film

Music

classique classical
le disque compact compact disc
la disco (thèque) disco
le disque record
l'hi-fi (f) hi-fi
le jazz jazz
jouer du piano to play the piano
le musicien/la musicienne musician
la musique music
la musique classique classical music
l'orchestre (m) orchestra
pop pop
le rock rock
le son sound
le studio studio
tenir to hold

Musical instruments

la flûte à bec recorder
la guitare guitar
l'instrument (m) instrument
le piano piano
la trompette trumpet
la trousse instrument case
le violon violin

TV

les actualités (f) news
la cassette vidéo video cassette
l'écran (m) screen
l'émission (f) programme
en différé not live
en direct live
le feuilleton soap
l'image (f) picture
les informations (f) news
le journal télévisé TV news
l'onde (f) wavelength
le programme programme
le satellite satellite
le téléspectateur viewer
le téléviseur TV set
la télévision televison

Verbs

accompagner to accompany
acheter to buy
aimer to like/love
s'allonger to lie down
s'amuser to have a good time
se baigner to bathe
bavarder to chatter
bricoler to do DIY
se bronzer to sunbathe
chanter to sing
dessiner to draw
se détendre to relax
écouter to listen
faire des promenades to go for walks
faire du bricolage to do DIY
faire du lèche-vitrines to go window shopping
faire le jardinage to do the gardening
faire une promenade to go for a walk
faire une randonnée to go for a long walk
fumer to smoke
jouer aux cartes to play cards
jouer de la musique to play music
manger to eat
marcher to walk
nager to swim
parler to talk
patiner to skate
pêcher to fish
rire to laugh
sauter to jump
sortir to go out
visiter (un endroit) to visit (a place)
voyager to travel

Holidays

On holidays

l'appareil photo (m) camera
les arrhes (f) deposit
l'arrivée (f) arrival
au bord de la mer at the sea-side
l'auto-stop (m) hitch-hiking
l'aventure (f) adventure

Chapter 4 Vocabulary

bon voyage! have a good trip!
bon week-end! have a good weekend!
la brochure brochure
le bureau de renseignements information office
le bureau de tourisme tourist office
la carte map
la colonie de vacances holiday camp for children
déclarer to declare
le dépliant leaflet
la douane customs
l'étranger (m) foreigner
à l'étranger (m) abroad
l'excursion (f) trip
le gîte rented property
le groupe group
le/la guide guide
l'hébergement (m) lodging
l'idée (f) idea
l'identité (f) identity
la N2 Route Nationale 2
le passager passenger
le passeport passport
la pellicule film (for camera)
la photo photo
le projet plan
les renseignements (m) information
la réservation reservation
le retard delay
la saison season
le séjour stay
le ski skiing
le souvenir souvenir
la station de ski ski resort
le syndicat d'initiative tourist office
le tour tour
le/la touriste tourist
le trajet journey
les vacances (f) holidays
la valise suitcase
la visite visit
le voyage journey
le voyageur traveller

Camping

l'accueil (m) welcome, reception
l'allumette (f) match
le bloc sanitaire toilet block
le camp camp
le campeur camper
le camping campsite
le canif penknife
la caravane caravan
la corde rope
l'eau non potable (f) non-drinking water
l'emplacement (m) pitch
l'endroit (m) spot/place
le feu fire
la lampe de poche torch
le matériel equipment
le moustique mosquito
non potable not for drinking
l'ouvre-boîte (m) tin-opener
l'ouvre-bouteille (m) bottle-opener
la pile battery
le plat cuisiné cooked meal
en plein air in the open air
la salle de jeux games room
la tente tent

At the hotel

l'ascenseur (m) lift
l'auberge de jeunesse (f) youth hostel
les bagages (m) luggage
la chambre avec un grand lit room with a double bed
la chambre de famille family room
la chambre de libre room free
la chambre pour deux personnes double room
la chambre pour une personne single room
la clé key
la clef key
le domicile home/place of residence
le dortoir dormitory
en avance in advance
la fiche form
l'hôtel (m) hotel
inclus included
libre free
le message message
la nationalité nationality
né(e) le ... born on the ...
le nom name
le nom de famille surname
par jour per day
par personne per person
la pension (complète) full board
le prénom first name
la réception reception
le règlement set of rules
le sac de couchage sleeping bag
la vue view

Verbs

accepter to accept
s'en aller to go away
s'allonger to lie down
arriver to arrive
attendre to wait for
atterrir to land (plane)
attirer to attract
avoir envie de to want to
se baigner to bathe
boire to drink
se bronzer to sunbathe
changer to change
comprendre to understand
conduire to drive

4.5 Area of experience B – Personal and social life

confirmer to confirm
connaître to know (a person or place)
coûter to cost
danser to dance
décoller to take off (plane)
découvrir to discover
dépenser to spend (money)
donner sur to overlook
dormir to sleep
s'échapper to escape
économiser to save (money)
s'ennuyer to be bored
envoyer to send
faire des économies to save money
faire des promenades to go for walks
faire du camping to camp
faire le plein to fill up
grimper to climb
jouer to play
jouer au football to play football
loger to give accommodation
louer to hire
nager to swim
se noyer to drown
parler to talk
partir to leave
payer to pay
pêcher to fish
prendre des photos to take photos
se promener to go for a walk
se renseigner to get information
réserver to book
rester to stay
retourner to return
revenir to return
signer to sign
sonner to ring
sortir to go out
traverser to cross
trouver to find
se trouver to find oneself
venir to come
visiter (un endroit) to visit a place
voir to see
voyager to travel

Abstractions

l'amitié (f) friendship
le bonheur (m) happiness
le caractère temper/temperament
le changement change
l'épouvante (f) fear
l'espoir (m) hope
l'état (m) state
la façon the way (of doing something)
la faim hunger
le goût taste
la honte shame
l'odeur (f) smell
la peur fear
la politesse courtesy
la vérité truth

Expressions

d'accord okay
ah, bon! I see!
aïe! ouch!
bon appétit! enjoy your meal!
au revoir goodbye
au secours! help!
bien entendu of course
bien sûr of course
eh bien! well then!
à bientôt see you soon!
la bienvenue welcome
bof! so what?
bonjour good morning
bonne chance! good luck!
bonne fête! happy saint's day!
bonne nuit good night
bonsoir good evening
bravo! well done!
c'est-à-dire that is to say
ça alors! gosh!
ça dépend it depends
ça m'est égal I don't care
ça va things are fine/it's okay
certainement! certainly!
chouette! great!
à demain! see you tomorrow!
désolé! very sorry!
quel dommage! what a pity!
entendu agreed
excuser to excuse
excusez-moi sorry
j'en ai marre I'm fed up
je m'excuse I am sorry/I apologise
je ne sais pas I don't know
je veux bien I would like to/ I am willing to
je voudrais I would like to
lève-toi! get up!
levez-vous! get up!
merci thank you
merci beaucoup thank you very much
à mon avis in my opinion
Mon Dieu! my goodness!
non no
nul! useless!
pardon excuse me
avec plaisir with pleasure
pour commencer to start with
quand même all the same
de rien don't mention it
s'il te/vous plaît please
salut! hello!
à samedi see you on Saturday
sers-toi help yourself
ça suffit that's enough
tant mieux so much the better

tant pis too bad
le truc thingumajig
zut! heck!

Special occasions
Occasions

l'anniversaire (m) birthday
bon anniversaire happy birthday
bonne année happy new year
la bûche de Noël Yule log
le cadeau present
catholique Catholic
Dieu (m) God
les félicitations (f) congratulations
fêter to celebrate
un feu d'artifice (m) fireworks
le jour de l'an New Year's Day
le jour férié a bank holiday
joyeux Noël! Happy Christmas!
le mariage wedding
le marié/la mariée groom/bride
meilleurs vœux best wishes
la messe mass
la mort death
la naissance birth
les noces (f) wedding
Noël (m) Christmas
le nouvel an New Year
Pâques (f) Easter
la Pentecôte Whitsun
protestant Protestant
souhaiter to wish
le tour de France Tour de France
la Toussaint All Saint's Day
la vendange grape harvest

Incidents

l'assurance (f) insurance
au feu! fire!
le cambriolage burglary
le cambrioleur burglar
la collision collision
crevé punctured
le danger danger
disparu disappeared
l'explosion (f) explosion
l'incendie (m) fire
l'inondation (f) flood
le meurtre murder
les objets trouvés (m) lost property
la police secours emergency services
la récompense reward
le tremblement de terre earthquake
le trésor treasure
le trou hole
tuer to kill
voler to steal

le voleur thief
le voyou hooligan

Verbs

aider to help
aller chercher to fetch
aller mieux to be better
allumer to light, switch on
améliorer to improve
assister à to be present at
attendre to wait for
attraper to catch
avaler to swallow
battre to beat
cambrioler to burgle
chercher to look for
crier to shout
déchirer to tear
découvrir to discover
disparaître to disappear
se disputer to argue/quarrel
doubler to overtake
s'échapper to escape
faire de l'auto-stop to go hitch-hiking
freiner to brake
glisser to slip, to slide
se noyer to drown
oublier to forget
perdre to lose
pleurer to cry
pousser to push
protéger to protect
punir to punish
remarquer to notice
remercier to thank
renverser to knock over/spill
réussir to succeed
soupçonner to suspect

Feelings

amoureux (-ieuse f**) de** in love with
en colère angry
content pleased
curieux (-ieuse f**)** curious
déçu disappointed
fâché angry
fatigué tired
fier (fière f**)** proud
furieux (-ieuse f**)** furious
gai cheerful
heureux (-euse f**)** happy
inquiet (-iète f**)** worried
jaloux (-ouse f**)** jealous
ravi delighted
reconnaissant grateful
satisfait satisfied
surpris surprised
triste sad

4.6 Area of experience C – The world around us

Home town and local area

In the street

l'affiche (f)   poster
l'allée (f)   lane, path
l'avenue (f)   avenue
le banc   bench
le boulevard   avenue
le bout   end
le bruit   noise
le carrefour   crossroads
le centre   centre
le centre-ville   town-centre
la circulation   traffic
le code de la route   highway code
le coin   corner
défendu   forbidden
devant   in front of
la direction   direction
l'embouteillage (m)   traffic jam
les feux (de signalisation) (m)   traffic lights
le flic   policeman
la gendarmerie   police station
H.L.M. (une habitation à loyer modéré)
    council flat
interdit   forbidden
le kiosque   kiosk
le kiosque à journaux   newspaper kiosk
le mètre   metre
la mobylette   small motorcycle
le panneau   (road) sign
le passage à niveau   level crossing
le passage clouté   pedestrian crossing
le passant   passer-by
le piéton   pedestrian
prière de …   please do not …
la queue   queue
le rond-point   roundabout
la rue   street
sens interdit   no entry
sens unique   one-way
la tour   tower
tourner   to turn
tout droit   straight on
toutes directions   all traffic
le trottoir   pavement
se trouver   to be found/to be situated

In town

la banlieue   outskirts (of a city)/suburbs
la fontaine   fountain
l'habitant (m)   inhabitant
l'industrie (f)   industry
le jardin public   park
le parc   park
parisien (-ienne f)   Parisian
le parking   car park
la piscine   swimming pool
la place   square
le plan   map (of town)
le pont   bridge
le quartier   district

The buildings

le bâtiment   building
la bibliothèque   library
le bureau des objets trouvés   lost-property office
la cathédrale   cathedral
le centre commercial   shopping centre
le château   castle
le commissariat   police station
l'église (f)   church
l'hôpital (m)   hospital
l'hôtel de ville (m)   town hall
l'immeuble (m)   block of flats
la mairie   town hall
le monument   monument
le musée   museum
l'office du tourisme (m)   tourist office
PTT (Postes, Télécommunications et Télédiffusion)   Post Office
le poste de police   police station

The shops

l'agence de voyages (f)   travel agent's
l'alimentation (f)   grocer's
le boucher/la bouchère   butcher
la boucherie   butcher's
la boulangerie   baker's
le boulanger/la boulangère   baker
la boutique   shop
le bureau de poste   post office
le bureau de tabac   tobacconist's
la charcuterie   pork butcher's
la confiserie   sweet shop/delicatessen
la crémerie   dairy
la crêperie   pancake shop
l'épicerie (f)   grocer's
l'épicier (m)/**l'épicière** (f)   grocer
la librairie   bookshop
le libre-service   self-service
le marchand de fruits et de légumes
    greengrocer
la papeterie   stationer's
la parfumerie   perfume shop
la pâtisserie   cake shop
la pharmacie   chemist's
le pharmacien   chemist
la poissonnerie   fish shop

Chapter 4 Vocabulary

Shopping

l'achat (m)   purchase
l'article (m)   article
et avec ça?   anything else?
l'argent (m)   money
c'est combien?   how much is it?
c'est tout   that's all
la cabine d'essayage   fitting room
le chariot   trolley (supermarket)
le client   customer
combien?   how much?/how many?
l'étage (m)   floor, storey
faire les commissions   to do the shopping
fermé   closed
la fermeture   closing
le gramme   gram
le grand magasin   department store
gratuit   free (of charge)
l'hypermarché (m)   hypermarket
le kilo   kilo
la liste   list
le magasin   shop
le marché   market
le morceau   piece
ouvert   open
l'ouverture (f)   opening
le panier   basket
le parfum   perfume
pas très cher   not very expensive
pas trop cher   not too expensive
le prix   price
le prix fixe   set price
la promotion   special offer
le rayon   shop department
le reçu   receipt
la réduction   reduction
réduit   reduced
le sac   bag
les soldes (m)   sales
la sorte   sort
au sous-sol (m)   in the basement
le supermarché   supermarket
la taille   size/waist
la tranche   slice
TVA (taxe à la valeur ajoutée)   VAT
une sorte de   a type of
en vente   on sale
la vitrine   shop window
la zone piétonne   pedestrian zone

Shopping verbs

acheter   to buy
aller chercher   to fetch
attirer   to attract
avoir envie de   to want to/to feel like
changer   to change
commander   to order
comparer   to compare
conseiller   to advise
coûter   to cost
décider   to decide
décrire   to describe
demander   to ask
dépenser   to spend (money)
désirer   to want
entrer   to enter
essayer   to try
éviter   to avoid
faire du lèche-vitrines   to go window shopping
faire les courses   to go shopping
garer   to park
livrer   to deliver
montrer   to show
payer   to pay
plaire   to please
préférer   to prefer
prendre   to take
se renseigner   to get information
sembler   to seem
servir   to serve
sonner   to ring
stationner   to park
trouver   to find
vendre   to sell

At the post office

l'adresse (f)   address
la boîte aux lettres   post box/letter box
la carte postale   postcard
le colis   packet, parcel
le courrier   mail
le facteur   postman
la lettre par avion   air-mail letter
la lettre recommandée   registered letter
mettre à la poste   to post
le paquet   packet, parcel
par avion   by air
la poste   post
la poste restante   post restante
poster   to post
le télégramme   telegram
le timbre (d'un franc)   (one-franc) stamp
fragile   fragile
urgent   urgent

At the bank

l'argent (m)   money
l'argent de poche (m)   pocket money
la banque   bank
le billet de x francs   x-franc note
BNP   Banque Nationale de Paris (name of a bank)
le bureau de change   exchange office
la caisse   cash point, till
le carnet de chèques   a cheque book
la carte bancaire   banker's card
le centime   centime
le chèque   cheque
le chèque de voyage   traveller's cheque

4.6 Area of experience C – The world around us

la commission commission
le chéquier a cheque book
le compte account
le cours exchange rate
le Crédit Agricole Crédit Agricole (French Bank)
le franc franc
le guichet counter window
la livre sterling pound sterling
la monnaie change
la pièce coin
la pièce d'identité ID
la somme sum

Bank verbs

accepter to accept
changer to change
compter to count
économiser to save (money)
emprunter to borrow
expliquer to explain
faire des économies to save money
fermer to close
prêter to lend
remplir une fiche to fill in a form
signer to sign

The natural and made environment

Environment

l'ambiance (f) atmosphere
le bassin pond
le bois wood
la campagne countryside
la capitale capital
le champ field
le chemin path, way
la colline hill
la côte coast
l'étoile (f) star
le fleuve river
la forêt forest
l'herbe (f) grass
l'île (f) island
le lac lake
la lune moon
la mer sea
le monde world
la montagne mountain
la nature nature
le pays country
le paysage countryside/scenery
la région region
la rivière river
le sommet top (e.g. of a hill)
la terre earth
la vallée valley
le village village
la ville town/city
le voisin neighbour

Animals

l'abeille (f) bee
l'animal (m) animal
la bête animal/creature
le cheval horse
le cochon pig
le coq cockerel
la dinde turkey
l'insecte (m) insect
le loup wolf
la mouche fly
l'oiseau (m) bird
la patte paw (leg of animal)
la poule hen
le renard fox
la souris mouse
le taureau bull
la tortue tortoise
la vache cow

At the seaside

le bateau boat
le bord edge
au bord de la mer at the seaside
la crème solaire suncream
la falaise cliff
la marée tide
la marée basse low tide
la marée haute high tide
la plage beach
plonger to dive
le port port
le rocher rock
le sable sand

The colours

blanc (**blanche** f) white
bleu blue
blond blond
brun brown
châtain chestnut brown
la couleur colour
de quelle couleur? what colour?
foncé dark
gris grey
jaune yellow
marron brown
noir black
pâle pale
rose rose/pink
rosé pink
rouge red
roux (**rousse** f) reddish-brown/ginger
sombre dark
vert green
violet (**-ette** f) violet/purple

Adjectives

assis sitting

Chapter 4 Vocabulary

aucun no
autre other
bon marché cheap
bref (**brève** f) brief
ce, cet, cette, ces this, these
chaque each
compris included
dernier (**-ière** f) last
double double
égal equal
enchanté delighted
équivalent equivalent
essentiel (**-elle** f) essential
étrange strange
facile easy
fragile fragile
incroyable incredible
industriel (**-elle** f) industrial
international international
léger (**-ère** f) light, slight
lent slow
même same
mouillé wet
moyen (**-enne** f) average
naturel (**-elle** f) natural
nécessaire necessary
nombreux (**-euse** f) numerous
nouveau (**-elle** f) new
passager (**-ère** f) passing
plusieurs several
possible possible
principal main
probable probable
prochain next
public (**-ique** f) public
quelque some
rare rare
réel real
régulier (**-ière** f) regular
religieux (**-ieuse** f) religious
sûr sure
surprenant surprising
tout (m sing), **toute** (f sing), **tous** (m pl), **toutes** (f pl) all

Compass locations

l'est (m) east
le nord north
l'ouest (m) west
le sud south

Directions

à … kilomètres (m) … kilometres away
à … mètres (m) … metres away
à … minutes (f) … minutes away
le côté side
à droite to/on the right
la droite right
en bas below, downstairs
en haut above, upstairs
entouré de surrounded by
en face de opposite
la flèche arrow
à gauche to/on the left
la gauche left
sur votre gauche on your left
là there
là-bas over there
le long de along
loin d'ici far from here
loin de far from
où where
par ici this way
par là that way
partout everywhere
pour aller à …? how do I get to …?
près de near
proche near
tout droit straight on
tout près very near

Places

la Chaussée des Géants The Giants' Causeway
la Côte d'Azur French Riviera
le département department (county)
la tour Eiffel Eiffel Tower

How much?

absolument absolutely
assez enough, quite
beaucoup a lot
complètement completely
moins less
moins que less than
peu little, few
à peu près approximately
plus more
plus de more than + number
plus que more than
presque almost
tout à fait completely
à toute vitesse at full speed
trop too, too much/too many

Where?

ailleurs elsewhere
debout standing
dedans inside
dehors outside
ensemble together
là-dedans inside
là-haut up there
n'importe où anywhere

How?

affectueusement with love
amicalement amicably
bien well
de bonne humeur in a good mood

4.6 Area of experience C – The world around us

brièvement briefly
doucement gently, softly
exactement exactly
extrêmement extremely
à la hâte in haste
lentement slowly
de mauvaise humeur in a bad mood
mieux better
pressé in a hurry
prêt ready
rapidement quickly
soudain suddenly
tout à coup suddenly
vite quickly
vraiment truly/really

When?

d'abord first of all/at first
actuellement at the present time
alors then
l'an (m) year
l'année (f) year
après after
après-demain the day after tomorrow
l'après-midi (m) afternoon
aujourd'hui today
autrefois in the past
avant before
avant-hier the day before yesterday
l'avenir (m) future
bientôt soon
combien de temps? how long?
d'avance in advance
de bonne heure early
de temps en temps from time to time
au début at the beginning
demain tomorrow
depuis since
en même temps que at the same time as
en retard late
encore une fois once again
ensuite next
la fois time, occasion
à l'heure on time
l'heure (f) hour, time
hier yesterday
hier soir last night
huit jours week
l'instant (m) instant/moment
le jour day (moment in time)
la journée day (period of time)
jusqu'à until
le lendemain the next day
longtemps a long time
maintenant now
le matin morning (moment in time)
la matinée morning (period of time)
midi midday
minuit midnight
la minute minute
le mois month

le moment moment
la nuit night
parfois occasionally
à partir de from
le passé past
pendant during
pendant que while
puis then
quand? combien de temps? when? how long?
à quelle heure? at what time?
quelquefois sometimes
la quinzaine fortnight
quinze jours fortnight
récent recent
en retard late
la seconde second
la semaine week
le siècle century
le soir evening (moment in time)
la soirée evening (period in time)
souvent often
sur le point de (+ inf) on the point of/about to
tard late
de temps en temps from time to time
tôt early
toujours still, always
tous les jours every day
tous les mois every month
tout à l'heure just now
tout de suite straight away
toutes les ... minutes every ... minutes
en train de (+ inf) in the act of

The weather

l'averse (f) shower (of rain)
le brouillard fog
la brume mist
la chaleur heat
le ciel sky
le climat climate
le degré degree
l'éclair (m) flash of lightning
l'éclaircie (f) bright period
la glace ice
la météo weather forecast
la neige snow
le nuage cloud
l'orage (m) storm
la pluie rain
la pression pressure
le soleil sun
la température temperature
la tempête storm
le temps weather
le tonnerre thunder
le vent wind
le verglas black-ice
la visibilité visibility

Weather adjectives

agréable pleasant
chaud hot
couvert cloudy/overcast
doux (**douce** f) mild
ensoleillé sunny
fort strong
froid cold
lourd heavy, sultry
humide damp
orageux (**-euse** f) stormy
sec (**sèche** f) dry
pluvieux (**-ieuse** f) rainy
variable variable

Weather verbs

briller to shine
il fait beau/chaud/froid/du vent
    it is nice/hot/cold/windy
il gèle/neige/pleut it is freezing/snowing/
    raining
geler to freeze
neiger to snow
pleuvoir to rain
tonner/le tonnerre to thunder/thunder

Shapes and sizes

aigu (**aiguë** f) sharp
carré square
court short
demi half
dur hard
énorme enormous
entier (**entière** f) whole
épais (**épaisse** f) thick
étroit narrow
grand big
gros large/fat
large wide
long (**longue** f) long
petit small
rectangulaire rectangular
rond round
vide empty

General adverbs

au moins at least
aussi also
comme as, like
comme ci comme ça so-so
comment how
au contraire on the contrary
d'habitude normally
d'où where from
déjà already
sans doute no doubt
également equally
encore still, again, yet
généralement usually
immédiatement straight away

malheureusement unfortunately
normalement normally
de nouveau again
un peu plus a little more
peut-être perhaps
plutôt rather
pour for
pourtant however
récemment recently
seul alone
seulement only
surtout especially
très very

People
Positive adjectives

accueillant welcoming
affectueux (**-euse** f) affectionate
aimable pleasant
amusant funny
avantageux (**-euse** f) advantageous
beau (**belle** f) beautiful
bon (**bonne** f) good
célèbre famous
charmant charming
chic elegant
correct correct
au courant well-informed
drôle funny
élégant elegant
favori (**favorite** f) favourite
formidable tremendous/great
génial excellent
gentil (**-ille** f) nice
historique historic
honnête honest
impressionnant impressive
intelligent intelligent
intéressant interesting
joli pretty
magnifique magnificent
meilleur better
merveilleux (**-euse** f) marvellous
mignon (**mignonne** f) nice
parfait perfect
passionnant exciting
poli polite
pratique practical
précis accurate
préféré favourite
propre clean
sage well-behaved/wise
sain healthy
sensass sensational
spécial special
sportif (**-ive** f) sporting
sympa nice/friendly
sympathique nice/friendly
unique unique
utile useful
vrai true

Negative adjectives

affreux (-euse f) awful
bête silly/stupid
bruyant noisy
cassé broken
dangereux (-euse f) dangerous
désagréable unpleasant
difficile difficult
égoïste selfish
ennuyeux boring
fatigant tiring
fou (folle f) mad
idiot silly
impoli impolite
impossible impossible
inutile useless
laid ugly
malheureux unhappy, unfortunate
mauvais bad
méchant naughty
moche ugly
négatif (-ive f) negative
paresseux (-euse f) lazy
sale dirty
terrible terrible
vilain (vilaine f) naughty

Physical adjectives

âgé aged
bas (basse f) low, small
bien habillé well-dressed
calme quiet
cher dear
comique funny
compliqué complicated
divorcé divorced
dynamique dynamic
étonnant astonishing
extraordinaire extraordinary
faible weak
frisé curly
gras (grasse f) fat
grave serious
haut tall, high
important important
jeune young
maigre thin
mince thin/slim
mystérieux (-ieuse f) mysterious
optimiste optimistic
pauvre poor
riche rich
sérieux (-ieuse f) serious
sévère strict
silencieux (-ieuse f) silent
sourd deaf
timide shy
tranquille quiet
vieux (vieille f) old

4.7 Area of experience D – The world of work

Job applications
Work

l'ambition (f) ambition
l'annonce (f) advertisement (job)
le boulot job/work
le bureau office
la carrière career
la compagnie company
l'emploi (m) job
l'employé (m)/**l'employée** (f) employee
l'employeur (m) employer
l'enveloppe (f) envelope
l'étudiant (m)/**l'étudiante** (f) student
le fait divers news item
la ferme farm
la formation training
l'interview (m) interview
la licence degree (university)
le métier job
le patron boss
la petite annonce small advert
le/la propriétaire owner
la publicité advertising
la réclame advertisement (goods)
la réunion meeting
le salaire salary
le stage course
le stagiaire course member
le tourisme tourism
le travail work
l'université (f) university
l'usine (f) factory
la vie life

Verbs relating to work

adorer to love
s'adresser à to apply to
aller to go
s'approcher to approach
attacher to attach
appeler to call
augmenter to increase
avoir to have
baisser to lower
bâtir to build

83

Chapter 4 Vocabulary

bien payé well paid
coller to stick
conduire to drive
continuer to continue
couvrir to cover
croire to believe
découper to cut out
déménager to move house
demeurer to stay/to remain
dépanner to repair (a car)
descendre to go down
diminuer to reduce
distribuer to distribute
échouer to fail (an exam)
employer to employ, to use
enlever to remove
enregistrer to record, to register, to check-in
enseigner to teach
entendre to hear
être to be
expérimenté experienced
faire to do
faire un stage to go on a course
s'habituer à to get used to
imaginer to imagine
inventer to invent
laisser to let/to leave
mal payé badly paid
mentir to lie
monter to go up
noter to note
nourrir to feed
obtenir to obtain
s'occuper de to take care of
ouvrir to open
paraître to seem
passer to spend (time)
se passer to happen
penser to think
porter to carry
poser (une question) to put, to ask (a question)
pouvoir to be able
promettre to promise
prononcer to pronounce
quitter to leave
raccommoder to mend (clothes)
raconter to tell (i.e. a story)
rappeler to call back
refuser to refuse
regarder to watch
répondre to answer
respecter to respect, observe (i.e. laws)
rêver to dream
se souvenir de to remember
surprendre to surprise
taper (à la machine) to type
téléphoner to phone
tirer to pull
tomber to fall
tomber malade to fall ill
travailler to work
vérifier to check

Jobs

les affaires (f) business
l'agent de police (m) policeman
l'agriculteur (m) farmer
l'avocat (m) lawyer
le caissier (**caissière** f) cashier
le chauffeur driver
le chauffeur de taxi taxi driver
le chef boss
le chirurgien surgeon
le coiffeur (**coiffeuse** f) hairdresser
le commerçant trader/shop-keeper
le comptable accountant
le/la concierge caretaker
le contrôleur ticket inspector
la dactylo typist
le/la dentiste dentist
le docteur doctor
le/la domestique servant
le douanier customs officer
l'écrivain (m) writer
le fermier (**fermière** f) farmer
le gendarme policeman
l'homme d'affaires (m) businessman
l'hôtesse de l'air (f) air hostess
l'infirmier (**infirmière** f) nurse
l'informaticien (**informaticienne** f) computer operator
l'ingénieur (m) engineer
l'instituteur (**institutrice** f) teacher (primary school)
le/la journaliste journaliste
le maire mayor
le marchand shopkeeper
le marin sailor
le mécanicien (**mécanicienne** f) mechanic
le médecin doctor
la ménagère housewife
l'opticien (m) optician
l'ouvrier (m)/**l'ouvrière** (f) worker
le paysan/la paysanne peasant
le pilote pilot, racing driver
le plombier plumber
le pompier fireman
le/la pompiste pump attendant
le routier lorry driver
le/la secrétaire secretary
le soldat soldier
le technicien/la technicienne technician
le vendeur (vendeuse f) salesperson

Communication

On the telephone

l'annuaire (m) telephone book
la cabine téléphonique telephone booth

4.7 Area of experience D – The world of work

le coup de fil phone call
le coup de téléphone phone call
l'indicatif (m) code
le répondeur automatique answering machine
le répondeur téléphonique answering machine
la Télécarte phonecard
le téléphone telephone

Telephone verbs

appeler to call
attendre la tonalité to wait for the tone
composer le numéro to dial the number
décrocher le combiné to pick up the phone
écouter to listen
entendre to hear
rappeler to call back
répondre to answer
sonner to ring
téléphoner to phone
se tromper to make a mistake

Telephone expressions

allô hello (on the telephone)
…à l'appareil (m)**!** …speaking! (on the telephone)
c'est de la part de qui? who is calling?
ne quittez pas hold the line

IT (Information technology)

appuyer to push (a key)
charger un programme to load a programme
le curseur cursor
le disque vidéo video disc
la disquette floppy disc
le micro-ordinateur microcomputer

Useful IT vocabulary

affichage (m) screen display
autonome/hors ligne off-line
autostart (m) boot
base de données (f) database
BASIC (m) BASIC programming language
bureautique (f) office technology
camembert (m) pie chart
catalogue (m) directory
CD-ROM (m)**/disque optique compact (DOC)** (m) CD-ROM
chaîne de caractères (f) string (unit of characters/numbers)
champ (m) field (on database)
chargement (m) loading
charger to load a program
clavier (m)**/pupitre** (m) keyboard
clavier tactile (m) Concept Keyboard
clicher to dump (print out a screen)
copie de sauvegarde (f) back-up
couper-coller cut and paste
curseur (m) cursor
défilement (m) scrolling
didacticiel (m) educational software
disque dur hard disc
disquette (f) floppy disc
donnée (f) datum
driver d'installations d'imprimante (m) printer driver
écran (m) screen
édition (f) editing
en ligne on-line
Enseignement assisté par ordinateur (EAO) Computer-Assisted Learning (CAL)
entrée (f) input
erreur (f)**/bug** (m) bug
fiche (f)**/enregistrement** (m)**/article** (m) record (in a database)
fichier (m) file
formater to format (a blank disc or a display)
fusionner to merge
gestionnaire de bases de données (m) database management system
gras bold (print style)
impression (f) printing
imprimante (f) printer
informaticien/ne computer professional
informatique (f) information technology
interactif/conversationnel interactive
invite (f) prompt (input request)
Language symbolique d'enseignement (m) educational computer language (France only)
lecteur de disquette (m) disc drive
logiciel (m)**/programme** (m) software
marquage (m) highlighting
matériel (m) hardware (the equipment)
mémoire morte (f) **(ROM/MEM)** Read Only Memory (ROM)
mémoire vive (f) **(RAM/MEV)** Ramdom Access Memory (RAM)
menu (m) menu
messagerie (électronique) (f) electronic mail
micro-édition (f) Desktop Publishing (DTP)
micro-ordinateur (m) microcomputer
microprocesseur (m)**/puce** (f) microchip
Minitel (m) terminal to receive Télétel
modem (m) modem
modifier/éditer to edit
moniteur (m) monitor
mot de passe (m) password
mot réservé (m)**/clé d'accès** (f) keyword
périphérique (m) peripheral (e.g. printer)
pile (f) stack (Apple Hypercard)
progiciel (m) package
programme (m) program
qualité courrier (f) Near Letter Quality (NLQ)
réseau (m) network
sauver/sauvegarder to save
sortie (f) output

souris (f) mouse
supprimer/effacer to delete
survol (m) browsing
synthétiseur vocal (m) voice synthesiser
Système d'exploitation de disque (SED) Disc Operating System (DOS)
tableur (m) spreadsheet
téléchargement (m) loading of programmes via Minitel
télécopie (f) facsimile (fax)
télématique (f) telecommunications
Télétel (m) Télétel information system
tirage (m)/**copie imprimée** (f) hard copy (a print-out)
touche (f) key
touche de fonction (f) function key
traitement de texte (m) word processing
traitement de texte (m) word processor
utilitaire (m) utility (program to support software)
vidéotex (m)/**Télétel** (m)/**Antiope** viewdata
visualiser to display
WYSIWYG WYSIWYG (what you see is what you get)

4.8 Area of Experience E – The international world

Tourism at home and abroad
Transport

l'aéroglisseur (m) hovercraft
l'aéroport (m) airport
l'arrêt (m) stop
l'arrêt d'autobus (m) bus stop
s'arrêter to stop
l'autobus (m) bus
l'autocar (m) coach
l'autoroute (f) motorway
l'avion (m) plane
la bicyclette bicycle
le billet ticket
le bus bus
le camion lorry
le car coach
la destination destination
la distance distance
en retard late
la gare routière bus station
l'hovercraft (m) hovercraft
le kilomètre kilometre
le métro underground train
la moto motorbike
la motocyclette motorcycle
le numéro number
à pied on foot
le poids lourd lorry
rapide fast
rien à déclarer nothing to declare
la sortie exit
la sortie de secours emergency exit
la station (de métro) station (tube)
le taxi taxi
le ticket ticket
le transport transport
le tunnel tunnel
le vélomoteur motorcycle
le vol flight
les WC toilets

By car

l'auto (f) car
la batterie battery
la carte routière road map
la ceinture de sécurité seat belt
le coffre boot (of car)
le conducteur driver
la déviation road diversion
en bon état in good condition
en mauvais état in bad condition
en panne broken down
l'essence (f) petrol
les essuie-glaces (m) wind-screen wiper
le frein brake
le/la garagiste garage attendant
le gas-oil diesel oil
les heures d'affluence (f) rush hour
l'huile (f) oil
le litre litre
la marque make (i.e. of car)
le moteur engine
obligatoire compulsory
d'occasion second-hand
en panne broken down
le pare-brise windscreen
le passage protégé right of way
le péage toll
le périphérique ring road
le permis de conduire driving licence
plein full
le pneu tyre
la portière door (of vehicle)
la pression pressure (tyres)
la priorité à droite give way to the right
réparer to repair
la roue wheel
la roue de secours spare wheel
rouler to travel/to drive
la route road
la route nationale main road

sans plomb lead-free
se servir de to use
la station-service filling station
le stationnement parking
le super high-grade petrol
les travaux (m) roadworks
le véhicule vehicle
la vitesse speed, gear
la voiture car
le volant steering wheel

By train

accès aux quais to the trains
l'aller-retour (m) return ticket
l'aller simple (m) single ticket
le billet simple single ticket
le chemin de fer railway
le compartiment compartment
le compartiment non-fumeur no-smoking compartment
composter to validate/to date stamp a ticket
la consigne (automatique) left luggage (locker)
la couchette couchette
le départ departure
direct direct
en provenance de coming from
express express
fumeur/non-fumeur smoking/no-smoking
la gare station
la gare maritime quay-side station
occupé taken
en provenance de coming from
le quai platform
la salle d'attente waiting-room
SNCF (la Société Nationale des Chemins de Fer Français) French Railways
le supplément supplement
TGV (train à grande vitesse) high speed trains
le train train
valable valid
la voie track
le wagon-lit sleeping-car
le wagon-restaurant dining-car

Countries

l'Allemagne (f) Germany
l'Angleterre (f) England
l'Autriche (f) Austria
la Belgique Belgium
le Canada Canada
le Danemark Denmark
l'Ecosse (f) Scotland
l'Espagne (f) Spain
les Etats-Unis (m) U.S.A.
la Finlande Finland
la France France
la Grande-Bretagne Great Britain
la Grèce Greece
l'Hollande (f) Holland
l'Irlande (f) Ireland
l'Irlande du Nord (f) Northern Ireland
l'Italie (f) Italy
le Luxembourg Luxembourg
le Maroc Morocco
le pays de Galles Wales
les Pays-Bas (m) Holland
le Portugal Portugal
le Royaume-Uni United Kingdom
la Suède Sweden
la Suisse Switzerland

Nationalities

allemand German
américain American
anglais English
belge Belgian
britannique British
danois Danish
écossais Scottish
espagnol Spanish
européen (-enne f) European
finlandais Finnish
français French
gallois Welsh
grec (grecque f) Greek
hollandais Dutch
irlandais Irish
italien (-ienne f) Italian
japonais Japanese
juif (juive f) Jewish
luxembourgeois Luxembourg
portugais Portugese
russe Russian
suédois Swedish
suisse Swiss

Life in other countries and communities

Cities

Bordeaux Bordeaux
Boulogne Boulogne
Bruxelles Brussels
Cherbourg Cherbourg
Dieppe Dieppe
Douvres Dover
Edimbourg Edinburgh
Le Havre Le Havre
Londres London
Lyon Lyons
Marseille Marseilles
Montréal Montreal
Paris Paris
Strasbourg Strasbourg

Rivers

la Loire Loire River

Chapter 4 Vocabulary

le Rhône   Rhone River
la Seine   River Seine
la Tamise   Thames River

Regions

la Bretagne   Britanny
la Corse   Corsica
la Garonne   Garonne
le Midi   the South of France
la Normandie   Normandy
le Québec   Quebec

Mountains

les Alpes (f)   the Alps
le Massif central   Massif Central Mountains
les Pyrénées (f)   Pyrenees

Seas

l'Atlantique (f)   the Atlantic
la Manche   the Channel
la Méditerranée   Mediterranean
la mer du Nord   North Sea

World events and issues

Problems

l'avantage (m)   advantage
l'avis (m)   opinion
le chômage   unemployment
la différence   difference
la dispute   dispute/quarrel
le drapeau   flag
le droit   right
l'élection (f)   election
l'enseignement (m)   education
l'événement (m)   event
la frontière   border
la grève   strike
la guerre   war
la liberté   liberty/freedom
la loi   law
la manifestation   demonstration
le motif   motive, reason
le niveau   level
le nombre   number
l'opinion (f)   opinion
le palais   palace
le problème   problem
la raison   reason
la religion   religion
le sondage   poll
le symbole   symbol
le thème   theme
les transports en commun (m)   public transport

People

l'adolescent(e) (m/f)   adolescent
le chômeur   unemployed person
EDF (Electricité de France)   French Electricity Board
la foule   crowd
GDF (Gaz de France)   French Gas Board
le gouvernement   government
l'individu (m)   individual
la monarchie   monarchy
les Nations unies (f)   United Nations
le Premier ministre   prime minister
le président   president
la reine   queen

Verbs

attaquer   to attack
discuter   to discuss
il s'agit de   it is a question of
mériter   to deserve
polluer   to pollute
souligner   to emphasise/to underline

Chapter 5
Listening

5.1 Introduction to Foundation Tier

This is what you need to know about the listening test for the Foundation Tier.
- You must be entered for either the Foundation or the Higher level (now called *Tiers*) of the listening test. You cannot opt out.
- You cannot be entered for both levels: you must choose one or the other.
- Your teacher will ask you in about January which level you wish to take.
- You will have to listen to a recording by native French speakers.
- The scenarios for the recordings will be taken from the five Areas of Experience listed in the introduction to this book.
- Most of the questions will be in French. You must answer in French, or tick a box, or give a visual answer (e.g. draw a symbol in a box). You must not answer in English. *However*, a small percentage of the questions will be in English, and when you see that the rubrics are in English you should answer in English.
- Each recording will be heard twice and the recordings will be relatively short.
- You will be asked to understand specific details.
- You are not expected to understand every single word.

5.2 How to prepare for the Foundation Listening test

- You must get a recording of French GCSE practice material.
- You must have the transcript of the recording so that you can look up words when you get stuck.
- This book is accompanied by a CD of GCSE-type questions, and the transcripts are in the book.
- After you have equipped yourself with a suitable cassette/CD you must spend time listening to it. Listen to each item many times over. Then check the transcript, make a list of the words you do not know and learn them.
- If travelling by car listen to a French cassette on the way. If on a coach take a personal stereo and listen to a French cassette.
- Get a friend to read out the transcript and then do the same for him/her.
- There is certain vocabulary which is always going to be needed because this test is looking for specific items:

jobs and professions	places in a town
relatives	shops
physical descriptions	landmarks in the country
items of clothing	directions (e.g. left, right)
numbers	time expressions (e.g. last week, yesterday)
days of the week, months of the year, seasons	school subjects
weather	

Chapter 5 Listening

5.3 During the examination

- Fill in the front of your booklet quickly (have your candidate and centre number ready) so that you can spend as much time as possible reading through the questions.
- The rubrics to the questions will nearly always be in French. You must be able to understand the rubrics.
- There is often a clue to the answer in the rubric, so read the rubric carefully.
- You may find that it helps to write things down in French as you hear them to give you time to work them out in English. For example, if you know the answer is a number then when you hear, say, mille quatre cents write it down in French and then take your time working out that it is 1,400.
- Remember that you do not have to answer in full sentences. Many of the questions will be box-ticking types, but if you do have to write in French then a short or one-word answer scores full marks.
- If you are really stuck, guess! Do not leave the question space blank.

5.4 Foundation Tier examination questions

- The following questions are on the CD available with the book (track references are in the margin). They are the type of question you can expect at GCSE.
- The text of all that is said is written out for you in the transcripts (see 5.5).
- In the GCSE you will hear each recording twice. However, on the CD you will hear it only once. Stop the CD and replay it.
- Suggested answers are provided at the end of the section (see 5.6), but do not look at the answers until you have attempted the questions.

Recording 1 Paris

1. You are going to Paris. You ask what time your train will reach Paris. Tick one box only.

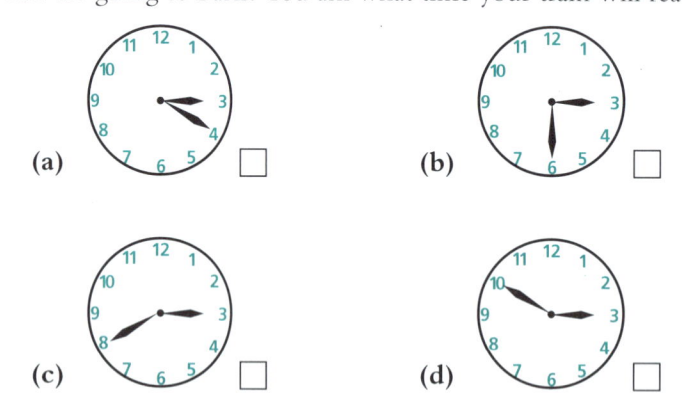

(a) ☐   (b) ☐

(c) ☐   (d) ☐

Examiner's tip

When you hear a number in French, write it down in rough in French then take your time to work out what it is in French.

2. You go to a hotel. How much is a room?

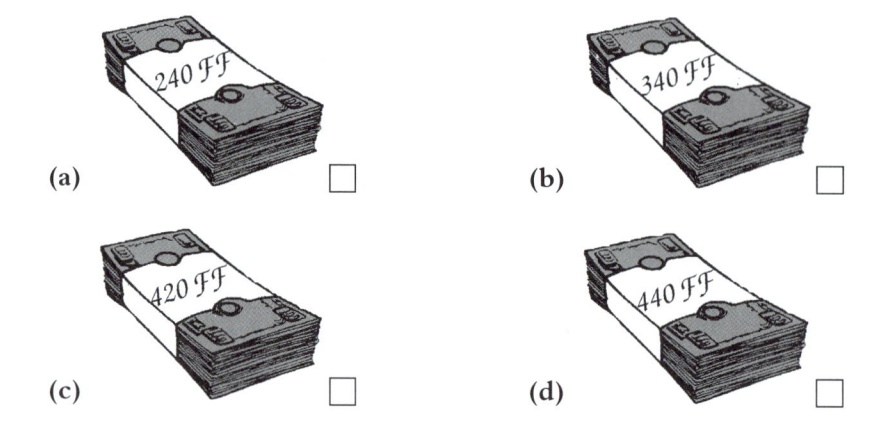

(a) 240 FF ☐   (b) 340 FF ☐

(c) 420 FF ☐   (d) 440 FF ☐

5.4 Foundation Tier examination questions

3   What is your room like?

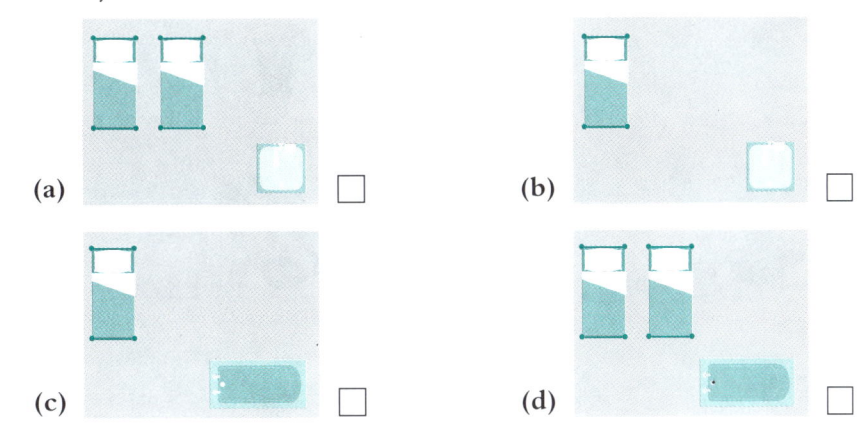

(a) ☐   (b) ☐

(c) ☐   (d) ☐

4   How should you go to the town centre?

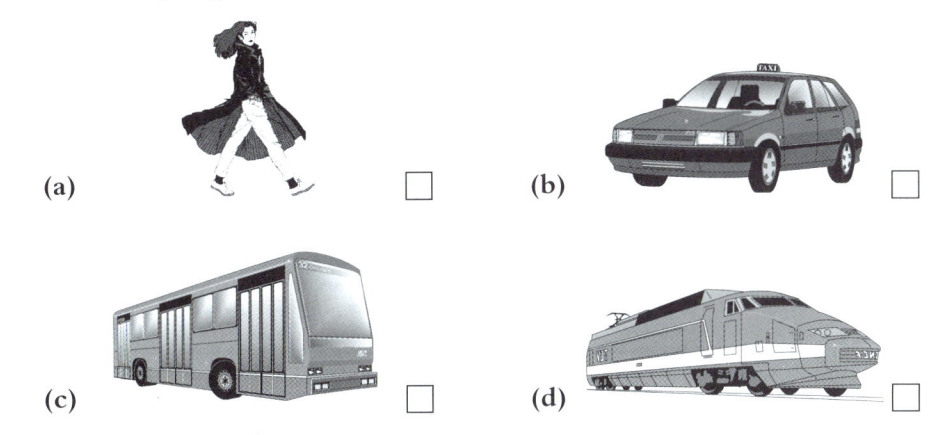

(a) ☐   (b) ☐

(c) ☐   (d) ☐

5   What should you see in the town centre?

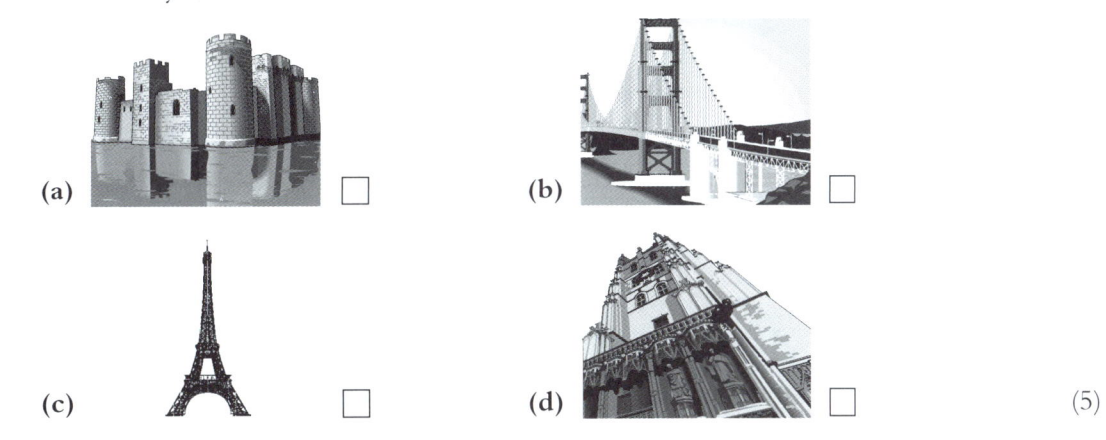

(a) ☐   (b) ☐

(c) ☐   (d) ☐   (5)

Recording 2 Au café

Qu'est-ce que les clients mangent? Et qu'est-ce qu'ils boivent? Cochez les cases correctes pour chaque client.

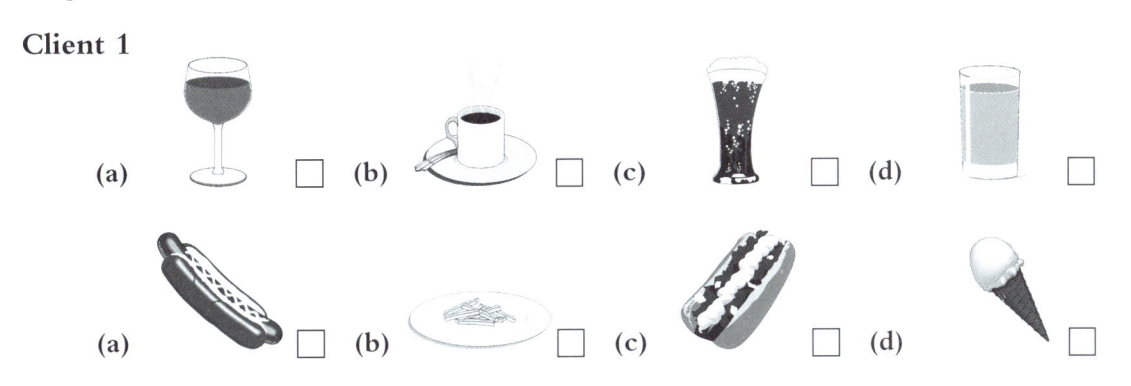

Client 1

(a) ☐   (b) ☐   (c) ☐   (d) ☐

(a) ☐   (b) ☐   (c) ☐   (d) ☐

Chapter 5 Listening

Client 2

(a) 🍷 ☐ (b) ☕ ☐ (c) 🥤 ☐ (d) 🥛 ☐

(a) 🌭 ☐ (b) 🍟 ☐ (c) 🥪 ☐ (d) 🍦 ☐

Client 3

(a) 🍷 ☐ (b) ☕ ☐ (c) 🥤 ☐ (d) 🥛 ☐

(a) 🌭 ☐ (b) 🍟 ☐ (c) 🥪 ☐ (d) 🍦 ☐

(8)

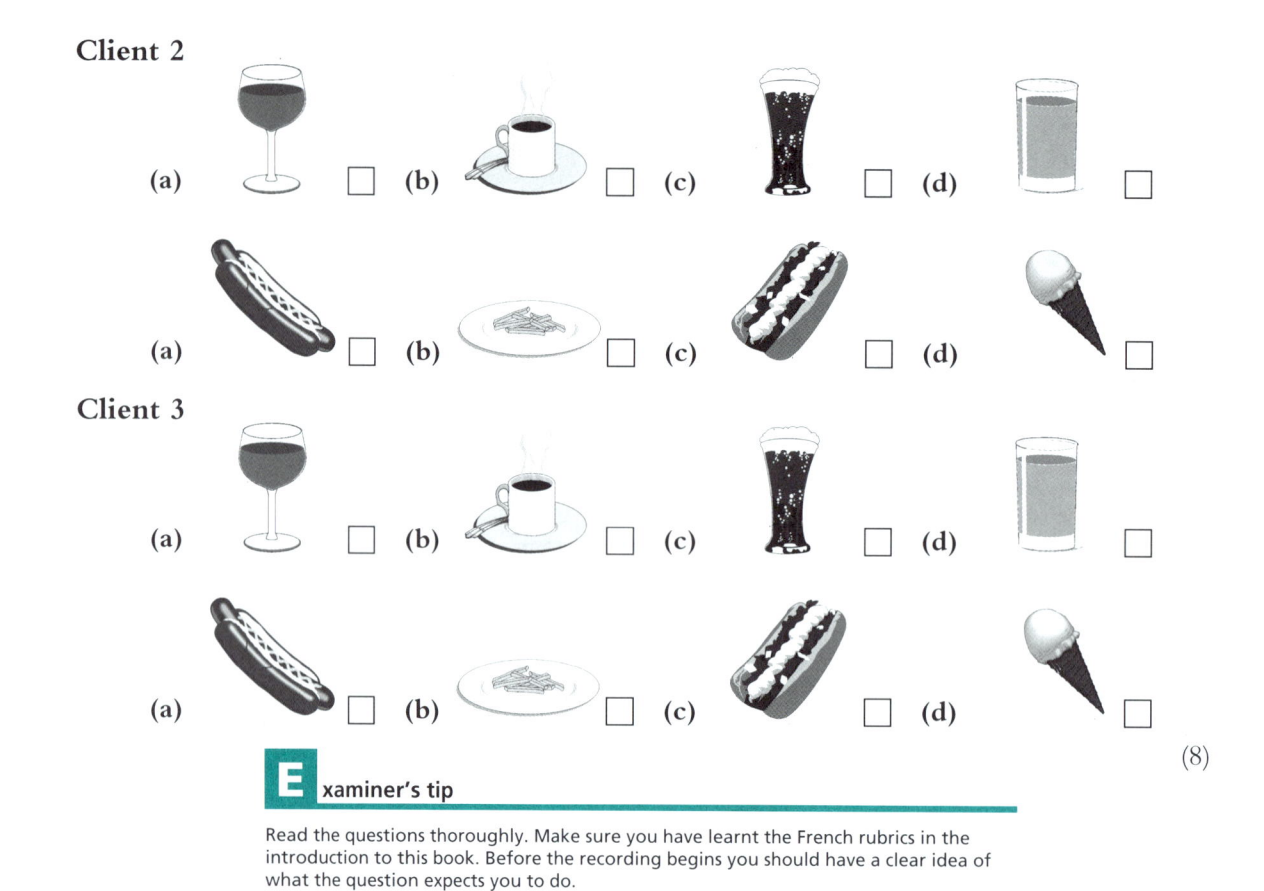

> **Examiner's tip**
>
> Read the questions thoroughly. Make sure you have learnt the French rubrics in the introduction to this book. Before the recording begins you should have a clear idea of what the question expects you to do.

Recording 3 Deux interviews

Ecoutez les deux interviews. Complétez la grille en français.

Nom	1	5 ....
Prénom	Sophie	Paul
Age	2	6 ....
Matière préférée	3	7 ....
Emploi idéal	4	8 ....

(8)

Recording 4 La météo

Choisissez la bonne image et écrivez la lettre correcte dans la case.

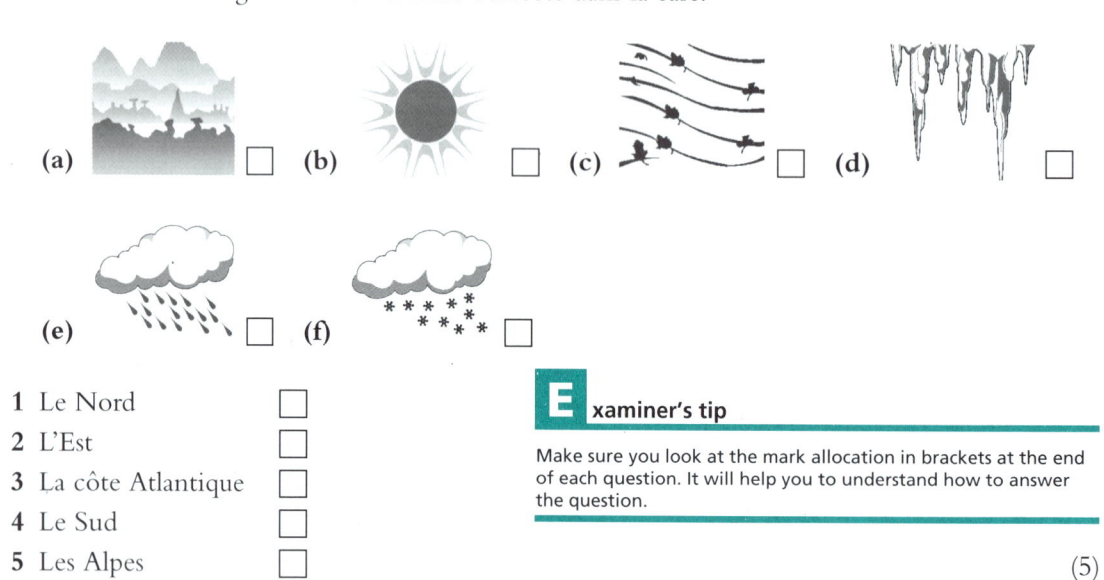

(a) ☐ (b) ☐ (c) ☐ (d) ☐

(e) ☐ (f) ☐

1 Le Nord ☐
2 L'Est ☐
3 La côte Atlantique ☐
4 Le Sud ☐
5 Les Alpes ☐

> **Examiner's tip**
>
> Make sure you look at the mark allocation in brackets at the end of each question. It will help you to understand how to answer the question.

(5)

5.4 Foundation Tier examination questions

Recording 5 Au supermarché

Ecoutez ces publicités dans un supermarché.
Il y a une promotion dans quelle section? Cochez la bonne case.

La première publicité.
(a) Charcuterie
(b) Poissonnerie
(c) Fruits et légumes
(d) Pharmacie

La deuxième publicité.
(a) Vêtements hommes
(b) Vêtements femmes
(c) Parfumerie
(d) Fruits et légumes

La troisième publicité.
(a) Charcuterie
(b) Poissonnerie
(c) Fruits et légumes
(d) Pharmacie

(3)

Examiner's tip

If you think that these questions are far too hard for you, then your lack of vocabulary is at fault. Spend time learning the vocabulary in the vocabulary section of this book.

Recording 6 La radio

Ecoutez ces extraits de la radio française. Choisissez la description qui correspond le mieux et écrivez la lettre correcte dans les cases.

(a) Sport
(b) Mauvais temps
(c) Visite d'un homme politique
(d) Circulation routière
(e) Crime

(1)
(2)
(3)
(4)
(5)

Examiner's tip

This question (Recording 6) is the hardest so far. Why not spend some time going through the transcript and learning all the vocabulary?

(5)

Recording 7 Un emploi

Vous voulez travailler en France et vous entendez cette annonce à la radio. Notez les détails en français.

1 le type de travail
2 il faut ne pas avoir
3 il faut savoir
4 la date du commencement
5 la date de la fin
6 heures par semaine
7 prix du logement
8 paie (par semaine)

Examiner's tip

Don't think that once you have heard a recording and attempted the question, that the recording is of no further use to you. Listen again and again to each recording, and come back to it a few days later.

(8)

Recording 8 En vacances

Sandra parle de ses vacances.
1 Le camping est situé
2 Pourquoi ce camping-là? Cochez la bonne case.

(a)   (b)   (c)   (d)

3 Qu'est-ce que Sandra a préféré? Cochez la bonne case.

(a)   (b)   (c)   (d)

4 Son mode de transport? Cochez la bonne case.

(a)   (b)   (c)   (d)

5 Et le temps? Cochez la bonne case.

(a) ☐   (b) ☐   (c) ☐   (d) ☐

(5)

Recording 9 Le Restaurant Gilbert

Vous écoutez une annonce à la radio. Notez les détails sur la grille.

nom du restaurant	Restaurant Gilbert
situation du restaurant	1
nationalité	2
prix du menu du jour	3
il faut payer la boisson?	4
service compris?	5
plat du jour	6
jour fermé	7

> **Examiner's tip**
> Make sure you know the weather expressions and modes of transport. See the vocabulary section of the book.

> **Examiner's tip**
> Nothing annoys an examiner more than illegible handwriting. If you have a handwriting problem, *print* the answers one letter at a time. The written answers in the exam are usually very short so you will have time to do this.

(7)

Recording 10 Les vacances à Lyon

Ecoutez la conversation entre Edgar et Jean et répondez en français ou cochez la bonne case.

1 Pourquoi ne va-t-il pas en Grèce?

2 Jean restera seul à Lyon? Cochez la bonne case.
   (a) son amie reste aussi ☐   (c) son amie part aussi ☐
   (b) son ami reste aussi ☐   (d) son ami part aussi ☐

3 Que dit Jean au sujet de Lyon? Cochez la bonne case.
   (a) la ville lui plaît ☐   (c) il déteste la ville ☐
   (b) il trouve la ville ennuyeuse ☐   (d) il adore la ville ☐

4 Où travaillera Jean?

5 Qu'est-ce qu'il fera le soir? Cochez la bonne case.
   (a) il sortira au cinéma ☐
   (b) il travaillera ☐
   (c) il sera avec son amie ☐
   (d) il va gagner de l'argent ☐

> **Examiner's tip**
> Do not confuse the question words *qui, où, quand* etc. Make your own list and learn them.

6 Pourquoi ne va-t-il pas en Espagne?

7 Comment a-t-il fait le voyage en Espagne l'an dernier? Cochez la bonne case.

(a) ☐   (b) ☐   (c) ☐   (d) ☐

8 Pourquoi ne va-t-il pas à Paris? Cochez la bonne case.
   (a) c'est trop cher ☐   (c) c'est trop grand ☐
   (b) c'est trop loin ☐   (d) c'est trop familier ☐

(8)

5.5 Transcripts

Recording 1
1 Votre train arrivera à Paris à quinze heures vingt.
2 Vous voulez une chambre? Je vous propose une chambre à trois cent quarante francs.
3 La chambre est pour une personne. Elle a un lit et une baignoire.
4 Vous voulez aller au centre-ville? Vous pouvez y aller à pied.
5 Au centre-ville il y a un très joli monument. C'est la cathédrale. C'est très intéressant.

Recording 2
Premier client: Bonsoir. Donnez-moi une bière, s'il vous plaît et un sandwich au fromage.
Deuxième client: Je voudrais un café et une glace s'il vous plaît.
Troisième client: Un jus d'orange s'il vous plaît . . . et un hotdog.

Recording 3
Employeur: Bonjour mademoiselle. Votre nom s'il vous plaît.
Sophie: Bonjour monsieur. Je m'appelle Sophie Laudic, L…A …U…D…I…C.
Employeur: Et vous avez 15 ans?
Sophie: Non, j'ai seize ans.
Employeur: Votre matière préférée au collège?
Sophie: Je préfère la chimie.
Employeur: Et qu'est-ce que vous voulez faire dans la vie?
Sophie: Je veux être infirmière.
Employeur: Bonjour monsieur. Votre nom, s'il vous plaît.
Paul: Bonjour monsieur. Je m'appelle Paul Leclerc L…E …C…L… E…R…C.
Employeur: Et vous avez 15 ans?
Paul: Non, j'ai dix-sept ans.
Employeur: Votre matière préférée au collège?
Paul: Je préfère la géographie.
Employeur: Et qu'est-ce que vous voulez faire dans la vie?
Paul: Je veux être ingénieur.

Recording 4
Bonjour. Voici la météo pour aujourd'hui. Dans le Nord il, va pleuvoir toute la journée. Dans l'Est, il fera un temps ensoleillé. Sur la côte Atlantique, il va faire du brouillard. Et dans le Sud, il va neiger. Dans les Alpes, il y aura des vents forts.

Recording 5
1 Aujourd'hui. Promotion spéciale. Jambon, saucisson, pâté. Réductions jusqu'à vingt pour cent.
2 Cette semaine. Promotion spéciale. Jupes, chemisiers, robes. Réductions de dix pour cent.
3 Pendant deux semaines. Offre spéciale. Réductions de dix pour cent sur les pommes, les haricots, les bananes et les choux.

Recording 6
1 Hier soir il y a eu un drame à la Banque Nationale de Paris à Tours. Deux hommes masqués se sont échappés avec 10 000 francs. La gendarmerie cherche toujours les malfaiteurs.
2 Il y aura beaucoup d'ambiance ce soir au stade national pour la rencontre de l'équipe espagnole et de l'équipe allemande dans la finale de la coupe.
3 Il pleut toujours dans le Midi et les inondations ont provoqué des dizaines de morts et des dégâts importants. Dans quelques endroits l'eau est d'une profondeur de dix mètres.
4 Le premier ministre britannique est arrivé à Paris ce matin pour des conversations avec le premier ministre français sur la crise en Afrique.
5 Gros embouteillage sur la N10 entre Tours et Angers à la suite d'une collision entre un camion et une voiture.

Chapter 5 Listening

Recording 7

Voulez-vous travailler dans une ferme cet été? Je cherche des jeunes gens qui n'ont pas peur des animaux, et qui parlent français.

Vous travaillerez du 5 juin au 28 août, et vous ferez 45 heures par semaine. Vous serez logé dans la ferme gratuitement, et vous gagnerez 1 200 francs par semaine.

Téléphonez maintenant.

Recording 8

Romain: Sandra, où es-tu allée en vacances?
Sandra: On a fait du camping. On est allé au camping de la forêt.
Romain: Pourquoi ce camping-là?
Sandra: Parce que dans la forêt il faisait frais.
Romain: Qu'est-ce que tu as fait de bien?
Sandra: Tout était très bien: la piscine, les restaurants, la plage, mais ce que j'ai préféré, c'était le bal chaque soir.
Romain: Vous avez loué une voiture?
Sandra: Non, parce que nous avions des vélos. Nous sommes allés partout à vélo.
Romain: Et le temps?
Sandra: Il a fait une chaleur étouffante.

Recording 9

Venez au Restaurant Gilbert situé en face de la mairie. C'est le seul restaurant belge de la ville. Notre menu du jour est à cinquante francs, boisson comprise. Le service est aussi compris. Notre plat du jour aujourd'hui est le steak frites. Nous sommes ouverts tous les jours sauf le mardi.

Recording 10

Edgar: Jean, tu vas en Grèce?
Jean: Je voudrais passer les vacances en Grèce, tu sais, mais malheureusement je n'ai pas un sou et il faut qu'on reste ici à Lyon.
Edgar: Tu seras avec qui?
Jean: J'ai une copine qui habite ici. Elle ne part pas non plus.
Edgar: Tu aimes Lyon?
Jean: Lyon est une ville un peu trop tranquille… il n'y a pas grand-chose à faire ici.
Edgar: Qu'est-ce que tu feras ici?
Jean: Pour gagner de l'argent, pendant la journée, je vais aider un voisin à nettoyer son jardin. Et le soir je jouerai aux cartes avec ma copine.
Edgar: Moi, je vais en Espagne.
Jean: Si les vacances étaient plus longues, j'irais en Espagne. L'Espagne est un pays qui me plaît. J'étais là-bas l'année dernière. J'y suis allé en auto-stop.
Edgar: Tu n'as pas envie d'aller à Paris?
Jean: Paris est très intéressant, mais je connais déjà.

5.6 Suggested answers

Recording 1

1 (a)
2 (b)
3 (c)
4 (a)
5 (d)

Recording 2

1 (c) (c)
2 (b) (d)
3 (d) (a)
4 (a) (b)

Recording 3

1 Laudic
2 16
3 chimie
4 infirmière
5 Leclerc
6 17
7 géographie
8 ingénieur

Recording 4
1. (e)
2. (b)
3. (a)
4. (f)
5. (c)

Recording 5
1. (a)
2. (b)
3. (c)

Recording 6
1. (e)
2. (a)
3. (b)
4. (c)
5. (d)

Recording 7
1. dans une ferme
2. peur des animaux
3. parler français
4. le 5 juin
5. le 28 août
6. 45
7. gratuit
8. 1 200 francs

Recording 8
1. dans une forêt
2. (d)
3. (a)
4. (c)
5. (b)

Recording 9
1. en face de la mairie
2. belge
3. 50 francs
4. non
5. oui
6. steak frites
7. le mardi

Recording 10
1. il n'a pas d'argent
2. (a)
3. (b)
4. dans un jardin
5. (c)
6. les vacances sont trop courtes
7. (b)
8. (d)

5.7 Introduction to Higher Tier

This is what you need to know about the exam.
- If you are entered for the Higher Tier you cannot do the Foundation Tier.
- The recordings will be faster than for the Foundation Tier and the vocabulary will be beyond the Minimum Core Vocabulary List issued by your Board.
- The recordings will be of native speakers and there may be background noises
- The recordings are longer and harder. They may be split into sections. If they are you will hear either the whole recording through and then hear it repeated in sections, or you will hear one section and that section repeated, then the second section and that section repeated, and so on. Listen out for the instructions.
- There are likely to be more long conversations and discussions, arguments, requests and instructions.
- One major difference between Foundation Tier and Higher Tier is that for the Higher Tier you will be asked to draw conclusions and detect emotions. You will meet examples of this in the examination questions in this book.

5.8 During the examination

These are the points to remember on exam day:
- listen carefully to the instructions and make sure you have learnt all the possible rubrics in French, so that you will understand the instructions written on the paper;

Chapter 5 Listening

- remember that the mark allocation for each question will give you a clue as to what information and how much information is required;
- always attempt every question even if you have to guess;
- remember that questions asking for specific details follow the order of the information in the recording. However, a question which asks you to detect emotions or draw conclusions may require you to draw upon information given throughout the recording.

5.9 Higher Tier examination questions

There is an overlap in Foundation and Higher Tier questions, so do the Foundation Tier tests first. The following questions are on the CD which accompanies this book. In your exam each extract will be repeated after a pause. On the accompanying CD the recordings are not repeated, so when you have listened to a recording go back and listen to it again. Transcripts (see 5.10), and suggested answers are provided (see 5.11).

Recording 11 Transport à Londres

Un père et une mère discutent de leur voyage à Londres. Cochez la case de la personne qui exprime cette opinion.

Examiner's tip: This is a typical Higher Tier question: you have to work out people's opinions. Make sure you practise this kind of question.

		la mère	le père
1	Cette personne veut aller à Londres en voiture.	☐	☐
2	Cette personne ne souffre jamais du mal de mer.	☐	☐
3	Cette personne n'aime pas manger à bord du ferry.	☐	☐
4	Cette personne aime voir le paysage.	☐	☐
5	Cette personne veut prendre l'avion.	☐	☐
6	Cette personne veut aller directement à l'hôtel.	☐	☐
7	Cette personne propose d'y aller par le train.	☐	☐
8	Cette personne dit que les trains ne sont pas toujours à l'heure.	☐	☐
9	Cette personne dit que le train va les laisser près de leur hôtel.	☐	☐

(9)

Recording 12 Personnalité

Deux personnes parlent de leurs goûts. Cochez les cases pour chaque personne.

Marc

(a) aime rester à la maison ☐
(b) n'aime pas les étrangers ☐
(c) fait des contacts à l'étranger ☐
(d) aime bien sortir ☐

(a) déteste les sports ☐
(b) adore les sports ☐
(c) aime un peu les sports ☐

(a) aime la religion ☐
(b) aime faire des collections ☐
(c) aime danser ☐
(d) aime la politique ☐

Juliette

(a) aime rester à la maison ☐
(b) n'aime pas les étrangers ☐
(c) fait des contacts à l'étranger ☐
(d) aime bien sortir ☐

(a) déteste les sports ☐
(b) adore les sports ☐
(c) aime un peu les sports ☐

(a) aime la religion ☐
(b) aime faire des collections ☐
(c) aime danser ☐
(d) aime la politique ☐

(6)

Examiner's tip: Never leave and answer blank. Guess if necessary, and if your exam board allows you to use a dictionary at the end then write a G in the margin to remind yourself which questions you have guessed at. If possible make a note of any key French words so that you can look them up in the dictionary.

5.9 Higher Tier examination questions

Recording 13 L'hôtel

Un client décrit son hôtel. Cochez les *cinq* déclarations qui sont vraies.
- (a) L'aménagement a fait une bonne impression ☐
- (b) Ils n'ont pas eu de problèmes à l'hôtel ☐
- (c) Ils ont eu des problèmes avec des insectes ☐
- (d) Ils n'étaient pas au sixième étage ☐
- (e) Le service dans le restaurant était très lent ☐
- (f) La spécialité du restaurant est les fruits de mer ☐
- (g) Les fromages leur ont plu ☐
- (h) Il y avait du bruit de musique ☐
- (i) Il y avait du bruit de bon matin ☐

Examiner's tip

It won't do any good to tick all the boxes if you do not know the right five. The examiner will either not mark it or consider the first five ticks.

(6)

Recording 14 Une soirée agréable

Marie a téléphoné à Angélique et a laissé un message. Remplissez les blancs.

Ce soir on va au .... Avant d'y aller, on se rencontre à la .... de Michelle à .... h 30. On va dans la .... de Michelle. On verra Alain plus .... dans le café.

Examiner's tip

'Au' tells you the next word will be masculine. 'La' tells you you are looking for a feminine word.

(5)

Recording 15 Un message

Ecoutez ce message au répondeur et choisissez les bons mots.
MESSAGE TELEPHONIQUE
POUR   Luc
DE   Jean-Paul
NUMERO DE
TELEPHONE   ..../.............../.............../.............../...............
MESSAGE   Jean-Paul est .... et il ne vient pas ce .... Il dit qu'il viendra .... et il apportera un .... pour Christelle. Plus tard il veut aller dans un .... et il va .... !

Examiner's tip

'Ce' tells you the next word is masculine, as does 'un'. 'Cette' and 'une' would precede a feminine word. Refer to the grammar section in this book.

(7)

03 22 37 56 24   03 22 38 56 24   03 21 38 56 24   03 22 38 55 24
acheter, payer, soirée, concert, restaurant, malade, cadeau, soir, avant-hier, après-demain, boire

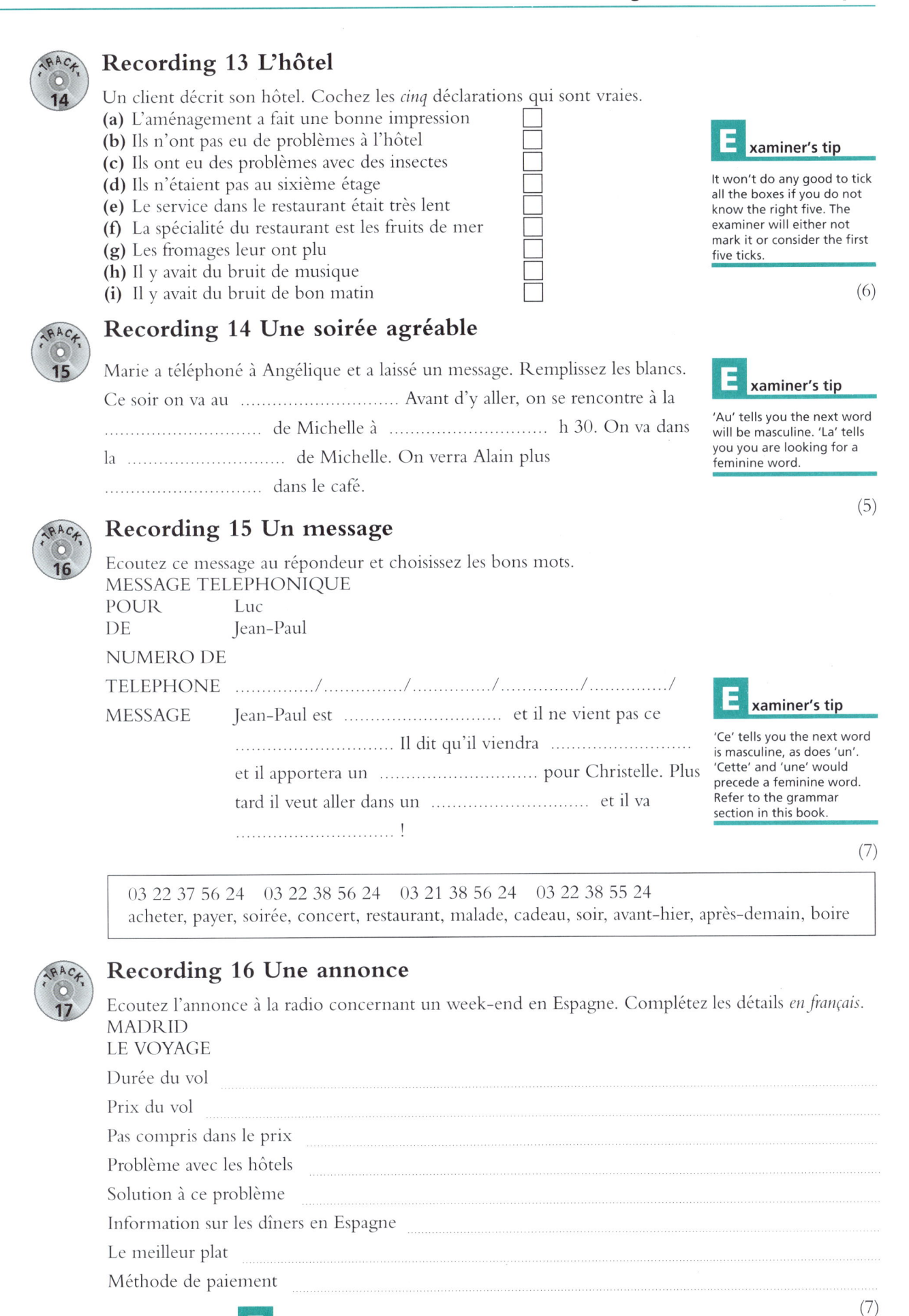

Recording 16 Une annonce

Ecoutez l'annonce à la radio concernant un week-end en Espagne. Complétez les détails *en français*.
MADRID
LE VOYAGE

Durée du vol ....
Prix du vol ....
Pas compris dans le prix ....
Problème avec les hôtels ....
Solution à ce problème ....
Information sur les dîners en Espagne ....
Le meilleur plat ....
Méthode de paiement ....

(7)

Examiner's tip

You do not have to answer in a full sentence. A short phrase is quite sufficient.

Chapter 5 Listening

Recording 17

Une femme décrit ses impressions de l'Espagne. Cochez *favorable* ou *défavorable* pour les aspects suivants.

favorable ☐ défavorable ☐	favorable ☐ défavorable ☐	favorable ☐ défavorable ☐
favorable ☐ défavorable ☐	favorable ☐ défavorable ☐	favorable ☐ défavorable ☐ (6)

Recording 18 Près de Paris

Un jeune parle de sa vie près de Paris.
Vrai ou faux? Cochez la bonne case.

	Vrai	Faux
Il est facile de trouver du travail dans le village	☐	☐
Jean-Pierre veut travailler à Paris	☐	☐
Jean-Pierre voudrait travailler dans une ferme	☐	☐
Il y a peu de machines dans les fermes	☐	☐
Jean-Pierre trouve du travail en automne	☐	☐
Il travaille dans les champs	☐	☐
Il travaille avec le fruit	☐	☐
Il connaît beaucoup de gens à Paris	☐	☐
Dans le village la circulation est un problème	☐	☐
Les magasins du village vendent de tout	☐	☐

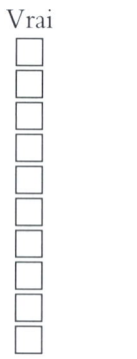

Examiner's tip

If you have to correct one of your ticks make sure your alterations are absolutely clear. If the examiner is in doubt he/she will not give a mark.

Examiner's tip

Note how often the seasons, fruits and clothes are tested. Make sure you know these. Look at the vocabulary section in this book. **NB** 'plein de' is a bit slangy. It means the same as 'beaucoup de'.

Recording 19 Le ménage

Quatre jeunes parlent de ce qu'ils font à la maison. Cochez les bonnes cases.

Monique	☐	☐	☐	☐	☐	☐
Claude	☐	☐	☐	☐	☐	☐
Sylvia	☐	☐	☐	☐	☐	☐
Marc	☐	☐	☐	☐	☐	☐

Monique	☐	☐	☐
Claude	☐	☐	☐
Sylvia	☐	☐	☐
Marc	☐	☐	☐

(8)

Examiner's tip

Very often the household chores are tested. Make sure you know the vocabulary.

5.9 Higher Tier examination questions

Recording 20 Le tabac

Un jeune parle de comment sa vie a changé. Ecoutez et cochez les bonnes cases.

1. Le jeune a perdu combien de kilos?
   - (a) 70 ☐
   - (b) 90 ☐
   - (c) 20 ☐
   - (d) 10 ☐

Examiner's tip

In the first question do not be surprised if none of the four numbers is actually quoted on the CD. You might be expected to do some simple arithmetic. But *before* the CD starts you should work out, and even write down in rough, the four numbers in French.

2. Comment a-t-il fait pour perdre tant de kilos?
   - (a) il a cessé de fumer ☐
   - (b) il a beaucoup marché ☐
   - (c) il a joué au badminton ☐
   - (d) il a fait de l'exercice ☐

3. Pourquoi a-t-il commencé à fumer?
   - (a) il voulait essayer ☐
   - (b) il voulait prendre des kilos ☐
   - (c) il l'a fait presque par hasard ☐
   - (d) pour faire une bonne impression ☐

4. Combien de cigarettes fumait-il?
   - (a) une cigarette par jour ☐
   - (b) un paquet par jour ☐
   - (c) très peu ☐
   - (d) beaucoup ☐

5. Pourquoi a-t-il cessé de fumer?
   - (a) Anne n'aimait pas ☐
   - (b) c'était cher ☐
   - (c) il avait peur du cancer ☐
   - (d) il n'aimait pas l'odeur ☐

6. Il a cessé de fumer en combien de temps?
   - (a) tout de suite ☐
   - (b) en un jour ☐
   - (c) en quelques jours ☐
   - (d) en un mois ☐

7. Que faisait Anne quand il était fumeur?
   - (a) ça lui était égal ☐
   - (b) elle fumait aussi ☐
   - (c) elle s'éloignait ☐
   - (d) elle se mettait à côté de lui ☐

(7)

Recording 21 En retard

1. Combien de fois Luc est-il arrivé en retard?
   - (a) jamais ☐
   - (b) une fois ☐
   - (c) deux fois ☐
   - (d) trois fois ☐

2. Pourquoi Luc est-il parti si tard de chez sa grand-mère?

   ....

3. Qu'est-ce qu'il a fait pour résoudre le problème de la panne?

   ....

4. Qu'est-ce qui a causé l'embouteillage?

   ....

5. Quelle est l'attitude du patron envers Luc? Cochez la bonne case.
   - (a) il le trouve amusant ☐
   - (b) il est patient ☐
   - (c) il le taquine ☐
   - (d) il est impatient ☐

(5)

Examiner's tip

At Higher Tier you will be expected to detect people's attitude. Look at question 5. The clues may not be in just one part of the recording: you may have to pick out points from the beginning, middle and end of the recording.

Chapter 5 Listening

Recording 22 Une première

Ecoutez cette publicité. Regardez la fiche et corrigez les erreurs en français.

CINEMA REX
Annonce une séance spéciale.
La première du film anglais sous-titré
aura lieu jeudi à vingt heures. Ouvert aux moins de 18 ans.
Entrée 50 francs. Réservation obligatoire
Téléphonez: 03 23 45 67 34

ERREURS

1 .... 2 ....
3 .... 4 ....
5 .... 6 ....
7 ....

(7)

Examiner's tip

You need to know the words for 'sub-titled', 'dubbed' and 'undubbed'. See the vocabulary section of the book.

Recording 23 Deux amis

Ecoutez cette conversation et cochez les bonnes cases.

1 Où est-ce qu'Elise a mal?
   (a) à la tête
   (b) à la jambe
   (c) au bras
   (d) au pied

2 Quelle est la cause de sa maladie?
   (a) le soleil
   (b) la nourriture
   (c) le stress
   (d) un insecte

3 Elise a été malade souvent récemment?
   (a) jamais
   (b) c'est la première fois
   (c) c'est la deuxième fois
   (d) plusieurs fois

4 Où va Elise?
   (a) au cinéma
   (b) au restaurant
   (c) au lit
   (d) au concert

5 Quelle est l'attitude de Pierre?
   (a) il est content
   (b) il est désolé pour elle
   (c) il ne la croit pas
   (d) il ne veut pas sortir

6 Qu'est-ce qu'Elise demande?
   (a) de l'argent
   (b) une bise
   (c) pardon
   (d) permission

(6)

Examiner's tip

Questions 1 and 2 require you to draw conclusions. Question 5 requires you to detect an attitude. Be ready for these types of question at Higher tier.

Recording 24 Dimanche matin

Une jeune Française décrit ce qu'elle fait le dimanche matin. Remplissez la grille avec la lettre de l'activité.

HEURE	ACTIVITE
7h 30	
8h 00	
8h 30	
9h 00	
10h 00	
11h 00	
11h 30	
12h 30	

Examiner's tip

All these questions require you to draw conclusions. None of the words listed is actually heard on the CD. Be ready for this!

A une promenade B le déjeuner C à l'église D de l'exercice E des études F la toilette G le petit déjeuner H une visite

(8)

102

Recording 25 Une ambition

Une jeune Française parle de l'avenir. Ecoutez et répondez en français.
1. Quelle est l'ambition de la jeune fille? ....
2. Qu'est-ce qui a changé la vie de la jeune fille?
   ....
3. Comment sait-on de la routine de la jeune fille qu'elle adore les chevaux?
   ....
4. Qu'est-ce qui est arrivé l'année dernière?
   ....
5. Quelle est l'attitude de la soeur? Cochez la bonne case
   (a) elle n'aime pas les chevaux ☐
   (b) elle aime les chevaux ☐
   (c) elle n'aime pas sortir avec les garçons ☐
   (d) elle pense que sa soeur devrait changer d'intérets ☐

Examiner's tip

With this type of question you have to write short answers in French. The secret is to keep your answers short and simple. If you make a mistake in French it will not be penalised unless it impedes comprehension.

(5)

5.10 Transcripts

Recording 11

La mère: Moi, je veux aller à Londres en voiture et prendre le bateau. Quelquefois, j'ai le mal de mer, mais normalement tout va bien et j'aime manger dans le restaurant à bord du bateau.
Le père: Mais non. Le voyage est beaucoup plus rapide si on prend l'avion. On sera à Londres en deux heures. Et tu sais que tu as presque toujours le mal de mer. C'est moi qui n'ai jamais eu le mal de mer. Et la cuisine à bord du bateau est affreuse.
La mère: Mais si on prend l'avion on ne voit rien. Si on prend la voiture on voit un peu d'Angleterre et on voit un peu de France. Et la traversée est si jolie. De l'avion on ne voit que des nuages.
Le père: Ma chérie, l'avion est plus rapide!
La mère: L'aéroport est si loin du centre-ville. Oui, on arrive à Londres en deux heures, mais il faut encore deux heures pour arriver à notre hôtel.
Le père: Bon. Je crois que j'ai trouvé la solution. On va prendre le train par le Tunnel. Il y a des pannes de temps en temps, mais tu ne vas pas avoir le mal de mer.
La mère: C'est vrai, et le train par le tunnel arrivera au centre-ville. Oui, on fait comme ça.

Recording 12

– Alors Marc, quelle sorte de personne cherches-tu comme correspondant?
– Je veux qu'il soit comme moi, c'est-à-dire qu'il aime voyager, qu'il aime parler des langues étrangères.
– Tu veux une personne sportive?
– Moi, j'aime bien le sport, mais je préfère les passe-temps plus calmes, la lecture, la musique classique.
– Tu as d'autres intérêts?
– Chez moi j'ai environ deux mille timbres, une centaine de papillons et des tiroirs pleins de cartes postales.
– Alors Juliette, quelle sorte de personne cherches-tu?
– Je veux qu'elle soit comme moi. Je veux une personne enthousiaste qui aime bouger, sortir, faire des choses.
– Tu veux une personne sportive?
– Pour moi le sport est la chose la plus importante de ma vie. Sans le sport je serais perdue.
– Tu as d'autres occupations?
– Je vais souvent à la messe et j'aide le prêtre à faire son travail quand je peux.

Recording 13

A   Alors, ton hôtel t'a plu?
B   La chambre était très bien. Il y avait de tout – téléphone, télévision, magnétoscope, une douche, une baignoire.
A   Il n'y avait pas de problèmes?
B   Si. Pendant la nuit nous avons été piqués par les moustiques. Et nous avons trouvé des araignées.
A   A part ça?
B   Oui, l'ascenseur ne marchait pas. Heureusement qu'on n'était pas au sixième étage.
A   Et le restaurant?
B   Le personnel du restaurant était excellent. On n'a jamais attendu. On nous a tout apporté tout de suite.
A   Et la cuisine?
B   Malheureusement il n'y avait pas de fruits de mer. Autrement le choix était très bon et les fromages étaient superbes.
A   Vous avez bien dormi?
B   Non. A côté il y avait une usine qui commençait à faire du bruit à six heures du matin.

Recording 14

Bonsoir, c'est Marie. Je veux laisser un message pour Angélique. Le film commence à vingt heures trente, alors on se retrouve chez Michelle à dix-neuf heures trente. On va au cinéma dans la voiture de Michelle. Paul n'a pas d'argent et ne vient pas. Alain travaille ce soir, mais il nous retrouvera dans le café après le film.

Recording 15

Allô, Luc? Ici Jean-Paul. Mon numéro de téléphone est le zéro-trois, vingt-deux, trente-huit, cinquante-six, vingt-quatre. J'ai la grippe et je ne peux pas venir à vingt heures comme prévu. Demain jeudi non plus, mais vendredi je serai là. J'ai acheté du parfum pour ta sœur pour la remercier. Si on sortait? Je vous invite à manger de la cuisine italienne avec moi. A bientôt.

Recording 16

Offre spéciale. On vous propose un week-end en Espagne. Visitez Madrid, capitale pittoresque, historique et inoubliable. Le vol charter part de Paris à dix-huit heures et arrive à Madrid à vingt et une heures. Le prix? 1 500 francs. Mais attention parce que le prix de l'hôtel n'est pas compris. Il est facile de trouver un bon hôtel au centre-ville, mais attention parce qu'on vous demandera le double du vrai prix de la chambre. La solution est de regarder sur la porte même de votre chambre. Il y aura un avis qui donne le vrai prix. En ce qui concerne les restaurants en Espagne, il faut savoir que le soir les repas ne commencent pas avant vingt-deux heures. Vous allez manger des omelettes, de la paella, mais aussi sans doute le plat inoubliable de Madrid: les fruits de mer. Téléphonez tout de suite et ayez à votre disposition votre carte de crédit.

Recording 17

A   Alors, tu t'es bien amusée en Espagne?
B   Mon mari n'était pas content. La cuisine, les gens, le cinéma, les maisons, le climat, le transport. Tout était affreux pour lui.
A   Et qu'est-ce que tu penses de ces choses-là?
B   Je suis d'accord avec lui. Il y avait trop d'huile, et la plupart des plats manquait de finesse. Ils mangent trop d'ail, les Espagnols.
A   Et les gens?
B   On a connu tant de gens sympa qu'il est difficile de comprendre l'opinion de mon mari. Je ne suis pas de son avis. Les Espagnols sont des gens gais et généreux.
A   Et le cinéma?
B   J'ai été ravie des films espagnols. Nous sommes allés au cinéma tous les jours. Il y avait tant de choix et les films étaient meilleurs que les nôtres.
A   Et les maisons?
B   Alors là, j'ai été franchement déçue. La plupart des gens habitent des appartements au centre-ville. Ils n'ont pas de jardin, ils n'ont pas de garage. J'ai trouvé ça triste.
A   Et le climat?
B   La plupart du temps il a fait décidément trop chaud. J'ai dû passer de longues périodes à l'ombre. Non, je préfère le climat français.

A Et le transport?
B J'avais entendu dire beaucoup de mal des transports en Espagne, mais franchement les trains étaient propres et à l'heure – pas comme en France – les autobus étaient bien organisés, et il y avait des taxis partout.

Recording 18

Jean-Pierre, il est facile de trouver du travail ici?
Jean-Pierre: Facile de trouver du travail ici? Je ne dis pas difficile de trouver du travail. Je dis impossible. Ça fait un an que je cherche du travail, mais je n'ai rien trouvé. Je cherche du travail dans les fermes, tu sais, mais de nos jours tout se fait avec des machines. Cependant en automne j'arrive à trouver du travail. Dans les vergers. J'aide les agriculteurs à cueillir les pommes. A Paris il est facile de trouver du travail, mais ici la vie me plaît et j'ai plein d'amis. A Paris je ne connais personne. Et là-bas, la circulation est affreuse. Ici, dans ce village, il n'y a que quatre voitures. Nous avons deux magasins qui vendent les choses essentielles, mais pour s'acheter des vêtements par exemple, il faut aller à Paris.

Recording 19

Anne: Monique, qu'est-ce que tu fais à la maison?
Monique: Une chose que je ne fais pas, c'est laver la voiture. Cela m'ennuie. Mais tous les jours je prépare le repas du soir et je fais les lits. Claude, qu'est-ce que tu fais à la maison?
Claude: Je passe l'aspirateur de temps en temps. J'aime bien faire ça. Je nettoie un peu aussi. Mais une chose que je ne fais jamais, c'est le repassage. Et toi, Sylvie, qu'est-ce que tu fais à la maison?
Sylvie: J'adore faire le jardinage. Ça détend. Et je fais la vaisselle. Mais par contre je ne supporte pas les grandes surfaces. Je refuse de faire les courses. Et toi, Marc, qu'est-ce que tu fais à la maison?
Marc: Ma mère me demande de faire les lits et de nettoyer ma chambre, mais je ne le fais pas. En revanche une chose que je fais, c'est la vaisselle. Et j'aime bien aussi laver la voiture.

Recording 20

– Tu sais il y a un an je pesais 90 kilos. Maintenant je pèse 70 kilos. Et tu sais comment j'ai perdu tant de kilos? Alors c'est simple. J'ai cessé de fumer. Avant je ne pouvais pas marcher 100 mètres sans me sentir fatigué. Maintenant je joue au badminton sans problèmes.
– Quand as-tu commencé à fumer?
– Il y a trois ans. J'étais dans un café et un client a laissé un paquet de cigarettes sur la table. Sans réfléchir j'ai fumé une cigarette. Un mois plus tard j'en fumais une quarantaine par jour. Mais un jour j'ai vu une émission sur les maladies provoquées par le tabac. J'ai vu les victimes à l'hôpital. Je ne veux pas de ça.
    Le lendemain j'ai fumé vingt cigarettes, le lendemain dix cigarettes, le lendemain cinq cigarettes, puis j'y ai renoncé complètement.
– Alors ta vie a changé?
– Oui, et les choses vont beaucoup mieux avec mon amie Anne. Elle ne supportait pas l'odeur du tabac. Lorsqu'on parlait dans un café, elle restait toujours à deux mètres de moi. Maintenant, elle s'assied à côté de moi.

Recording 21

Patron: En retard encore une fois!
Luc: Mais monsieur, ce n'est pas de ma faute.
Patron: Vous êtes venu en retard hier et avant-hier. Alors qu'est-ce qui est arrivé ce matin?
Luc: Ma mère m'a demandé de laisser des choses chez ma grand-mère. Comme ma grand-mère avait envie de bavarder, j'ai perdu vingt minutes.
Patron: Et après?
Luc: J'ai eu une panne. J'ai fini par trouver un mécanicien, mais j'ai perdu encore une heure.
Patron: Et après?
Luc: Je me suis rendu compte que j'avais oublié tous mes papiers et j'ai dû rentrer pour les chercher. J'ai perdu encore une demi-heure.
Patron: C'est tout?
Luc: Non. Juste avant d'arriver ici, il y a eu un accident de la route et j'ai dû attendre vingt minutes dans l'embouteillage.
Patron: Luc, la prochaine fois que vous arriverez en retard, je vais vous renvoyer.

Recording 22

Le cinéma Rex annonce une séance spéciale. La première du film américain en version originale aura lieu mardi à vingt heures. Ouvert à tout le monde. Entrée 60 francs. Il n'est pas nécessaire de réserver. Téléphonez au 03 23 45 67 44.

Recording 23

Elise: Ecoute Pierre, je ne peux pas sortir avec toi ce soir. J'ai mal là… là… entre les yeux.
Pierre: Mais qu'est-ce qui a causé ça?
Elise: Alors, hier soir j'ai mangé dans un restaurant. Normalement je ne supporte pas le poisson, mais j'en ai mangé quand même. Que je suis bête!
Pierre: Mais ça fait deux fois cette semaine que tu dis que tu es malade. Ce mal est une excuse?
Elise: Pierre, je vais me coucher tout de suite et demain on sortira. Je te le promets.
Pierre: Je connais déjà tes promesses. On verra.
Elise: Donne-moi une bise, Pierre.

Recording 24

- Qu'est-ce que tu fais le dimanche matin?
- Comme tous les jours je prends ma douche à sept heures et demie, puis à huit heures je mange un peu de pain et je bois un café.
- Et après?
- Puis à huit heures et demie je fais du jogging, et à neuf heures j'ouvre mes livres et je travaille pendant une heure. A dix heures je vais à la messe, à onze heures je vais voir un copain, et à onze heures et demie on sort ensemble. On aime faire un tour le long de la rivière. A midi et demi on va manger chez moi.

Recording 25

- Mon ambition? C'est facile. Je ne suis pas comme mes camarades de classe, je n'ai pas envie de faire beaucoup d'argent. La seule chose qui m'intéresse, c'est travailler avec les chevaux, et mon ambition est d'être propriétaire d'une école d'équitation.
- Pourquoi?
- Il y a deux ans mon père m'a acheté un cheval. Depuis ce moment-là ma vie a complètement changé. Il y a une école d'équitation à trois kilomètres de chez moi, et j'y vais deux fois par semaine tant j'aime les chevaux. On me dit que je suis assez forte, mais malheureusement l'année dernière je ne suis pas montée à cheval pendant trois mois parce qu'un jour je suis tombée du cheval et je me suis cassé le bras. Ma sœur croit que je suis bête et que je devrais sortir avec les garçons et oublier les chevaux. Mais je ne peux pas.

5.11 Suggested answers

Recording 11
1. mère
2. père
3. père
4. mère
5. père
6. mère
7. père
8. père
9. mère

Recording 12
Marc (c) (c) (b)
Juliette (d) (b) (a)

Recording 13
(a) (c) (d) (g) (i)

Recording 14
cinéma
maison
19
voiture
tard

Recording 15
03 22 38 56 24
malade
soir
après-demain
cadeau
restaurant
payer

5.11 Suggested answers

Recording 16
trois heures
1 500 francs
le prix de l'hôtel
on double le prix des chambres
regardez l'avis sur la porte
ils commencent à 22 h
les fruits de mer
carte de crédit

Recording 17
défavorable
favorable
favorable
défavorable
défavorable
favorable

Recording 18

	Vrai	Faux
Il est facile de trouver du travail dans le village		✓
Jean-Pierre veut travailler à Paris		✓
Jean-Pierre voudrait travailler dans une ferme	✓	
Il y a peu de machines dans les fermes		✓
Jean-Pierre trouve du travail en automne	✓	
Il travaille dans les champs		✓
Il travaille avec le fruit	✓	
Il connaît beaucoup de gens à Paris		✓
Dans le village la circulation est un problème		✓
Les magasins du village vendent de tout		✓

Recording 19

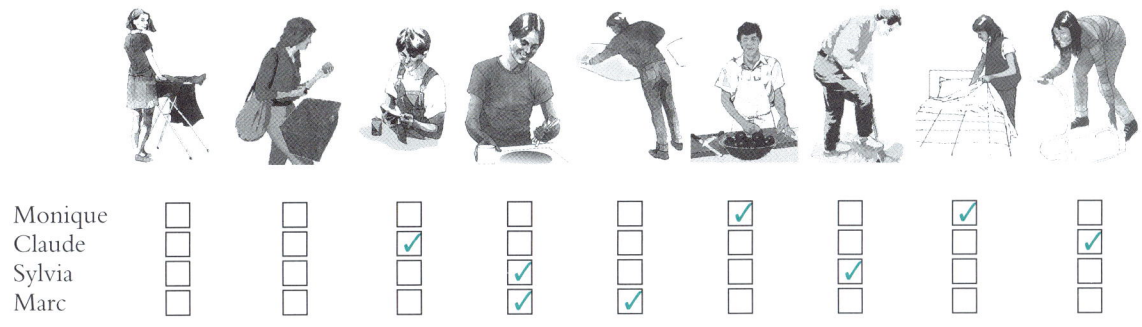

Monique						✓		✓	
Claude			✓						✓
Sylvia				✓			✓		
Marc				✓	✓				

Recording 20
1 (c)
2 (a)
3 (c)
4 (d)
5 (c)
6 (c)
7 (c)

Recording 21
1 (d)
2 sa grand-mère voulait causer
3 il a trouvé un mécanicien
4 un accident de la route
5 (d)

Recording 22
1 américain
2 en version originale
3 mardi
4 à tout le monde
5 60
6 pas nécessaire de réserver
7 03 23 45 67 44

Recording 23
1 (a)
2 (b)
3 (c)
4 (c)
5 (c)
6 (b)

Recording 24
7h 30 F
8h 00 G
8h 30 D
9h 00 E
10h 00 C
11h 00 H
11h 30 A
12h 30 B

Recording 25
1 Elle veut être la propriétaire d'une école d'équitation
2 Son père lui a donné un cheval
3 Elle va à l'école deux fois par semaine
4 Elle s'est cassé le bras
5 (d)

107

Chapter 6
Speaking

6.1 Introduction

All GCSE Examination Boards have an oral exam which counts for 25% of the total marks for the examination. Tests will be set at Foundation and Higher levels (called *Tiers*) but, in the new National Curriculum GCSE French examination you will take the oral exam at *one* level only, i.e. Foundation Tier Speaking *or* Higher Tier Speaking. In order to achieve the highest grades you will probably want to enter at the Higher Tier, but you should check with your teacher to see which Tier is best suited to you.

The oral examination will last for about 10–15 minutes, depending on which Tier you take. It is most likely that your exam will be recorded. Check with your teacher/examination board syllabus to see if this will be the case. If so, practise with a tape-recorder when revising so that you will get used to being taped. Listen to your practice tape and then try to improve on your performance by answering the question again, if you are not satisfied with your first answer.

Some Exam Boards offer a coursework alternative to an oral test. Check with your teacher, and with the Exam Board analysis at the beginning of this book, to find out if this alternative is available to you.

6.2 Preparing for the examination

- Find out what type of tasks you will have to do in the examination. Will there be:

    a role-play,

    a general conversation,

    a prepared topic to present?

    Your teacher and the exam board syllabus will be able to tell you.
- Revise and learn as much vocabulary as you can on the topics on which you will be tested.
- Revise and learn your verbs. You should be able to use the present, past and future tenses correctly.
- Practise your pronunciation and intonation by tape-recording yourself and then listening to the tape to see where you can improve.
- Practise saying the French alphabet. You may have to spell words, e.g. your name, your address, in the oral exam.

    A (ah) B (bé) C (cé) D (dé) E (euh) F (eff) G (jé)

    H (ash) I (ee) J (jee) K (kah) L (ell) M (em) N (en)

    O (oh) P (pé) Q (ku) R (air) S (ess) T (té) U (ewe)

    V (vé) W (doublevé) X (eex) Y (ee grec) Z (zed)
- Listen to as much authentic French as possible – on radio, television, or to any native speaker you know – and try to imitate the sounds that you hear.
- Remember that the final consonant at the end of a word is rarely pronounced, unless the following word in the same sentence begins with a vowel or 'h' and provided that there is no comma in between.

- Practise the French 'u' sound by placing the tip of your tongue near the top of your lower teeth and making your mouth into a perfectly closed 'o' shape. Do not move your lips whilst producing the 'u' sound.
- Practise the French 'r' sound by opening your mouth and saying aloud 'ah - ara - ra'. This should sound similar to gargling at the back of the throat!
- Practise nasal sounds by holding your nose and saying 'un', 'on', 'an', then try to make the same sounds without holding your nose.

6.3 General conversation

In this part of the examination, you will probably be asked about some of the following – yourself, your family, your home, your town/village and the area where you live, school, leisure interests, holidays, future plans. Imagine that you are having a conversation with a new French friend. These are the topics that you might discuss. It is a good idea to prepare and practise speaking on these topics. You could tape yourself and then play the tape back to see if there are any sections on which you could improve. If you or your family know a French person, you might be able to practise your conversation with them.

Key points:
- try to prepare as much material in advance as you can (your preparation can be doubly valuable as much of what you prepare may also be useful for the writing exam);
- practise using the present, past and future tenses;
- give opinions, where possible.

Topics – key phrases, questions and answers

The topics and specimen questions and answers given below are likely to occur in both Foundation and Higher Tiers. The difference between the tiers will be in the amount of detail required and the structures used. At the Higher Tier, candidates should be able to express and justify ideas and opinions, using a range of tenses. Higher Tier candidates would be expected to speak at greater length.

Home, personal and social life (Areas of Experience A and B)
(Check the Topic Vocabulary carefully for further examples and alternatives to words given below.)

Self, family and friends
Name
    Q: Comment t'appelles-tu?
    Q: Comment vous appelez-vous?
    A: Je m'appelle …
Age
    Q: Quel âge as-tu/avez-vous?
    A: J'ai (e.g. seize) ans.
Birthday
    Q: Quelle est la date de ton/votre anniversaire?
    A: (e.g. le douze juin)
Year and place of birth
    Q: En quelle année es-tu/êtes-vous né(e)? Et où?
    A: Je suis né(e) en (e.g. dix-neuf cent quatre-vingt-deux) à Londres.
Address
    Q: Quelle est ton/votre adresse?
    A: J'habite (e.g. au numéro treize, rue …)
Telephone number
    Q: Quel est ton/votre numéro de téléphone?
    A: e.g. soixante-six trente-deux seize.
Nationality
    Q: De quelle nationalité es-tu/êtes-vous?
    A: Je suis (e.g. britannique)
Personal description
    Je mesure (e.g. un mètre cinquante).
    Je suis petit(e)/grand(e) pour mon âge.
    J'ai les cheveux bruns/blonds/châtains/noirs/longs/courts/frisés.
    J'ai les yeux bleus/marron/verts.

> **Examiner's tip**
> You may be asked to spell your name in the oral exam. Check above for pronunciation of the letters of the alphabet.

> **Examiner's tip**
> Prepare descriptions for all members of your immediate family. You will also find this useful for the Writing paper as candidates are often asked to write an imaginary first letter to a penfriend, and you would need to include this kind of information.

Chapter 6 Speaking

Members of your family
> Q: Combien de personnes y a-t-il dans ta/votre famille?
> A: e.g. Il y a cinq personnes dans ma famille. Ma mère, mon père, ma sœur, mon frère et moi. Nous avons aussi un chien et un chat.

Further family details
> Mon père est comptable/professeur/médecin/agent de police/ingénieur/au chômage/etc.
> Ma mère est professeur/médecin/dentiste/infirmière/avocate/femme au foyer/au chômage/etc.
> Mes parents sont divorcés/séparés.

> **Examiner's tip**
> Higher Tier candidates should also be prepared to speak about the personalities of members of their families and to give opinions.

House and home
Here are some specimen questions and suggested answers.
Q: Tu habites/vous habitez une maison ou un appartement?
A: J'habite une maison individuelle.
Q: Comment est ta/votre maison?
A: Ma maison est grande/petite/moyenne/vieille.
Q: Combien de pièces y a-t-il dans ta/votre maison et quelles sont les différentes pièces?
A: Au rez-de-chaussée (ground floor) il y a la cuisine, la salle à manger, le salon, le séjour. Au premier étage il y a trois chambres et la salle de bains.
Q: Tu as/vous avez un jardin?
A: Oui, nous avons un grand jardin avec une pelouse, des fleurs et des arbres fruitiers. C'est ma mère qui travaille dans le jardin.

Everyday activities
You should be able to give details of your daily routine, including such things as what time you get up, go to bed, have meals, go out, etc.
Here are some specimen questions and suggested answers.
Q: A quelle heure te lèves-tu/vous levez-vous?
A: Je me lève à sept heures et demie.
Q: A quelle heure prends-tu/prenez-vous le petit déjeuner?
A: Je prends le petit déjeuner à huit heures.
Q: Qu'est-ce que tu prends/vous prenez pour le petit déjeuner?
A: Je prends des céréales et du café.
Q: A quelle heure te couches-tu/vous couchez-vous?
A: Je me couche à neuf heures.
Q: A quelle heure quittes-tu/quittez-vous la maison le matin?
A: Le matin, je quitte la maison à huit heures et quart.
Q: Où fais-tu/faites-vous les devoirs?
A: Je fais mes devoirs dans ma chambre.
Q: Que fais-tu/faites-vous le soir après les devoirs?
A: Je regarde la télévision.
Q: Que fais-tu/faites-vous le week-end?
A: Je sors avec mes amis. Nous allons en ville, au cinéma, etc.
Q: Est-ce qu'on te/vous donne de l'argent de poche? Si oui, que fais-tu/faites-vous avec cet argent?
A: Oui, mes parents me donnent cinq livres sterling par semaine. J'achète des vêtements avec cet argent.
Q: As-tu/avez-vous un boulot le weekend?
A: Oui, je travaille comme caissière dans un supermarché. C'est très intéressant.
Q: Que fais-tu/faites-vous pour aider tes/vos parents?
A: Je range ma chambre et fais la vaisselle.

Useful expressions:
> faire la lessive (to wash clothes)
> préparer un repas (to prepare a meal)
> mettre le couvert (to lay the table)
> épousseter (to dust)
> balayer (to sweep)
> passer l'aspirateur (to vacuum)
> repasser (to iron)
> se brosser les cheveux (to brush one's hair)
> se brosser les dents (to brush one's teeth)
> se coiffer (to do one's hair)

> **Examiner's tip**
> Candidates taking the Higher Tier should give detailed answers to questions and be prepared to talk at greater length about their daily routine and home life and give opinions where possible, e.g. Je fais mes devoirs dans le séjour, mais il y a trop de bruit car mon petit frère veut toujours regarder la télévision et je n'aime pas ça.

6.3 General conversation

se coucher (to go to bed)
se déshabiller (to undress)
s'habiller (to dress)
se laver (to get washed)
se lever (to get up)
se raser (to shave)
prendre un bain (to have a bath)
pendre une douche (to have a shower)

Free time and social activities
You will be asked about your hobbies and leisure activities, and asked to express preferences. You should be able to talk about the leisure facilities in your area and how often you use these facilities.

The exam questions are often centred on such leisure interests as TV, radio, films, concerts, discos, sporting activities, membership of groups and clubs, etc. Here are some typical questions and suggested answers.

Q: Qu'est-ce que tu aimes/vous aimez faire le week-end?
A: Le week-end, j'aime sortir avec mes amis. Le samedi matin, nous allons en ville pour faire du lèche-vitrine et, si j'ai de l'argent, je fais du shopping. Le samedi après-midi, je vais à la piscine, puis samedi soir je vais en disco, avec mes amis.
Le dimanche matin, je fais la grasse matinée. Je me lève vers midi, puis je téléphone à mon copain/ma copine. L'après-midi et le soir, je fais mes devoirs.
Q: Es-tu/êtes-vous sportif/sportive?
A: Oui, j'aime jouer au tennis.
Q: Où? Quand? Avec qui?
A: Je joue au tennis dans le jardin public, près de chez moi, le samedi, avec mes amis.
Q: Tu aimes/vous aimez regarder la télé?
A: Oui. J'aime les feuilletons australiens.
Q: Tu aimes/vous aimez lire?
A: Oui. J'aime les livres d'aventures.
Q: Tu vas/vous allez au cinéma de temps en temps?
A: Oui, chaque semaine. J'adore les films d'horreur.
Q: Tu joues/vous jouez d'un instrument musical?
A: Oui, je joue du violon. Je joue dans un orchestre à mon école. Nous jouons chaque jour pour la réunion matinale et nous répétons nos pièces pendant la pause déjeuner. J'adore jouer dans un groupe.

> **Examiner's tip**
> For questions about TV, films and books, be prepared to give details about what you have seen or read and give opinions.

> **Examiner's tip**
> Be prepared to talk in detail about a special leisure interest, using as much specialised vocabulary as possible. For example, if you take part in water sports, you could use such words as *la planche à voile* (sailboard), *la combinaison isothermique* (wetsuit) etc. You will also need to be able to state when, where and with whom you take part in these activities.

Holidays
You will probably be asked about where and how you usually spend your holidays. You may be asked details about past holidays and what your plans are for future holidays.

Useful expressions:
J'adore les voyages.
Je préfère les vacances de ski.
Je déteste faire du camping.
Mon rêve, c'est de voyager autour du monde.

Here are some typical questions you might be asked and suggested answers.
Q: Aimes-tu/aimez-vous voyager?
A: Oui, j'adore les voyages.
Q: Tu préfères/vous préférez les vacances au bord de la mer, à la campagne ou en ville, et pourquoi?
A: Je préfère les vacances au bord de la mer car j'aime faire de la planche à voile.
Q: Tu aimes/vous aimez faire du camping?
A: Non. Je déteste faire du camping car ce n'est pas confortable.
Q: Es-tu/êtes-vous parti(e) en vacances l'année dernière?
A: Oui, je suis allé(e) en Floride visiter Disney World avec mes parents. Mais j'étais très déçu(e) (disappointed) car il y avait trop de monde et il a fait trop chaud.

Chapter 6 Speaking

Q: Tu partiras/vous partirez en vacances cette année?
A: Oui, après les examens, j'irai en Espagne avec mes copains/copines.
Q: Quel pays étranger voudrais-tu/voudriez-vous visiter et pourquoi?
A: Je voudrais aller en Australie car j'adore les feuilletons australiens.
Q: Tu as/vous avez visité la France? Si oui, où es-tu/êtes-vous allé(e) et quelles sont tes/vos impressions?
A: (Answers will be individual and personal, but try to include some unusual details if possible.)

> **Examiner's tip**
>
> Practise speaking about holidays that you have had. Try to make the events interesting. For example, if you have had a disastrous holiday, fill out the details, e.g. you may have had an accident, e.g. *de ski* and hurt yourself.

Your town and region (Areas of Experience B, C and E)

You should be able to give information about where you live and what facilities there are for local people, as well as for tourists. At the Higher Tier, you should be able to discuss the advantages or disadvantages of your town/village/region and make comparisons with other areas that you know.

Useful phrases:
Il n'y a rien pour les jeunes. (There is nothing for young people)
Je préférerais habiter à … (I would prefer to live in …)
La ville est jumelée avec … (The town is twinned with …)
Il y a beaucoup de visiteurs étrangers en été. (There are a lot of foreign visitors in summer.)

Typical exam questions and suggested answers

Q: Où habites-tu/habitez-vous?
A: J'habite à …
Q: Comment est ton/votre village, ta/votre ville?
A: Il/elle est petit(e). Il y a deux mille habitants. C'est un village/une ville touristique qui attire beaucoup de visiteurs en été. Il y a un château qui date du treizième siècle où l'on présente des spectacles son et lumière.
Q: Tu préfères/vous préférez habiter à la campagne ou en ville?
A: Je préfère habiter à la campagne car j'aime les animaux et la tranquillité. La ville est trop polluée à cause des voitures.
Q: Que peut-on faire dans ta/votre région?
A: Il y a un centre sportif où on peut jouer au squash et au badminton, et il y a aussi une piscine. Il y a un centre équestre où on peut faire de l'équitation, et la forêt pour les randonnées à pied ou en VTT (*Vélo Tout Terrain* – mountain bike)

> **Examiner's tip**
>
> Visit your local tourist office and ask if they have any brochures on your town/region in French. This will be ideal material for you to adapt and learn in preparation, not only for your oral exam but also for the writing exam.

School (Area of Experience A)

Here are some useful phrases, particularly for the Higher Tier.

le manuel – textbook
le taille-crayon – pencil sharpener
la trousse – pencil case
échouer à un examen – to fail an exam
passer un examen – to take an exam
être reçu à un examen – to pass an exam
poser une question – to ask a question
travailler en équipe – to work in a team/group
les langues vivantes – foreign languages
le contrôle – test
une épreuve (écrite) – (written) test
un examen blanc – mock exam
demi-pensionnaire – day pupil who has lunch at school
interne – boarder
facultatif(ve) – optional

> **Examiner's tip**
>
> You will not be able to learn a lot of vocabulary or expressions just before the examination. Plan your revision programme carefully and try to learn at least 10 words a week throughout the year before the exam. In this way, the learning process will be less painful and very productive!

6.3 General conversation

obligatoire – compulsory
le niveau – level
la note – mark
la rentrée scolaire – return to school
la colle – (*slang*) detention
la retenue – detention
la perme – free period
les vacances scolaires – school holidays
le conseiller d'orientation – career's adviser
le documentaliste – librarian
le principal – head of a secondary school
le proviseur – head of a *lycée*

In the speaking exam you should be able to give and ask for information about schools, lessons, activities, facilities and plans for the future.

Typical questions and suggested answers

Q: C'est comment ton/votre collège?
A: C'est un collège d'enseignement secondaire qui se trouve au centre-ville. C'est un collège mixte. Il y a mille élèves et soixante professeurs. Les bâtiments sont vieux, mais nous avons un nouveau complexe sportif qui est super.
Q: Quelles sont les matières que tu étudies/vous étudiez à l'école?
A: J'étudie l'anglais, le français, l'espagnol, les maths, les sciences, la géographie, l'histoire, l'informatique, etc.
Q: Quelle est ta/votre matière préférée et pourquoi?
A: Je préfère les maths car j'adore faire des calculs.
Q: A quelle heure arrives-tu/arrivez-vous à l'école le matin?
A: J'arrive à l'école à neuf heures moins le quart.
Q: Comment vas-tu/allez-vous à l'école?
A: J'y vais à pied.
Q: A quelle heure quittes-tu/quittez-vous l'école?
A; Je quitte l'école à quatre heures.
Q: Quels jours de la semaine vas-tu/allez-vous en classe?
A: J'y vais le lundi, mardi, mercredi, jeudi et le vendredi.
Q: Depuis combien de temps apprends-tu/apprenez-vous le français?
A: Depuis cinq ans.
Q: Tu aimes/vous aimez apprendre le français?
A: Non, c'est trop difficile.
Q: Combien d'élèves y a-t-il dans ta/votre classe de français?
A: Il y en a vingt-cinq.
Q: Combien de cours as-tu/avez-vous le matin? L'après-midi?
A: Le matin il y a quatre cours et trois l'après-midi.
Q: Combien d'heures de devoirs as-tu/avez-vous chaque soir?
A: D'habitude j'ai deux heures de devoirs chaque soir.
Q: Qu'as-tu/avez-vous l'intention de faire quand tu auras/vous aurez quitté l'école?
A: Je voudrais entrer à l'université pour étudier les sciences.
Q: Veux-tu/voulez-vous me décrire une journée typique à l'école?
A: (Answers will vary, but should include such things as subjects, assembly (*la réunion des élèves*), break (*la récréation*), lunch-time (*la pause déjeuner*), clubs or other activities.)
Q: Tu portes/vous portez un uniforme scolaire?
A: Oui, mais je déteste mon uniforme. C'est moche. Je préférerais porter un jean et un tee-shirt. Ils sont plus confortables.

> **Examiner's tip**
>
> At the Higher Tier, the examiner will expect you to give opinions and, these too, can be prepared in advance, e.g. your favourite subject, teacher, what you would like to change at school.

Chapter 6 Speaking

6.4 Presentation

Check your Exam Board syllabus to find out if one of the elements in your oral exam will be a short presentation or prompted talk on a topic of your own choice taken from one of the Areas of Experience. If so, then much of the information, which has been given above in the General Conversation section, may also be useful in the preparation of your presentation.

Check your syllabus also to find out if you have to:
(a) make a tape-recording of your talk (about 3 minutes)
or
(b) speak to your teacher/examiner (for about 2/3 minutes, followed by some further questions on your topic).

When giving a talk or presentation, you may be able to use pre-prepared notes and/or use a visual stimulus, e.g. photo, magazine cutting, etc. Check your Examination Board syllabus to see if this will apply to you. Here are some guidelines for you when preparing your talk.

Area of experience A – Everyday activities

(a) *Homelife* – Prepare a 2/3 minute talk, describing your home/garden/daily routine. The details will vary for each candidate, but information given above in the General Conversation section will he useful to you.
(b) *School* – Prepare a 2/3 minute talk about your school, giving such details as number of pupils/teachers, type of school (e.g. collège d'enseignement secondaire, mixte, etc), number of lessons during the day and at what time, clubs and societies are available, subjects taken and preferences/dislikes, plans for future studies and reasons.
(c) *Food* – Prepare a 2/3 minute talk about food likes/dislikes, meals taken and at what time, meals in school, meals eaten outside of the home (when? where? cost? etc), meals for special occasions, takeaways *(repas à emporter)*, meals eaten abroad and comments on all of these. You might want to give a comparison of the pros and cons between *le fast-food et un repas cordon bleu*? It might also be a good idea to give your favourite recipe and say how to prepare this
(d) *Health and fitness* – Prepare a 2/3 minute talk on your own personal fitness programme, giving details of what activities you take part in (when? where? etc). Try to include as much specific vocabulary as you can on your particular sport/activity. If you have the opportunity to go to France or know someone who is going to France, (perhaps the French Assistant in your school), ask if there are any specialist magazines available for your activity. You will find lots of material in such magazines to help you to prepare your talk.

Try also to include a section on the benefits of sport, e.g. *C'est un passe-temps idéal. Il entraîne le cœur, développe les muscles et augmente la résistance. Il aide aussi au développement intellectuel des enfants. L'activité physique calme les nerfs et aide à rester mince.*

Area of experience B – Personal and social life

(a) *Family* – Prepare a 2/3 minute talk about your family, giving such details as how many people there are in your immediate family, descriptions of them (physical features and personality, likes and dislikes, etc). If they work, give details of their job or details of their studies. Say who you resemble and how. Do you and your family share leisure interests? If so, talk about these interests.
(b) *Friends* – A similar 2/3 minute talk can be prepared about your friends. Details about their physical appearance, personality, leisure interests could be included. You could also say how long you have known these friends, how much time you spend together, how often you telephone each other – this may be one of the areas of dispute with your parents and could be included here or in (a) above.
(c) *A leisure activity or activities* – Prepare a 2/3 minute talk on one or more leisure activities which you enjoy. Say when, where and with whom you take part in these activities. Talk about any special equipment needed, e.g. rackets, shoes, clubs, etc. and the cost of buying such equipment. You could also mention membership fees of clubs *(cotisation/abonnement/frais)* and whether you take part in matches or competitions and how frequently you win! Try to include specialist or unusual vocabulary where possible.

(d) *Holidays* – This topic should give you plenty of scope and material for a 2/3 minute talk. Try to include past holidays, mentioning disasters as well as holidays enjoyed (when, where and with whom). Also talk about future plans and any ideal holiday you would like to have. Talk about modes of transport and preferences. If you have crossed the Channel, describe the journey and route taken.

Talk about food and meals eaten, your preferences and/or dislikes. If you were ill on holiday or had an accident (e.g. whilst skiing), these would add extra detail to your talk and give you the opportunity to use the past tenses.

Area of experience C – The world around us

(a) *Your home town and/or local area* – Another ideal topic for a 2/3 minute talk. Information used here might also be useful in the Writing section of the exam. If you have a local tourist office there might be material already prepared in French for French tourists. You could adapt this material to suit what you want to say.

Typical information which you might want to include in your talk could be: number of inhabitants; type of town/village (*industriel(le)/touristique/historique*); job occupations; industries; number of schools and type; transport available; leisure activities possible; places of interest to visit/cost of entry etc; shops; climate; any outstanding features, e.g. countryside, beaches, modern shopping complexes.

(b) *The environment* – This might be a good topic for a 2/3 minute talk, especially if you have studied the environment in geography or science lessons. You will need to include specific vocabulary as well as describing problems locally, nationally and internationally. The vocabulary which you learn and use for this topic will also be useful for you in Listening, Reading and Writing tests.

Here are some of the things which you might refer to: *les centrales nucléaires* (nuclear power stations); *les CFC* (CFCs); *la couche d'ozone* (ozone layer); *les déchets industriels* (industrial waste); *la déforestation* (deforestation); *l'effet de serre* (greenhouse effect); *l'essence sans plomb* (unleaded petrol); *le gaz d'échappement* (exhaust fumes); *la pluie acide* (acid rain); *la pollution de l'air/de la terre/des eaux* (air/soil/water pollution); *recycler* (to recycle); *utiliser les nouvelles sources d'énergie* (use new sources of energy).

If you have or are taking part in an environmental project, you may want to use this as a basis for your talk.

(c) *Travel/transport* – This topic could be linked to the topic holidays (see above). You may wish to prepare something specific on a journey/journeys that you have made, talking about different ways of travelling, time taken, facilities available. You may also wish to make comparisons between the different ways of travelling and say what you like or dislike about them.

(d) *An exchange visit that you have made* – If you have been on an exchange visit to France, this would make an excellent topic for a 2/3 minute talk. You could include such thing as when, where, with whom you made the exchange, your impressions of the area, food, activities available. You might also want to talk about the benefits of exchanges and compare/contrast your visit with the one your exchange partner made. You could also refer to any future plans you have for a further exchange

Area of experience D – The world of work

(a) *Any work experience that you have done, especially if this was in France* – This is a very good topic for a 2/3 minute talk. You will probably have been on work experience during your time at school or you might even have a part-time/Saturday/holiday job. This will give you lots to say in a prepared talk.

You should include such details as when, where and with whom you work or have worked, your likes and dislikes about what you had to do. Try to include the benefits of the job (apart from the money earned!), e.g. teaching you how to get on with (*s'entendre avec*) people, how to work as part of a team (*travailler en équipe*). You may also wish to include some details of what kind of work you hope to do in the future, either full-time of part-time.

Area of experience E – The international world

(a) *A tourist area that you have visited* – This could be linked to the section on holidays. If you are going to France, go into the local tourist office and pick up some brochures on the local area. This will be an excellent source of information for you when preparing a 2/3 minute talk.

Try to give some geographical and historical information about the area as well as activities available, amenities and your likes and dislikes. You may wish to end your talk with reference to an area or areas that you would like to visit and why.

(b) *Any world event or issue in which you are particularly interested* – This gives you plenty of scope and will depend on what is relevant at the time of your exam. There are some issues which are always relevant, e.g. hunger, poverty, war, earthquakes, floods, etc. It may be that, at the time of your exam, the Olympic Games will be scheduled or it may be an election year. It would be a good idea to talk to your teacher if you wish to give a 2/3 minute talk on a topic from this section. You would need to consider carefully the content *and* how difficult the language element might be.

Assessment criteria for the conversation and prepared talk

Marks will be awarded positively (i.e. you will get marks for what is right rather than have marks taken away for any mistakes you make). You will be given marks for *communication* and *quality of language*.

The highest marks for communication will be given for the amount of detail you include, the expression of opinions, descriptions, the giving of reasons and using a wide variety of language. You should also try to refer to past and future events as well as speaking about the present.

The highest marks for quality of language will be given for accuracy, complex structures (i.e. not just using simple sentences all the time, but using such things as *parce que*, *quand*, *si* clauses, etc), a range of tenses, authentic language, good pronunciation and intonation (look at these sections earlier in the book).

Example of a prepared talk/presentation

Warning: This is for guidance only, to show you how to plan and then prepare your talk. *Do not* try to learn this for your exam – you must present your own work in the examination.

The following prepared talk covers both Area of Experience B (Personal and social life) and Area of Experience D (The world of work).

Title of talk: *J'ai travaillé pendant les grandes vacances!*
Points to include:
    Quand/où/avec qui/pourquoi/pour combien de temps?
    Quelle sorte de travail? Travailler sur un chantier. Un travail bénévole.
    Rénovations/amélioration de l'environnement/bricolage/fouilles archéologiques/aménager un local.
    Avantages/inconvénients.
    Qu'est-ce que j'ai appris?

D'habitude, je passe les grandes vacances avec mes parents au bord de la mer. Nous avons une caravane et nous aimons bien être en plein air. Mais l'année dernière j'ai décidé de travailler pendant les grandes vacances. En août, j'ai participé à mon premier chantier de jeunes.

Je m'intéresse beaucoup à notre environnement et le week-end je fais partie d'un groupe de jeunes bénévoles qui travaillent pour protéger l'environnement local. L'année dernière, un de mes copains était parti à l'étranger pour faire ce genre de travail, mais parce que j'avais quinze ans je ne pouvais pas travailler à l'étranger.

Je me passionne pour l'histoire et j'ai eu envie de participer à des fouilles archéologiques*. Mais où trouver des sites? Lorsque les sites sont très éloignés, les frais de transport sont très élevés. J'en ai parlé avec le directeur de notre groupe local, et il m'a proposé d'aller rénover les remparts du château fort dans la ville de Mont-Dore, qui se trouve à vingt kilomètres de chez nous. Mes grands-parents habitent à Mont-Dore donc j'ai logé chez eux. Mes parents étaient contents de me laisser chez mes grands-parents car je suis trop jeune pour rester seul à la maison.

Pendant trois semaines, j'ai travaillé avec dix autres jeunes qui sont venus de toute la France. Nous nous sommes bien amusés et nous avons bien travaillé. Le travail était fatigant mais j'étais content de faire quelque chose pour améliorer notre environnement et le tourisme de la région. Nous avons commencé notre travail vers huit heures et demie du matin et fini vers six heures du soir. L'ambiance était très sympa. Nous étions assez libres.

Pour travailler en groupe, il ne faut pas être égoïste. Tout le monde doit travailler ensemble. C'était une expérience unique et inoubliable. Je crois que ce que j'ai appris au chantier sera très utile à l'avenir.

*Although this is a difficult phrase to pronounce, it is worth having such a 'star' phrase to use to impress the examiner with your pronunciation!

This kind of prepared talk can be illustrated with photographs or leaflets. This would be a good starting point for a follow-on conversation with the examiner. If you use some illustrative material for your talk, don't forget to think about possible questions the examiner might ask, e.g. who is in the photograph, where was it taken, what were the people doing, what time of day was it, was it typical of the group's activities, etc. Higher Tier candidates should always try to use a variety of tenses, especially when making reference to present, past and future events.

> **E**xaminer's tip
>
> Anticipating an examiner's questions is a good way to revise your work before an exam.

6.5 Introduction to role-plays

What will I have to do in a role-play test?

In this type of test, you will be presented with a situation which you would be likely to meet in France. The examiner/teacher will play the role of, for example, a stallholder in a market, a petrol-pump attendant, a hotel receptionist, etc. You will be given a set of instructions in French and pictures or drawings, outlining the tasks which have to be accomplished, e.g. booking accommodation, shopping, buying tickets, making arrangements, etc.

The test will be in the form of a conversation with the examiner/teacher. You will be given about 10 minutes before the examination to prepare what you want to say. You will probably be allowed the use of a bilingual dictionary during this time. Check your syllabus – most Examination Boards state that 'Candidates will have access to a bilingual dictionary during the preparation period prior to the test'. This will help you not to be anxious if there is a word you do not know. You will then be able to concentrate on what you want to say to complete the role-play task.

At the Higher Tier part of the role-play will be spontaneous (i.e. you will not know in advance what you may be required to say for one or two answers – it will depend on what response the examiner/teacher has given at that point). In the section below, you will find examples of this type of Higher Tier role-play.

Here are some of the most frequently used general expressions in Role-Play tests.

Pour aller à… ?	How do I get to… ?
Y a-t-il… ? *or* Il y a… ?	Is (are) there… ?
J'ai besoin de…	I need
Il me faut… ? *or* Je dois… ?	I must
Puis-je… ? *or* Je peux… ?	Can I… ?
Pouvez-vous/peux-tu… ?	Can you… ?
Pouvez-vous/peux tu me dire… ?	Can you tell me… ?
Pouvez-vous/peux-tu me dire où se trouve… ?	Can you tell me where… is?
Je voudrais…	I would like…
D'accord!	All right! Agreed
Avec plaisir	With pleasure
De rien	Don't mention it
Excusez-moi	Excuse me
Super!	Great!
Formidable!	Great!
Impeccable!	Perfect!

Most Examination Boards will set two role-play tasks. The role-play test at the Foundation Tier will rely heavily on the use of pictures to give you your instructions. At the Higher Tier, pictures may or may not be used to guide you. There will be instructions in French for you to follow. Check the specimen papers of your Examination Board to see if pictures will be included at the Higher Tier.

Here are some of the topics which will be used in the Role-Play tests:
- asking for/giving directions
- booking accommodation
- dealing with problems (doctor, dentist, lost property, accidents, thefts, etc.)
- café/restaurant
- travel arrangements

- shopping and services
- socialising
- telephoning
- tourist office
- applying for a job

Assessment criteria for the role-plays

You will be given marks for *communication* and *quality of language*.
   To obtain the highest marks for *communication*, you will need to:
(a) Convey all of the information required.
(b) Expand your replies using your own initiative when necessary.
   Some examples of usual prompts for this are such examiner's questions as:

   Pourquoi?
   Tu peux/vous pouvez m'expliquer un peu plus?
   Comment ça se fait?
   Qu'en penses-tu/pensez-vous?
   Quelles sont tes/vos impressions de… ?
   Tu peux/vous pouvez me raconter… ?

   You may even want to ask the examiner for his/her opinions, so you too may want to use the above questions.
(c) Be able to deal with unpredictable events. The advice given above also applies here.
(d) Speak without undue hesitation.
   To obtain the highest marks for *quality of language* you will need to:
(a) Speak accurately.
(b) Use a range of tenses (i.e. be able to refer to present, past and future events).
(c) Use good pronunciation and intonation.
   Role-play tests are normally marked on a 2-1-0 scale.
   2 = All elements of the task have been accomplished, using accurate and appropriate language.
   1 = Task is partially accomplished with some errors and/or misunderstanding.
   0 = No relevant communication takes place.

6.6 Foundation Tier practice role-plays

Instructions are given with each question, and what the examiner/teacher might say in reply is recorded on the CD that accompanies this book, along with suggested student's answers. The examiner's role and suggested answers are also written out at the end of this section (see 6.7). Listen to the examiner's questions on the CD and then try to answer before listening to the suggested answer.

Role-play 1 Booking accommodation

You have arrived at a hotel in France and wish to book rooms for yourself and your family. The examiner/teacher will play the part of the hotel receptionist and will speak first.

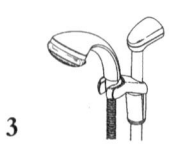

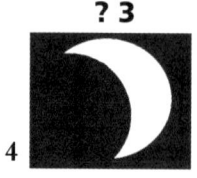

Role-play 2 Café/restaurant

You are in a café in France. The examiner/teacher will play the part of the waiter/waitress and will speak first.

6.6 Foundation Tier practice role-plays

Role-play 3 Shopping

You are shopping in a grocer's in France. Your examiner/teacher will play the part of the shopkeeper and will begin the conversation.

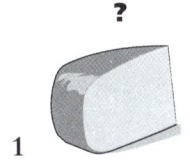

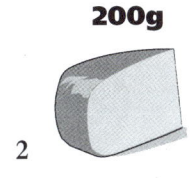

1 ?   2 200g   3   4   5 ?

Role-play 4 Travel arrangements

You are at the railway station in Calais and want to catch a train to Paris. The examiner/teacher will play the part of the booking-office clerk and will begin the conversation.

1 Paris   2 2ème Paris   3   4   5

Role-play 5 Tourist office

You are on holiday in France and visit the Tourist Office in Avignon for information about the town. The examiner/teacher will play the part of the receptionist and will speak first.

1 Hôtel Métropolitan / Hôtel Beau Rivage / Hôtel Bon Repos / Hôtel La Grange   2 L'hôtel Baudoin km ?   3 ?   4 ?   5 ?

Role-play 6 Applying for a job

You are having an interview for a job as a waiter/waitress in France. The examiner/teacher will play the part of the café owner and will speak first. This is the information which you will need to give during the interview:
1 Nom? Adresse?
2 Age?
3 Numéro de téléphone?
4 Matières étudiées?
5 Expérience professionnelle?

Role-play 7 Dealing with problems

You have lost your passport whilst on holiday in France. You go to report the loss at the local police station. The examiner/teacher will play the part of the police officer and will speak first.

1   2 Nom et Adresse?   3   4   5 Hôtel de Bretagne

Role-play 8 Socialising

A French visitor, who does not speak English, is staying with you and asks about your daily routine. The examiner/teacher will play the part of the French visitor and will speak first.

1   2   3   4   5

119

Chapter 6 Speaking

Role-play 9 Asking for and giving directions

You are on holiday in France and need directions to the Tourist Office. You stop a passer-by to ask for directions. The examiner/teacher will play the part of the passer-by. *You* will speak first.

1    2  Km?   3  Arrêt   4    5

6.7 Examiner's role and suggested answers

Role-play 1 Booking accommodation

Ex: Vous êtes arrivé(e) à un hôtel en France. Vous voulez des chambres pour votre famille. Je joue le rôle du/de la réceptionniste. Je parlerai le premier/la première.
   Bonjour monsieur/madame/mademoiselle, je peux vous aider?
1 Cand: Avez-vous deux chambres, s'il vous plaît?
   Ex: Pour combien de personnes?
2 Cand: Deux adultes et un enfant.
   Ex: C'est possible. Vous voulez des chambres avec salle de bains?
3 Cand: Non, avec douche.
   Ex: C'est pour combien de nuits?
4 Cand: Pour trois nuits.
   Ex: Très bien. Voici les clés.
5 Cand: Ça fait combien?
   Ex: Ça fait deux cents francs par chambre.

Role-play 2 Café/restaurant

Ex: Vous êtes dans un café en France. Je joue le rôle du serveur/de la serveuse. Je parlerai le premier/la première.
   Bonjour monsieur/madame/mademoiselle.
1 Cand: Bonjour monsieur/madame, une table pour deux personnes, s'il vous plaît.
   Ex: Voilà monsieur/madame, la table au coin.
2 Cand: Le menu, s'il vous plaît.
   Ex: Voici le menu. Qu'est-ce que vous voulez boire?
3 Cand: Deux cafés, s'il vous plaît.
   Ex: Et à manger?
4 Cand: Deux sandwichs au jambon, s'il vous plaît.
   Ex: Voilà, monsieur/madame/mademoiselle.
5 Cand: Ça fait combien?
   Ex: Cinquante francs, monsieur/mademoiselle/madame.

Role-play 3 Shopping

Ex: Vous êtes dans une épicerie en France. Je joue le rôle de l'épicier/l'épicière. Je parlerai le premier/la première.
   Bonjour monsieur/madame/mademoiselle, vous désirez?
1 Cand: Vous avez du fromage?
   Ex: Oui, vous en voulez combien?
2 Cand: J'en voudrais deux cents grammes.
   Ex: Voilà. Et avec ça?
3 Cand: Je voudrais deux paquets de chips.
   Ex: Et avec ça?
4 Cand: Je voudrais deux bouteilles de Coca.
   Ex: Voilà, monsieur/madame/mademoiselle. C'est tout?

120

6.6 Foundation Tier practice role-plays

5   Cand: Oui. Ça fait combien?
    Ex: Ça fait soixante francs, s'il vous plaît.

Role-play 4 Travel arrangements

Ex: Vous êtes à la gare maritime de Calais. Je suis l'employé(e) au guichet de la gare. Je parlerai le premier/la première.
    Bonjour monsieur/madame/mademoiselle.
1   Cand: Un aller et retour pour Paris, s'il vous plaît.
    Ex: En quelle classe?
2   Cand: Deuxième classe.
    Ex: Fumeur?
3   Cand: Non-fumeur, s'il vous plaît.
    Ex: Voici votre billet, monsieur/madame/mademoiselle.
4   Cand: Merci. Est-ce qu'il y a un buffet à bord du train?
    Ex: Oui monsieur/madame/mademoiselle, il y a un buffet.
5   Cand: Merci. C'est combien?
    Ex: (The examiner/teacher's response will depend on current prices).

Role-play 5 Tourist office

Ex: Vous êtes en vacances en France. Vous allez à l'office du tourisme à Avignon pour des renseignements sur la ville. Je joue le rôle du/de la réceptionniste. Je parlerai le premier/la première.
    Bonjour monsieur/madame/mademoiselle. Je peux vous aider?
1   Cand: Bonjour monsieur/madame. Avez-vous une liste des hôtels, s'il vous plaît?
    Ex: Oui, la voici.
2   Cand: L'hôtel Baudoin, c'est à quelle distance?
    Ex: L'hôtel Baudoin est à un kilomètre d'ici.
3   Cand: Il y a un bus?
    Ex: Oui monsieur/madame/mademoiselle. L'arrêt est juste en face.
4   Cand: Et est-ce qu'il y a une piscine ici?
    Ex: Oui, au centre-ville.
5   Cand: On peut y aller à pied?
    Ex. Oui, la piscine est à deux cents mètres.

Role-play 6 Applying for a job

Ex: Vous voulez travailler comme serveur/serveuse dans un café en France. Vous vous présentez à une entrevue avec le/la propriétaire du café. Je joue le rôle du/de la propriétaire. Je parlerai le premier/la première.
    Bonjour monsieur/madame/mademoiselle. Comment vous appelez-vous? Et quelle est votre adresse?
1   Cand: Bonjour monsieur/madame. Je m'appelle... Mon adresse est...
    Ex: Quel âge avez-vous?
2   Cand: J'ai (e.g.) seize ans.
    Ex: Quel est votre numéro de téléphone?
3   Cand: (e.g.) Soixante-huit cinquante-neuf vingt-cinq.
    Ex: Quelles matières avez-vous étudiées à l'école?
4   Cand: (e.g.) L'anglais, le français, les maths, les sciences et l'histoire-géo.
    Ex: Avez-vous déjà travaillé comme serveur/serveuse?
5   Cand: (e.g.) Oui, j'ai déjà travaillé comme serveur/serveuse dans un café en Grande-Bretagne pendant six semaines.

Role-play 7 Dealing with problems

Ex: Vous êtes en vacances en France. Vous avez perdu votre passeport et vous allez au poste de police pour signaler la perte. Je joue le rôle de l'agent de police. Je parlerai le premier/la première.
    Bonjour monsieur/madame/mademoiselle. Je peux vous aider?
1   Cand: Bonjour monsieur/madame. J'ai perdu mon passeport.
    Ex: Quel est votre nom et votre adresse?
2   Cand: Je m'appelle... et mon adresse est...
    Ex: Où avez-vous perdu votre passeport?

121

3   Cand: Dans le jardin public.
    Ex: Et à quelle heure?
4   Cand: A onze heures.
    Ex: Où logez-vous?
5   Cand: A l'Hôtel de Bretagne.

Role-play 8   Socialising

Ex: Un(e) ami(e) français(e), qui ne parle pas anglais, est en vacances chez vous. Il/elle parle de vos activités quotidiennes. Je joue le rôle de l'ami(e) et je parlerai le premier/la première.
    A quelle heure tu te lèves le matin?
1   Cand: A sept heures et demie.
    Ex: Qu'est-ce que tu prends pour le petit déjeuner?
2   Cand: Des toasts et du café.
    Ex: Tu aimes porter ton uniforme scolaire?
3   Cand: Non, je déteste mon uniforme.
    Ex: Que fais-tu le soir?
4   Cand: Je regarde la télé.
    Ex: A quelle heure tu te couches?
5   Cand: A onze heures.

Role-play 9   Asking for and giving directions

Ex: Vous êtes en vacances en France. Vous voulez aller à l'office du tourisme. Vous demandez votre chemin à un(e) passant(e).
    Je joue le rôle du/de la passant(e). Vous parlez le premier/la première.
1   Cand: Excusez-moi, monsieur/madame. Pour aller à l'office du tourisme, s'il vous plaît?
    Ex: L'office du tourisme se trouve au centre-ville.
2   Cand: C'est à combien de kilomètres?
    Ex: A un kilomètre. Vous pouvez prendre l'autobus.
3   Cand: Où est l'arrêt d'autobus, s'il vous plaît?
    Ex: Juste en face.
4   Cand: A quelle heure part l'autobus?
    Ex: A midi.
5   Cand: C'est combien, un billet d'autobus?
    Ex: Trois francs cinquante. Au revoir.

6.8 Higher Tier practice role-plays

There is an overlap in Foundation and Higher Tier questions, so do the Foundation Tier tests first. Instructions are given with each question, and what the examiner/teacher might say in reply is recorded on the CD that accompanies this book, along with suggested student's answers (these are written out in 6.9). Listen to the examiner's questions on the CD and then try to answer before listening to the suggested answer.

Role-play 10 Booking accommodation

You are at a camp-site in France where you have made a reservation. The examiner/teacher will play the part of the camp warden and will speak first.
1   Saluez le gardien/la gardienne et donnez les détails de votre réservation (nom, combien de personnes, tente ou caravane).
2   Répondez à la question du gardien/de la gardienne.
3   Demandez des informations sur les installations sanitaires (où? heures d'ouverture? paiement?).
4   Demandez des informations sur les activités possibles. Donnez deux exemples.
5   Dites que vous devez partir avant la fin de vos vacances et donnez une raison.

Role-play 11 Café/restaurant

You are at a restaurant in France. The examiner/teacher will play the role of the waiter/waitress and will speak first.

6.7 Higher Tier practice role-plays

1 Saluez le serveur/la serveuse et dites où vous voulez vous asseoir.

2 Choisissez votre menu.

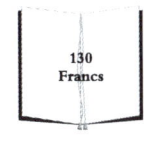

3 Choisissez une entrée et le plat principal.
   (C'est à vous d'inventer les détails)
4 Choisissez quelque chose à boire et un dessert.
   (C'est à vous d'inventer les détails)
5 Il y a un problème avec l'addition. Quel est ce problème?
   (C'est à vous d'inventer les détails)

Role-play 12   Shopping

You are in Paris, at the Galeries Lafayette. You want to buy a pair of jeans and a T-shirt. The examiner/teacher will play the part of the shop assistant and will speak first.
1 Saluez l'employé(e) et dites ce que vous voulez acheter (premier article).
2 Répondez à la question de l'employé(e).
3 Demandez de l'essayer et donnez votre opinion.
4 Demandez le deuxième article et donnez-en deux détails.
5 Dites si vous allez acheter les deux articles et demandez-en le prix.

Role-play 13   Travel arrangements/telephone

You are in France with your family and your car has broken down on the A6 near Auxerre. You are telephoning a garage. The examiner/teacher will play the part of the garage employee and will speak first.
1 Donnez votre nom et dites pourquoi vous téléphonez.
2 Répondez à la question de l'employé(e).
3 Donnez une description de la voiture (couleur, marque).
4 Dites quel est le problème exact.
5 Demandez l'avis de l'employé(e) et la possibilité de réparations.

Role-play 14   Tourist office/work

You are working in your local tourist office when a French visitor comes in for information about your town and area. The examiner/teacher will play the part of the French tourist. *You* will speak first. These are the tasks which you must carry out:
1 Saluez le/la touriste et aidez-le/la.
2 Recommandez un hôtel.
3 Parlez de ce qu'il y a à faire dans la ville.
4 Parlez de ce qu'il y a à voir dans la région.
5 Répondez à la question du/de la touriste.

Role-play 15   Applying for a job

You have applied to work in a *colonie de vacances* in France. You are now being interviewed for the job of *moniteur/monitrice*. The examiner/teacher will play the part of the employer. These are the tasks you will need to complete:
1 Répondez à la question de l'employeur.
2 Parlez de vos études.
3 Parlez de vos expériences de ce genre de travail.
4 Donnez les raisons pour lesquelles vous voulez travailler en France.
5 Posez des questions à l'employeur sur le travail proposé.

Role-play 16   Dealing with problems

You go to a doctor's in France with your father who is unwell. The examiner/teacher will play the part of the doctor and will speak first.

Chapter 6 Speaking

Votre père

1 Saluez le médecin. 2   3 Répondez à la question du médecin 4
5 Vous voulez savoir si la famille pourra faire le voyage de retour dans trois jours. Donnez les détails du voyage.

Role-play 17 Socialising

You are on an exchange visit at a French school and are talking to your penfriend about your own school. The examiner/teacher will play the part of your penfriend. YOU speak first.
1 Donnez vos impressions de l'école française.
2 Répondez à la question de votre correspondant(e).
3 Demandez à votre correspondant(e) ses préférences de matières et donnez vos préférences.
4 Parlez au sujet des clubs et des activités à votre école.
5 Parlez de vos projets d'avenir.

Role-play 18   Asking for and giving directions

You are stopped by a French tourist in your local town/village and asked for certain directions. The examiner/teacher will play the part of the tourist and will speak first.
1 Répondez affirmativement à la question du/de la touriste.
2 Donnez la distance 1,5 km
3 Donnez les possibilités de transport

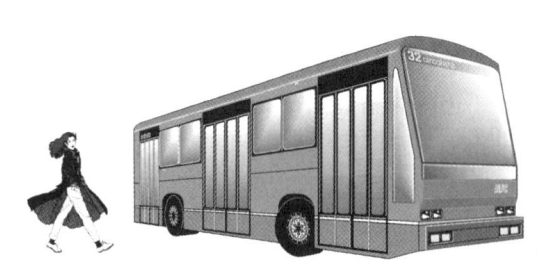

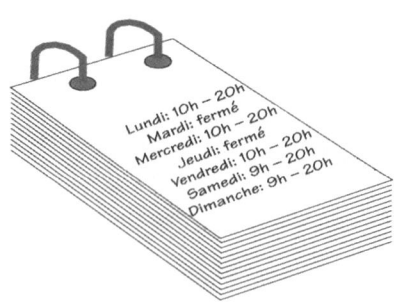

Lundi: 10h – 20h
Mardi: fermé
Mercredi: 10h – 20h
Jeudi: fermé
Vendredi: 10h – 20h
Samedi: 9h – 20h
Dimanche: 9h – 20h

4 Donnez les heures d'ouverture

5 Terminez la conversation avec des souhaits de bonnes vacances dans votre région et suggérez un bon endroit à visiter.

6.9 Examiner's role and suggested answers

Role-play 10 Booking accommodation

Ex: Vous arrivez à un camping en France où vous avez déjà fait une réservation. Je joue le rôle du gardien/de la gardienne. Je parlerai le premier/la première.
Bonjour messieurs dames. Je peux vous aider?
1 Cand: Bonjour monsieur/madame, j'ai réservé un emplacement pour une caravane au nom de (give your family name). Il y a cinq personnes dans notre groupe.
Ex: (Examiner repeats your surname). Comment ça s'écrit?
2 Cand: (Spell your surname)
Ex: D'accord. L'emplacement numéro soixante-huit.
3 Cand: Où se trouve le bloc sanitaire, s'il vous plaît? Quelles sont les heures d'ouverture et est-ce qu'il faut payer l'eau chaude?
Ex: Les blocs sanitaires sont ouverts vingt-quatre heures sur vingt-quatre. L'eau chaude est gratuite.
4 Cand: Est-ce qu'il y a une piscine et une salle de jeux au camping?
Ex: Oui, là-bas, près des arbres.
5 Cand: Nous devons partir samedi, avant la fin des vacances car (e.g.) ma tante a un rendez-vous lundi à l'hôpital en Grande-Bretagne.

Role-play 11 Café/restaurant

Ex: Vous êtes dans un restaurant en France. Je joue le rôle du serveur/de la serveuse. Je parlerai le premier/la première.
Bonjour monsieur/madame/mademoiselle.
1 Cand: Bonjour monsieur/madame. Je voudrais m'asseoir à la terrasse, s'il vous plaît.
Ex: Bien monsieur/madame. Vous voulez quel menu?
2 Cand: Le menu à soixante-dix francs (cent trente francs/deux cents quarante francs), s'il vous plaît.
Ex: Vous avez choisi?
3 Cand: Comme entrée, je prends (e.g. les moules marinières/les crudités/le pâté maison) puis pour le plat principal, je voudrais (e.g. un steak frites/poulet rôti/truite aux amandes).
Ex: Et comme boisson et dessert?
4 Cand: Je voudrais (e.g. un Coca/quart d'eau minérale/demi-pichet de vin rouge) et comme dessert (e.g. la tarte au citron/pêche Melba/glace).
Ex: Voici l'addition monsieur/madame/mademoiselle.
5 Cand: e.g. Pardon, monsieur/madame, je crois qu'il y a une erreur. Je n'ai pas pris de café mais c'est marqué ici.
Ex: Oh pardon, monsieur/madame/mademoiselle. Vous avez raison.

Role-play 12 Shopping

Ex: Vous êtes/tu es à Paris aux Galeries Lafayette pour acheter des vêtements. Je joue le rôle du vendeur/de la vendeuse. Je parlerai le premier/la première.
Bonjour monsieur/madame/mademoiselle. Je peux vous aider?
1 Cand: Bonjour monsieur/madame, je voudrais acheter un jean.
Ex: Très bien. De quelle taille?
2 Cand. Je fais (give your appropriate size using the metric system).
Ex: Voilà un jean de votre taille.
3 Cand. Je peux l'essayer? ... Il me va bien/il est trop grand /il est trop petit.
Ex: D'accord. Vous voulez autre chose?
4 Cand. Je voudrais un T-shirt aussi, en noir, de taille (give your appropriate size using the metric system).
Ex: Voici un T-shirt de votre taille en noir.
5 Cand: Merci. Je prendrai le jean et le T-shirt/seulement le jean/le T-shirt. Ça fait combien?

Role-play 13 Travel arrangements/telephone

Ex: Vous êtes en France avec votre famille. Votre voiture est en panne sur l'autoroute A6 près d'Auxerre. Vous téléphonez à un garage. Je joue le rôle de l'employé(e). Je parlerai le premier/la première.
Allô, oui. Ici le garage Meunier.
1 Cand: Bonjour monsieur/madame. Je m'appelle (give your name) et nous sommes en panne sur l'autoroute A6 près d'Auxerre.
Ex: Vous êtes français?
2 Cand: Non, (e.g.) britannique.
Ex: Vous avez quelle marque de voiture?
3 Cand: Une Ford rouge.
Ex: Quel est le problème exactement?
4 Cand: (e.g.) C'est un pneu crevé.
Ex: (e.g.) Vous avez un pneu de rechange?
5 Cand: (e.g.) Non, je regrette. Le pneu de rechange est crevé aussi. Qu'est-ce que vous me conseillez? Vous pouvez venir nous aider?
Ex: D'accord. J'arriverai dans un quart d'heure.

Role-play 14 Tourist office/work

Ex: Vous faites un stage à l'office du tourisme de votre ville. Je joue le rôle d'un(e) touriste français(e). C'est vous qui parlez le premier/la première.
1 Cand: Bonjour monsieur/madame. Je peux vous aider?
Ex: Bonjour monsieur/madame/mademoiselle, pouvez-vous recommander un bon hôtel?
2 Cand: Oui monsieur/madame. Il y a (e.g.) le Navirotel et l'Ermitage au centre-ville.
Ex: Merci. Et qu'est-ce qu'il y a à faire dans la région?
3 Cand: (e.g.) Il y un complexe sportif et une piscine en ville. On peut faire aussi des randonnées dans les environs.

Ex: Et qu'est-ce qu'il y a à voir?
4 Cand: (e.g.) Il y a un château, un musée folklorique et, naturellement, les magasins.
   Ex: Merci. Vous êtes étudiant(e) ou vous travaillez ici tous les jours?
5 Cand: Je suis étudiant(e). Je fais un stage ici.

Role-play 15 Applying for a job

Ex: Vous voulez travailler dans une colonie de vacances en France. Vous vous présentez à une entrevue. Je joue le rôle de l'employeur. Je parlerai le premier/la première.
Bonjour monsieur/madame/mademoiselle. Voulez-vous me donner votre nom et votre adresse?
1 Cand: Je m'appelle… et mon adresse est… .
   Ex: Quelles langues parlez-vous?
2 Cand: Je parle (e.g.) anglais, français et italien.
   Ex: Avez-vous déjà travaillé dans une colonie de vacances?
3 Cand: Non, mais (e.g.) je fais du baby-sitting tous les week-ends, et je surveille un groupe de jeannettes (Brownies) tous les vendredis soirs.
   Ex: Pourquoi voulez-vous travailler en France?
4 Cand: (e.g.) Je voudrais me perfectionner en français et connaître mieux le pays.
   Ex: Avez-vous des questions à me poser?
5 Cand: (e.g.) Quelles sont les heures de travail et les possibilités de logement?
   Ex: Vous travaillerez huit heures par jour et vous aurez une chambre dans la résidence.

Role-play 16 Dealing with problems

Ex: Vous allez voir un médecin en France parce que votre père est malade. Je joue le rôle du médecin. Je parlerai le premier/la première.
Bonjour monsieur/madame/mademoiselle. Qu'est-ce qui ne va pas?
1 Cand: Bonjour monsieur/madame. Mon père a mal à la tête.
   Ex: Est-ce qu'il a d'autres symptômes?
2 Cand: Oui, il a de la fièvre.
   Ex: Est-ce qu'il a pris des bains de soleil?
3 Cand: (e.g.) Oui, hier toute la journée.
   Ex: Alors, voilà la raison.
4 Cand: Est-ce qu'il doit rester au lit?
   Ex: Non, ce n'est pas nécessaire, mais il doit garder la chambre pour un ou deux jours.
5 Cand: Nous devons rentrer chez nous dans trois jours car (e.g.) nous avons des billets de ferry.
   Ex: Je crois que vous pourrez rentrer dans trois jours quand votre père ira mieux.

Role-play 17 Socialising

Ex: Vous participez à un échange scolaire en France. Vous parlez de votre école avec votre correspondant(e). Je joue le rôle de votre correspondant(e). C'est vous qui parlez le premier/la première.
1 Cand: (e.g.) J'aime bien ton école. C'est super!
   Ex: En Grande-Bretagne, il faut porter un uniforme scolaire, n'est-ce pas? Tu aimes ça?
2 Cand: Oui, j'aime bien mon uniforme. C'est très pratique.
   Ex: Moi, je préfère porter un blue-jean.
3 Cand: Quelles matières préfères-tu? Moi, j'aime bien les langues.
   Ex: Je préfère les sciences, mais j'aime aussi les langues. Avez-vous des clubs à ton école?
4 Cand: (e.g.) Oui nous avons beaucoup de clubs et d'activités. Par exemple je joue dans l'orchestre et je pratique le badminton après les classes.
   Ex: Qu'est-ce que tu espères faire plus tard dans la vie?
5 Cand: J'espère devenir (e.g.) professeur/pilote/employé(e) de banque, etc.

Role-play 18 Asking for and giving directions

Ex: Un(e) touriste français(e) vous demande son chemin dans votre ville/village. Je joue le rôle du/de la touriste français(e). Je parlerai le premier/la première.
Excusez-moi monsieur/madame/mademoiselle, parlez-vous français?
1 Cand: Oui, je parle un peu français.
   Ex: Où se trouve l'office du tourisme, s'il vous plaît?
2 Cand: Il est à un kilomètre et demi.
   Ex: Comment peut-on y aller?
3 On peut y aller à pied ou en autobus.
   Ex: Quelles sont les heures d'ouverture, s'il vous plaît?

4   Cand: Il est ouvert le lundi, mercredi et vendredi entre dix heures et vingt heures. Le samedi et dimanche entre neuf heures et vingt heures.
    Ex: Merci beaucoup monsieur/madame/mademoiselle.
5   Cand: De rien monsieur/madame. Bonnes vacances. N'oubliez pas de visiter (e.g.) notre château. Il est très intéressant.

6.10 Narrative account

At the Higher Tier, you may be asked to narrate an account of an experience or event in the past, using pictures as a visual stimulus. Check your Examination Board syllabus to find out if you will have to give a Narrative Account in the oral exam. The examiner/teacher will ask you questions from time to time during this test. Here are some examples.

Narrative account 1

You have just spent a holiday at a camp-site in France. On the ferry on your way home, you tell a French friend about your holiday.

1 Au camping

Où?
Avec qui?
Combien de temps?

2 Aménagements

Description des installations.
Impressions générales?

3 Distractions

Activités possibles?
Heures d'ouverture?
D'autres activités? (Inventez les détails).

4 Restaurant/café

Où manger?
Choix possible?
Impressions générales?

5 Distractions locales

Que faire?
Que voir?
Impressions générales?

Suggested account

Ma famille et moi avons fait du camping pendant deux semaines au camping municipal de Tours. Notre tente était près du bloc sanitaire et nous avons pu prendre des douches à n'importe quelle heure de la journée. Il y avait toujours de l'eau chaude. C'était très bien.

Il y avait une piscine chauffée au camping qui était ouverte de huit heures du matin jusqu'à dix heures du soir. Nous avons passé beaucoup de temps à la piscine. Il y avait aussi une salle de jeux où nous avons joué au ping-pong.

Au camping il y avait un restaurant et un bar. Nous avons mangé le soir au restaurant. Il y avait un choix de menus. Les repas étaient très bons et pas chers.

Il y avait beaucoup à faire dans la région. Nous avons visité le château de Saumur et mes parents sont allés aux caves à vins pour acheter du vin. Nous avons tous passé de bonnes vacances. Nous voudrions y retourner l'année prochaine.

Narrative account 2

Whilst on holiday skiing in France with a group from your school, you have an accident and break your leg. When you return home, your French penfriend telephones you and you recount what happened.

1 L'arrivée

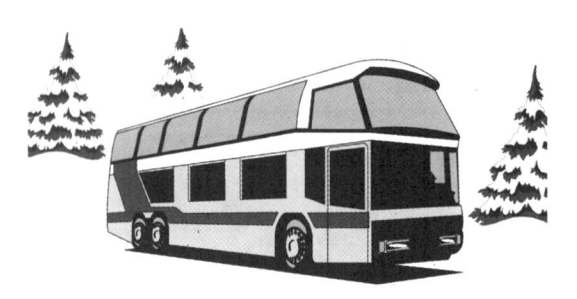

Où?
Quand?
Avec qui?

2 L'hôtel

Description.
Repas.
Activités.

3 Sur la piste

Quand?
Avec qui?
Quel temps faisait-il?

4 L'accident

Comment l'accident s'est-il passé?
Qui était là?
Qu'est-ce qu'on a fait?

5 A l'hôpital

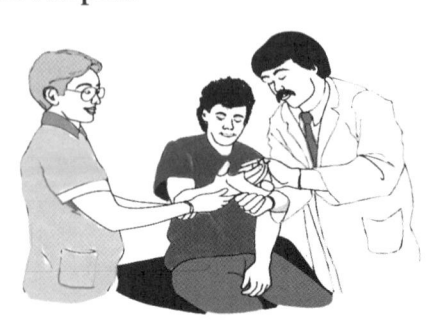

Le moyen de transport à l'hôpital?
Ce que le médecin a dit?
Combien de temps vous êtes resté(e) à l'hôpital?

6.10 Narrative account

Suggested answer

La semaine dernière, je suis allé(e) avec un groupe scolaire à Chambéry pour faire du ski. Nous sommes descendus dans un hôtel très confortable où nous avons bien mangé. Il y avait une salle de jeux à l'hôtel où nous avons pu jouer au ping-pong le soir.

Le troisième jour j'ai décidé de descendre la piste rouge avec mes copains. Il neigeait et j'ai eu des difficultés sur la piste. Tout d'un coup je suis tombé(e). Je me suis fait mal à la jambe et je ne pouvais pas marcher. Mes copains m'ont porté(e) au poste de secours. Puis on m'a transporté à l'hôpital en ambulance. Le médecin m'a dit que je me suis cassé la jambe et j'ai dû rester trois jours à l'hôpital.

> **Examiner's tip**
>
> The key to success in the oral examination is *preparation* well in advance of the exam, *practice* of specimen exam questions, confident *presentation*, having revised thoroughly during the weeks leading up to the oral exam.
> Bon courage!

Chapter 7
Reading

7.1 Introduction

Questions will be set at both Foundation and Higher tiers to test reading comprehension. Marks will be given for comprehension of the content, not for the quality of the French used. However, the French that you write must be understandable to a sympathetic native speaker, even though it may contain some mistakes.

Target language testing

The National Curriculum GCSE Reading Tests will generally require written answers to be in French. However, a few questions may be set in English and there will probably be some multiple-choice tests and box-ticking questions. You should always check your examination board syllabus to find out which type of questions you will have to answer.

Use of dictionaries

Also check the syllabus of your examination board to find out if you will be able to use a bilingual dictionary in your reading examination. Dictionaries can be helpful in an exam, but they can also be dangerous! Try not to rely too heavily on your dictionary as you will find that you are using too much time looking up the meaning of words.

Try to use the best possible dictionary for your level. Consult your teacher to find out his/her views and suggestions. You will need to practise using your dictionary so that you waste as little time as possible in the exam. Remember that you will probably be able to use your dictionary in the Writing exam, so you will need to bear this in mind when choosing a dictionary.

Some useful tips on how to use a bilingual dictionary:

1. Every dictionary has a system of abbreviations and indicators to show what information is being given.

    e.g.

	English	French
n	noun	nom
ad	adverb	adverbe
vtr	transitive verb	verbe transitif

    As you will soon find out, these abbreviations have a grammatical meaning. Check the grammar section of this book to learn more about French grammar.

2. Remember that, when using your dictionary, you may not find the exact answer that you want. You may well have to choose between the words given. Always use common sense to see which word best fits the answer you are giving.

    For example, if you are reading a passage which is describing a car and come across the word '*phare*', it is likely that this is a reference to the headlight of the car and not a lighthouse.

3. *Verbs* often cause the most problems when trying to use a dictionary. When looking up a word which you don't know, you may come to the conclusion that 'it isn't there'. This could be because you are trying to find out a verb form which you have not recognised.

    For example, if you had not remembered that '*ira*' is the third person singular, future tense of the verb '*aller*', you would be wasting your time looking up the word in the 'I' section of the dictionary.

    Only the infinitive and one or two key parts of a verb, e.g. past participle, may be given in the main part of your dictionary. You must make sure that you learn the various verb tenses in the Grammar Section of this book so that you know how to recognise a verb form, and will be able to work out what the verb infinitive is you should be looking for.

4   Be *selective* in your use of the dictionary. Do not look up every word 'just to check'. Only look up a word if it is absolutely essential for understanding or answering the question.

> **Examiner's tip**
>
> Learn all the irregular verbs given in the grammar section of this book. This will save you valuable time in the examination.

7.2 Preparing for the examination

Learn as much vocabulary as you can from this book and any textbook you are using. Try to learn at least 15 new words a week (that is only two a day, plus an extra one at the weekend!) and ask someone to test you. Don't rely too much on your dictionary in the exam. Remember that you will waste time looking up too many words.

You could begin by learning the words given below in *Signs and notices*. These often occur in reading tests, especially in the Foundation Tier papers.

Signs and notices

Public notices (general)
Appuyez/Appuyer *press*
Concierge *caretaker*
Défense de… *it is forbidden to…*
En dérangement *out of order*
Hors service *out of order*
… interdit/Interdiction de… *… forbidden*
Libre *free*
Ne… pas/Ne pas… *don't…*
Prière de… *please…*
… priés de… *… are requested to…*
Privé *private*
Sauf… *except…*
S.v.p. (s'il vous plaît) *please*
Sortie *exit*
Tout droit *straight on*

Notices for accommodation
Accueil *reception*
S'adresser à la réception *ask at the reception desk*
Auberge de jeunesse *youth hostel*
Chambres/Chambres libres/Chambres à louer *rooms available*
Chambres meublées *furnished rooms*
Chambres tout confort *comfortable rooms*
Complet *full*
Gîte *self-catering accommodation (in the country)*
Hébergement *lodging*
Louer *to rent*
Petit déjeuner compris *breakfast included*
Rez-de-chaussée *ground floor*
Téléphone dans toutes les chambres *telephone in every room*

Notices at a bank
Bureau de change *foreign exchange office*
Caisse *cash desk*
Caisse d'épargne *savings bank*
Changeur automatique/Changeur de monnaie/Changeur de pièces de monnaie *coin-changing machines*
Devises (étrangères) *foreign currency*
Guichet *counter*
Guichet étranger *foreign counter*

Notices at camp sites
Accueil *reception*
Bac à linge *sink for washing clothes*
Bac à vaisselle *sink for washing dishes*
Complet *full*
Eau potable *drinking water*
Eau non potable *water unsuitable for drinking*
Emplacement *pitch*
Lavabos *wash basins*
Objets trouvés *lost property*
Poubelles *dustbins*

Notices for emergencies
Croix-Rouge *Red Cross*
Danger de mort *extreme danger*
Danger d'incendie *fire danger*
Pompiers/sapeurs-pompiers *Fire Brigade*
Secours *help*
Issue de secours/Sortie de secours *emergency exit*
Secours routiers français *motorway breakdown service*
Urgence *emergency*

Notices for parking
Caisse automatique *automatic machine for paying*
Côté de stationnement *parking on this side*
Défense de stationner *no parking*
Distributeur *ticket machine*
Faites l'appoint *put in the exact money*
L'appareil ne rend pas la monnaie *the machine does not give change*
Gratuit *free*
Horodateur *ticket machine*
Ne pas stationner *do not park*
Parc auto/Parc de stationnement/Parking *car park*
Parking souterrain *underground parking*
Parcmètre *parking-meter*
Parcotrain *car park for commuters*
Payant *you have to pay*
Stationnement autorisé *parking allowed*
Stationnement interdit *no parking*
Stationnement réglementé *parking regulations in force*
Stationnement toléré une roue sur trottoir *parking allowed with one wheel on the pavement*
Véhicules de tourisme seulement *tourist vehicles only*
Zone bleue/disque obligatoire *parking disk required in blue zone*
Zone d'enlèvement de véhicules *vehicles towed away in this zone*

Notices at a post office
PTT/Postes, Télécommunications et Télédiffusion *post office*
Boîte aux lettres *letter box*
Autres destinations *(letters) for destinations outside town/area*
Grosses lettres *bulky letters*
Imprimés *printed matter*
Heures des levées *collection times*
Dernière levée *last collection*
Heures d'ouverture *opening times*
Tarif réduit *reduced rate*
Timbres-poste *postage stamps*

Instructions in a telephone kiosk
Consulter la carte de taxation ou l'annuaire *Please see price code or directory*
Décrocher le combiné *Pick up the receiver*

Attendre la tonalité *Wait for the dialling tone*
Appeler votre correspondant *Make your call*
Au signal, introduire au moins le minimum indiqué sur la carte de taxation *When you hear the signal, insert the minimum amount*
Introduire d'autres pièces si vous désirez poursuivre votre conversation or Ajouter des pièces pour prolonger la communication *Put in more coins if you want to continue your conversation*
Au raccrochage, les pièces visibles sont restituées or Raccrocher à la fin de la conversation, les pièces restant apparentes vous seront restituées *Amount indicated is returned after hanging up*

Notices inside public buildings
Bureau d'accueil *reception*
Concierge *caretaker*
Direction *manager's office*
1 er étage *first floor*
Privé *private*
Sans issue *no exit*
Sonnette de nuit *night bell*
Sous-sol *basement*

Signs for public conveniences
Hors service *out of order*
Libre *vacant*
Occupé *engaged*
Sanitaires *toilets*
Toilettes *toilets*
WC publics *public toilets*

Railway notices
Autorail *railcar for local travel*
Banlieue *suburbs (suburban lines)*
Billets *tickets*
Billets distribution automatique *tickets from a ticket machine*
Bureau des objets trouvés *lost property office*
Chariots *trolleys*
Composteur en dérangement (utiliser un autre appareil pour valider votre billet) *ticket stamping machine out of order, use another machine*
Corail *air-conditioned inter-city trains*
Correspondances *connections*
Couchettes *sleeping cars*
Gare maritime *boat terminal*
Grandes lignes *main line trains*
Guichet *booking office*
Horaires *time-tables*
Il est interdit de traverser les voies *It is forbidden to cross the tracks*
Métro *underground railway*
Passage souterrain *subway*
Pour valider votre billet, compostez-le *to validate your ticket, date-stamp it*
Rapides *fast trains*
Renseignements *information*
RER (Réseau express régional) *suburban railway network*
Salle d'attente *waiting-room*
TAC (Train-Auto-Couchettes) *car sleeper train*
TAJ (Train-Auto-Jours) *daytime motorail service*
Trains en provenance de… *trains arriving from…*

Notices in cafés and restaurants
Alimentation *food*
Boissons *drinks*
Brasserie *restaurant with bar*

Buffet *snack bar, e.g. at a station*
Frites *chips*
Grillades *grills*
Libre-service *self-service*
Menu vacances *special menu for holidaymakers*
Plats cuisinés *cooked meals*
Plats à emporter *take-away food*
Plat du jour *today's speciality*
Repas complet *complete meal*
Repas rapides *quick meals*
Repas à toutes heures *meals at all hours*
Relais routiers *transport cafés which serve good cheap meals*
Salon de thé *tea room*
Service compris *service charge included*
Steak frites *steak and chips*
Vin du pays *local wine*

Road/street signs
(See also 'Parking' signs above.)
Accotement impraticable/non stabilisé *soft verges*
Aire/Aire de repos *lay-by*
Attention enfants *watch out for children*
Autoroute *motorway*
Bison Futé *traffic information (available where there's a Red Indian sign)*
Cars en correspondance *shuttle service buses connecting stations*
Cédez le passage *give way*
Chaussée déformée *uneven road surface*
D (on yellow background) 'route départementale' *secondary road*
Déviation obligatoire *compulsory diversion*
Fin de chantier *end of roadworks*
Interdiction de tourner à droite *no right turn*
Interdiction de tourner à gauche *no left turn*
Itinéraire bis *secondary route*
Itinéraire conseillé/Itinéraire recommandé *alternative route*
N (on red background) RN 'route nationale' *main road*
Passage interdit *no entry*
Passage protégé *you have the right of way*
Péage *toll*
Périphérique *ring road*
Piétons *pedestrians*
PL(poids lourds) *heavy/long vehicles*
Priorité *priority/right of way*
Ralentissez *slow down*
Rappel *reminder*
Rocade *by-pass*
Roulez au pas *drive very slowly*
Roulez lentement *drive slowly*
Route barrée *road blocked*
Rue piétonne *pedestrian precinct*
Sens interdit *no entry*
Sens unique *one way street*
Serrez à droite *keep to the right*
Secours routier *roadside phones to summon assistance*
Sortie de camions *lorries emerging*
Sortie de secours *emergency exit*
Ni vitesse ni bruit *drive slowly, don't make any noise*
Ne traversez pas *don't cross*
Véhicules lents *slow vehicles*
Voie piétonne *pedestrian zone*
Voie unique *single lane*

Voitures légères seulement *light vehicles only*
Zone piétonne *pedestrian zone*

Notices at the seaside
Baignade interdite *bathing forbidden*
Baignade non surveillée *unsupervised bathing*
Bains interdits *bathing forbidden*
Bateaux à voiles *sailing boats*
Canots à moteur *motor-boats*
Chenaux *channels*
Embarcadères *landing stages*
Il est formellement interdit de se baigner *bathing is strictly forbidden*
Jeux de ballons interdits *ball games forbidden*
Location de bateaux *boats for hire*
Location de planches à voile *sailboards for hire*
Location de parasols *sun-umbrellas for hire*
Location de voiliers *sailing-boats for hire*
Pataugeoire *paddling-pool*
Piscine chauffée *heated swimming-pool*
Piscine municipale *public swimming-pool*
Plage publique/Plage en régie municipale *public beach*
Planches à voile *sailboards*
Port de plaisance *yachting harbour/marina*
Poste de secours *first aid post*
Promenade en barques/Sorties en mer *boat trips*
Soyons propres *do not drop litter*
Vestiaires *changing cubicles*
Vieux port *the old port*

Notices at petrol/service stations
Caisse *till*
Dernière station avant l'autoroute *last petrol station before motorway*
Faites le plein *fill up*
Fermeture hebdomadaire (e.g. dimanche) *weekly closing (e.g. Sunday)*
Lavage *car wash*
Libre-service *self service*
Location de voitures *car hire*
Ordinaire *2 star petrol*
Pneus toutes marques *all makes of tyres*
Prix au litre *price per litre*
Réparations *repairs*
Servez-vous *help yourself*
Service rapide *quick service*
Super *4 star petrol*

Notices when shopping
Alimentation *groceries*
Arrivages journaliers de poissons frais *daily arrival of fresh fish*
Bijouterie *jewellery*
Blanchisserie *laundry*
Boulangerie *baker's*
Boucherie *butcher's*
Bricolage *do-it-yourself*
Caddie/Chariot *trolley*
Prenez votre caddie ici *get your trolley here*
Cadeaux *presents*
Caisse *till*
Charcuterie *delicatessen*
Chaussures *shoes*

Coiffeur/Coiffure *hairdresser*
Comestibles *food*
Confiserie *confectioner's*
Coquillages/Crustacés *seafood/shellfish*
Cordonnerie *shoe repairer's*
Crémerie *creamery/diary*
Disques *records*
Draps *sheets*
Droguerie *drugstore*
Electroménager *household appliances*
Epicerie *grocery*
Faïence *crockery*
Faites peser *have your goods weighed*
Fermeture annuelle *annual holiday*
Fermeture hebdomadaire… *weekly closing…*
Fourrure *furs*
Halles *covered market*
Horaires d'ouverture *opening times*
Hypermarché *hypermarket*
A l'intérieur *inside*
Jeux *games*
Jouets *toys*
Jour(s) de marché *market day(s)*
Journaux *newspapers*
Laverie automatique *launderette*
Layette *babyclothes*
Lessives *detergents*
Librairie *bookshop*
Libre-service *self-service*
Linge de maison *household linen*
La livre *pound*
Livres *books*
Maison de la presse *newsagent's*
Marché *market*
Maroquinerie *leather goods*
Mode féminine *ladies clothes*
Ne pas toucher à la marchandise *do not touch the goods*
Ne pas se servir *do not help yourself*
Nettoyage à sec *dry-cleaning*
Orfèvrerie *gold/silverware*
Paniers *baskets*
Papeterie *stationer's*
Parfums *perfumery*
Pâtisserie *cake shop*
Du pays *local*
Pharmacie *chemist's*
La pièce *each*
Poissonnerie *fish shop*
Prendre la file ici *queue here*
Prenez un sac *take a bag*
Pressing *dry cleaners*
Prêt-à-porter *ready-to-wear*
Primeurs *early vegetables*
Prix chocs *amazing prices*
Prix réduits *reduced prices*
Promotion *special offer*
Quincaillerie *ironmonger's*
Rayon *shelf/department*
Soldes *sales*

Dernières soldes *end of sales*
Sortie obligatoire *only way out*
Sous-sol *basement*
Supermarché *supermarket*
Tabac *tobacconist's*
Talons et clés-minute *heel-bar/keys while you wait*
Tapis *carpets*
Traiteur *delicatessen*
Ustensiles de cuisine *kitchenware*
Vaisselle *crockery*
Vannerie *glassware*
En vente ici *on sale here*
Verrerie *glassware*
Vêtements *clothes*
Volaille *poultry*

Town signs
Abbaye *abbey*
Arrêt (d'autobus) *bus stop*
Basilique *basilica/church*
Bd (Boulevard) *avenue*
Centre commercial *shopping centre*
Centre-ville *town centre*
Château *castle*
Chemin *way*
Eglise *church*
Expo(sition) *exhibition*
Gare *station*
Gare routière *bus station*
Gendarmerie nationale *local police HQ*
Hôpital *hospital*
Hôtel de ville *town hall (large towns)*
Parc zoologique *zoological gardens*
Mairie *town hall (small towns)*
Métro *underground (railway)*
Musée *museum*
Office du tourisme *tourist office*
PTT (Postes, Télécommunications et Télédiffusion) *post office*
Palais de justice *law courts*
Pl. (place) *square*
Place du marché *market-place*
Port de plaisance *yachting harbour/marina*
Quai *waterfront*
Remparts *ramparts*
Respectez les pelouses *do not walk on the grass*
Rond-point *roundabout*
Rte (route) *route*
Route pittoresque *picturesque route*
SNCF *railway*
Stade *stadium*
Syndicat d'initiative *tourist information office*
Téléphérique *cable railway*
Vieux quartier *old district*
Voie piétonne *pedestrian precinct*
Voie sans issue *dead end*

Travel signs
Aérogare *airport terminal*
Aire de repos *lay-by/rest area*
Aire de service *service area*

Arrêt *stop*
Autocars de tourisme *excursion coaches*
Banlieue *suburbs*
Bifurcation *fork*
Billets *tickets*
Carnet de billets *book of tickets*
Cars *coaches*
Correspondance *connection*
Croisement *intersection*
Douane *customs*
Facultatif *request (stop)*
File *lane*
Interdit aux autocars *no coaches*
Piste cyclable *cycle track*
P (parc) deux-roues *parking for bikes*
Randonnées *excursions*
SNCF *French railway network*
Vélos *cycles*
Voyageurs *passengers*

Faux amis

Check the following words carefully. They resemble English words, but in fact have different meanings.

The French word	**The English word it resembles**
assister à *to be present at*	to assist *aider*
les cabinets *lavatories*	cabinets (furniture) *les meubles(mpl) à tiroir*
le car *coach*	car *l'auto(f), la voiture*
causer *to chat (or to cause)*	to cause (to be done) *faire (faire)*
la cave *cellar*	cave *la caverne*
la crêpe *pancake*	crepe *le crêpe*
le délit *crime, offence*	delight *les délices (mpl)*
se dresser *to rise up*	to dress *s'habiller*
la figure *face*	figure *la ligne* (body), *le chiffre* (number)
la journée *day*	journey *le voyage*
la lecture *reading*	lecture *la conférence*
la librairie *bookshop*	library *la bibliothèque*
la location *hiring, renting*	location *l'emplacement (m), la situation*
le médecin *doctor*	medicine *le médicament*
la ménagère *housewife*	manager *le directeur, le gérant*
la monnaie *(loose) change*	money *l'argent (m)*
passer *to spend (time)*	to pass (an exam) *réussir à (un examen)*
le pensionnaire *boarder*	pensioner *le (la) retraité(e)*
le pétrole *crude oil*	petrol *l'essence (f)*
le photographe *photographer*	photograph *la photographie*
la place *square*	place *l'endroit (m)*
le plat *dish*	plate *l'assiette (f)*
le record *record (e.g. sports, not music)*	record (musical) *le disque*
rester *to stay*	to rest *se reposer*
le robinet *tap*	robin *le rouge-gorge*
sensible *sensitive*	sensible *raisonnable, sensé*
travailler *to work*	to travel *voyager*
la veste *jacket*	vest *le maillot*
le water(-closet) *WC, toilet*	water *l'eau (f)*

7.3 During the examination

Reading rubrics

Here are some of the most frequently used instructions and settings used in the Reading Test questions. Learn all of these well in advance of the exam.

Réponds/Répondez en français *Answer in French*
Réponds/Répondez en anglais *Answer in English*
En chiffres *In numbers*
Vrai *True*
Faux *False*
Voici… *Here is…*
Voici un exemple *Here is an example*
Voici un extrait d'un journal/magazine *Here is an extract from a newspaper/magazine*
Voici une liste *Here is a list*
Lis/Lisez les questions/informations *Read the questions/information*
Ci-dessous *Below*
Coche/Cochez les cases appropriées *Tick the appropriate boxes*
Coche/Cochez la bonne case *Tick the correct box*
Coche/Cochez la bonne réponse *Tick the correct answer*
Corrige/Corrigez l'affirmation *Correct the statement*
Décris/Décrivez *Describe*
Ecris/Ecrivez la lettre qui correspond… *Write the letter which corresponds/matches…*
Ecris/Ecrivez la bonne lettre à côté de chaque phrase
Write the correct letter next to each phrase
Tu n'auras pas/Vous n'aurez pas besoin de toutes les lettres
You will not need all the letters
Choisis/Choisissez la description qui correspond le mieux…
Choose the description which best fits…
Ecris/Ecrivez l'équivalent en anglais *Write the equivalent in English*
Ecris/Ecrivez le numéro *Write the number*
Ecris/Ecrivez les réponses *Write the answers*
Est-ce que les phrases sont vraies ou fausses? *Are the sentences true or false?*
Encercle/Encerclez… *Circle…*
Complète/Complétez la table *Fill in the table*
Mettez dans le bon ordre *Put in the right order*
Regarde/Regardez le dessin *Look at the drawing*
Regarde/Regardez cet extrait *Look at this extract*
Remplis/Remplissez les blancs *Fill in the blanks*
Fais/Faites correspondre *Match up*
Tourne/Tournez la page *Turn the page*
Trouve/Trouvez les mots/phrases *Find the words/phrases*
Les réponses suivantes… *The following answers…*
Pour chaque question… *For each question…*

Frequently used questions

Make sure that you understand the following question types. They are often used in Reading Comprehension questions.

A quelle heure (peut-on)… ? *At what time (can we/one)… ?*
A votre avis… ? *In your opinion… ?*
C'est combien? *How much is it?*
Comment est… ? *What is… like?*
Comment s'appelle… ? *What is … called?*
Où est… ? *Where is… ?*
Où sont… ? *Where are… ?*
Pourquoi… ? *Why… ?*
Quand… ? *When… ?*
Que veut dire… ? *What does… mean?*

Qu'est-ce que cela veut dire? *What does that mean?*
Quel problème...? *What problem...?*
Quelle erreur...? *What mistake...?*

Words you don't know

To cope successfully with those words in the exam which you do not know, you should:
- Use your common sense to put the word(s) into the context of the question being attempted.
- Remember that titles to questions are there to 'give you a clue' to the content of the questions.
- Realise that, for comprehension purposes, it is not necessary to know the meaning of every word, as long as you understand the gist of the passage.
- Try to deduce the grammatical function of the unknown word, e.g. is it a noun, adjective, adverb or verb; is it linked to a phrase, whose meaning you *do* understand?
- Relate the unknown word(s) to what you do understand in the question/passage and imagine what you yourself would include in that particular context.
- Learn certain standard patterns used in the formation of words in French.

Prefixes

in-, im- often suggest the word 'not':

e.g. *possible/impossible* (as in English)
   attendu expected/*inattendu* unexpected
   utile useful/*inutile* useless

Dé- often has the meaning 'dis':

e.g. *débarquer* to disembark
   découvrir to discover

Re- at the beginning of a word often has the meaning 'again':

e.g. *commencer/recommencer* to begin again
   prendre/reprendre to retake

Mi- at the beginning of a word means 'half':

e.g. *temps/mi-temps* half time
   chemin/mi-chemin half-way
   vitesse/mi-vitesse half-speed

Sous- adds the meaning 'under(neath)':

e.g. *chef/sous-chef* assistant chief/manager/chef
   directeur/sous-directeur assistant manager
   développé/sous-développé under-developed

Endings

-et/-ette often signifies 'little':

e.g. *fille/fillette* little girl
   livre/livret small book

-able as in English 'able to be...':

e.g. *réparer* to repair   *réparable* repairable/able to be repaired
   manger to eat   *mangeable* edible

NB *potable* drinkable (derived from the Latin verb)

-eur often indicates the 'doer' of an action:

e.g. *vendre* to sell   *vendeur* sales assistant
   déménager to move house *déménageur* removal man
   voler to steal   *voleur* thief

-aine added to a number means 'about...':

e.g. *une vingtaine* about twenty
   une trentaine about thirty
   une centaine about one hundred

Many words which end in *-é/-ée* in French often end in '-y' in English:

e.g. *armée* army
   liberté liberty
   solidarité solidarity

Similarly, words ending in French in *-i/-ie* often end in '-y' in English:

e.g. *parti* party
   monotonie monotony

It is often easy to guess correctly the meaning of words which are similar to English words, even when one or two letters have been changed:

e.g. -*que*- in French '-c/ck/k-' in English
    attaquer to attack
    risquer to risk
-*ou*- in French '-o-/-u-' in English
    gouvernement government
    mouvement movement
-*o*- in French '-u-' in English
    fonction function
    nombre number

NB Beware of *faux amis* – see Unit 7.2.

Remember also that a ^ over a letter usually indicates that the letter 's' has been eliminated:

e.g. *hôpital* hospital
    forêt forest
    intérêt interest

7.4 Foundation Tier questions

This type of question at the Foundation Tier usually depends on knowing the meaning of individual words or short phrases. By learning as much vocabulary as possible from this book, you will be in a good position to do well in this type of question. Here are some examples of the kinds of question which may be set for the Foundation Tier.

Multiple choice questions in English

Answer each question by ticking *one* letter only.

1. You want to buy some stamps. Which sign should you look for?
   - (a) Pharmacie ☐
   - (b) Piscine ☐
   - (c) Plomberie ☐
   - (d) PTT ☐

   (1)

2. You are looking for a tourist office. Which sign do you look for?
   - (a) Agence de voyages ☐
   - (b) Syndicat d'initiative ☐
   - (c) Hôtel de ville ☐
   - (d) Musée ☐

   (1)

3. You are in a department store in Paris. You want to buy a T-shirt. Which department do you look for?
   - (a) Parfumerie ☐
   - (b) Chaussures ☐
   - (c) Vêtements ☐
   - (d) Papeterie ☐

   (1)

4. You want to catch a bus in the town where you are staying. What sign do you look for?
   - (a) Gare routière ☐
   - (b) Métro ☐
   - (c) Gare maritime ☐
   - (d) Gare SNCF ☐

   (1)

5. You are looking for the beach in your holiday resort. What sign do you look for?
   - (a) Centre-ville ☐
   - (b) Marché ☐
   - (c) Plage ☐
   - (d) Port de pêche ☐

   (1)

Chapter 7 Reading

6 You are on a French motorway and see the sign *Péage*. What do you have to do?
    (a) Take the next Exit ☐   (c) Slow down ☐
    (b) Pay a toll ☐   (d) Switch on the headlights ☐
(1)

7 You stop at a service-station to buy some petrol. You see the sign *Libre-service*. What do you have to do?
    (a) Fill up yourself ☐   (c) Switch of the engine ☐
    (b) Call the attendant ☐   (d) Use a credit card ☐
(1)

Questions/answers in French

8 Qu'est-ce qu'on peut acheter ici? Cochez la bonne réponse.
    (a) Des timbres ☐
    (b) Des glaces ☐
    (c) Des cadeaux ☐
    (d) Des magazines spécialisés ☐

> **Examiner's tip**
> If drawings are used to illustrate the reading comprehension question, look at them carefully to see if there are any clues to help you with the text.

(2)

9 Vous faites des courses en ville. Voici une liste des produits que vous voulez acheter et un plan des magasins. Ecrivez à côté du magasin la lettre du produit qu'on peut y acheter.

1. Boulangererie
2. Boucherie
3. Charcuterie
4. Pharmacie
5. Maison de la Presse

    (a) Bifteck ☐
    (b) Pain ☐
    (c) Journal ☐
    (d) Jambon ☐
    (e) Crème antiseptique ☐

> **Examiner's tip**
> Make sure that you learn the Vocabulary Topic section on shops as there is often a question on shopping in the GCSE examination.

(5)

Direct questions and answers

This kind of question at the Foundation Tier will consist of short texts, brochures, adverts and short letters. You will be asked questions to test your understanding of what you have read. Here is an example.

10 Qu'est-ce qu'on peut voir à la télévision? Regardez ces émissions de TF1, puis répondez aux questions.

    10.30 Film: Les Trois Mousquetaires
    12.00 Le Monde des Animaux
    12.30 Journal
    13.00 Flash Infos
    13.15 L'Eté de l'Histoire
    14.00 Hit-parade
    15.00 Dallas
    16.15 Club Dorothée Vacances
    17.00 Tennis

A quelle heure peut-on regarder… ?
    (a) Le sport
    (b) Un feuilleton américain
    (c) Les actualités
    (d) La musique

> **Examiner's tip**
> Although you will be asked to answer some questions in French, your answer will be marked for comprehension and not for the quality of the French you use. Sometimes, as in this question, you will be able to answer a French question without having to write a lot of French.

(4)

7.4 Foundation Tier questions

11 Lisez la lettre puis répondez aux questions en français.

> Cher………
> Le lundi, mes cours commencent à 8h. Mon premier cours, c'est histoire-géo. A 9h j'ai un cours de maths. J'aime ça. Après la récréation, il y a les sciences. Je déjeune à 12h30. L'après-midi, on reprend les cours à 2h. Le lundi après-midi, il y a un cours de français et à 3h un cours d'anglais. Pour terminer l'après-midi, j'ai un cours de dessin.
>
> A bientôt,
> **Antoine**

(a) L'emploi du temps, c'est pour quel jour de la semaine?
(b) Quel est le premier cours de la journée?
(c) Le cours d'anglais, c'est à quelle heure?
(d) Le cours de maths, c'est à quelle heure?
(e) Est-ce qu'Antoine aime les maths?
(f) L'heure du déjeuner finit à quelle heure?
(g) Quel est le premier cours de l'après-midi?
(h) Quel est le dernier cours de la journée?

Examiner's tip

You will often find that reading the questions before reading the text will help you to know something about the text that you are going to read. For example, if a question contains 'à quelle heure…' you know that you will need to concentrate on the times given in the passage. You may then find it helpful to use arrows on the question paper to link the time given with the subject, or underline key words.

(8)

Matching questions and answers

In this kind of question, you will be asked to match up statements with, for example, a town map.

12 Où aller en ville?

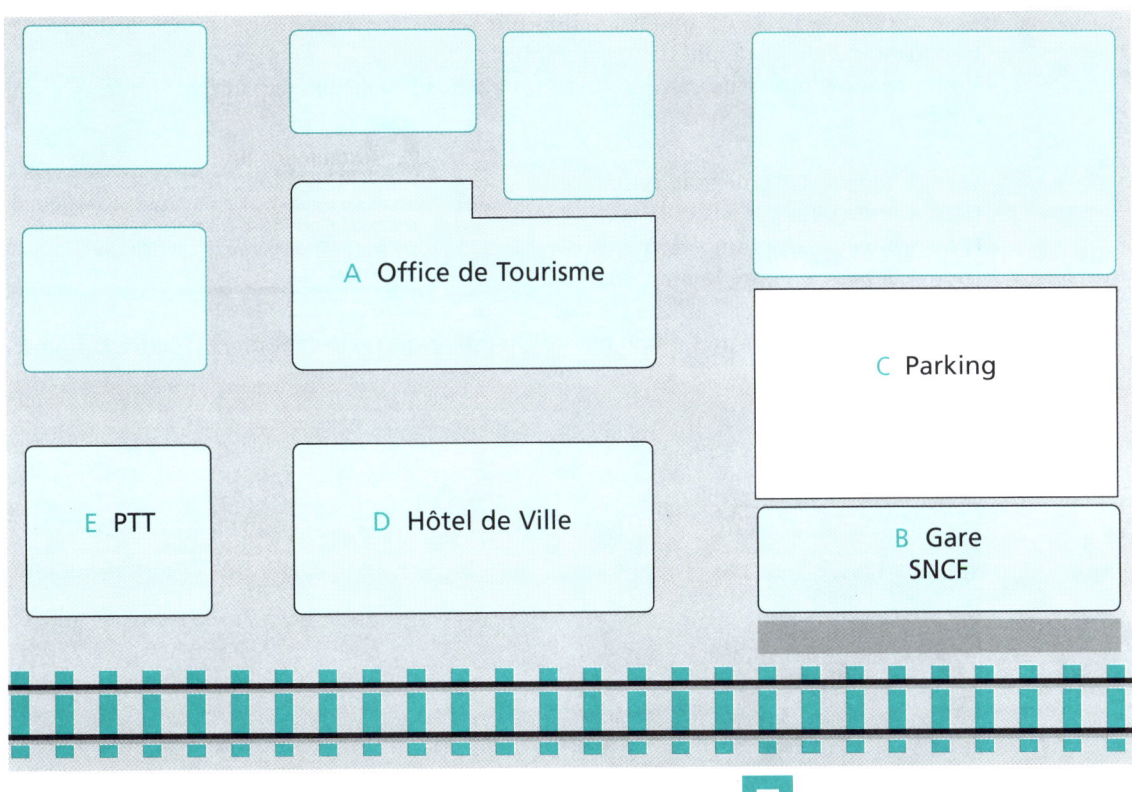

- A Office de Tourisme
- B Gare SNCF
- C Parking
- D Hôtel de Ville
- E PTT

Où vas-tu? Pour chaque phrase écris la bonne lettre.
1. Tu veux acheter des timbres.
2. Tu veux des renseignements sur la ville.
3. Tu veux prendre le train.
4. Tu veux stationner la voiture.
5. Tu cherches la Mairie.

Examiner's tip

Read each of the statements carefully to make sure that you understand the content and then look at all the information given on the town plan to make sure that you know what building (shop, post office, etc.) you would go to.

(5)

7.5 Suggested answers

1 (d)
2 (b)
3 (c)
4 (a)
5 (c)
6 (b)
7 (a)
8 (b)
9 1(b) 2(a) 3(d) 4(e) 5(c)
10 (a) A 17h
   (b) 15h
   (c) 12h30
   (d) 14h
11 (a) Lundi
   (b) L'histoire-géo
   (c) 3h
   (d) 9h
   (e) Oui
   (f) 2h
   (g) Le français
   (h) Le dessin
12 1(E) 2(A) 3(B) 4(C) 5(D)

7.6 Higher Tier questions

Question 12 (*Matching questions and answers*) in Unit 7.4 is also relevant to Higher Tier candidates.

Multiple choice questions

These will often depend on understanding phrases or sentences. The advice given for questions at the Foundation Tier still applies, but remember to read the *whole* sentence.

1 Vous êtes au centre-ville et vous voyez un panneau *Stationnement interdit*. Qu'est-ce que cela veut dire?

   (a) On peut laisser la voiture ici.
   (b) On ne peut pas laisser la voiture ici.
   (c) On peut laisser un vélo ici.
   (d) On peut prendre le train ici.

> **Examiner's tip**
> Make sure that you learn the section on Signs and Notices at the beginning of this chapter.
> *On peut* – One/you/we can, is often used in multiple-choice questions.

(2)

2 Regardez ce panneau près d'une plage. Qu'est-ce que cela veut dire? Cochez la bonne case.

   (a) On peut promener les chiens ici.
   (b) On ne peut pas faire de la voile ici.
   (c) On ne peut pas se baigner ici.
   (d) Il n'y a pas de maîtres nageurs ici.

> **Examiner's tip**
> When a question depends on a picture or a photograph, always look carefully to check what will be needed in the answer. There may be extra information in the picture/photo which might *not* be needed, e.g. the picture of the dog is not relevant to the answer to this question.

(2)

7.6 Higher Tier questions

True or false questions

This type of question asks you if the statement given is true or false, according to the information which you are given. A careful reading of the text will be required, but the actual answer will not require you to write in French other than stating *Vrai(e)* or *faux/fausse*. Here is an example.

3

SNCF: Voyagez Moins Cher Avec Les Tarifs Joker

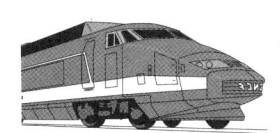

Les billets Joker de la SNCF offrent des tarifs particulièrement intéressants. La contrainte: procéder à des réservations longtemps à l'avance. La formule Joker 30 vous offre jusqu'à 60% de réduction si vous retenez votre place de deux mois à trente jours avant la date du départ. De vingt-neuf à huit jours avant, vous bénéficierez du tarif Joker 8 avec une remise de 20 à 40%.

En contrepartie, le système Joker impose de prendre le train pour lequel vous avez réservé. Aucun échange possible. Les annulations éventuelles ne peuvent être faites moins de quatre jours avant le départ et les remboursements se limitent à 70% du prix du billet.

Indiquez si les phrases ci-dessous sont vraies ou fausses.

		Vrai	Faux
(a)	Les billets Joker sont moins chers que les billets ordinaires.	☐	☐
(b)	Pour avoir la réduction maximum, il faut réserver le billet plus d'un mois à l'avance.	☐	☐
(c)	Pour avoir une réduction de 20 à 40%, il faut réserver le billet plus d'un mois à l'avance.	☐	☐
(d)	On peut échanger les billets.	☐	☐
(e)	On peut annuler la réservation cinq jours à l'avance.	☐	☐ (5)

4

Rencontre avec Claudie André-Deshays
"NOUS PRÉPARONS L'AVENIR"

OKAPI: Depuis quand espérez-vous voler l'espace?
Claudie André-Deshays: C'est une histoire qui remonte à dix ans, quand j'ai été sélectionnée par le Centre National d'Études Spatiales (CNES) comme cosmonaute scientifique. J'ai vraiment commencé à y croire en 1992, lorsque j'ai suivi en Russie les entraînements pour être le cosmonaute doublure du vol de Jean-Pierre Haigneré. Tradionnellement, au CNES, lorsque l'on franchit cette étape on devient le cosmonaute titulaire du vol suivant. Je savais que les accords pour la mission Cassiopée, à laquelle je participe dans quelques jours étaient signés. Alors j'ai pensé: "*Ça y est. Je suis sur la bonne voie.*"

Nos lecteurs ont été très impressionnés par l'explosion de la fusée Ariane V. Votre métier est-il un métier à risques?
Comme toute nouvelle fusée la fusée Ariane V doit passer par une période d'essais qui peut comporter des échecs. La fusée Sémiorka, qui m'emportera vers la station MIR, et Ariane V ne sont pas comparables. C'est comme comparer un camion semi-remorque à une formule 1! Il y a trente ans, lors des premiers vols, il y avait beaucoup plus de risque. Mais ce n'est plus le cas maintenant. Notre activité est devenue trés pofessionnelle. Nous nous préparons à fond pendant de longs mois.

À voir la motivation qui vous anime, on se dit que l'espace doit être un milieu passionnant...
Cette station Mir, pour laquelle travaillent des ingénieurs, des techniciens, des chercheurs, des scientifiques européens, est un bel exemple à donner aux jeunes. Depuis l'espace, on ne voit plus les frontières mais un monde fragile, un monde à protéger. L'espace est porteur de cet espoir de travailler ensemble, pour des objectifs communs. L'avenir, c'est la conquête de la Lune avec les bases lunaires, c'est l'exploration d'autres planètes. Tout ce que nous faisons en ce moment, c'est pour préparer l'avenir.
Propos recueillis par Marc Beynié

Dans l'espace, à cause de l'absence de gravité, les muscles se relâchent. Claudie trouvera donc un vélo d'entraînement dans la station MIR.

"De l'espace, on ne voit plus les frontières mais un monde fragile, un monde à protéger"

Vrai ou faux? Cochez la bonne case.

		Vrai	Faux
(a)	Le CNES a sélectionné Claudie André-Deshays il y a douze ans.	☐	☐
(b)	Elle s'est entraînée en France.	☐	☐
(c)	La fusée Ariane V a explosé.	☐	☐
(d)	La fusée Sémiorka ressemble à la fusée Ariane.	☐	☐
(e)	Il y a aujourd'hui plus de risques qu'il y a trente ans.	☐	☐
(f)	On prépare ce vol depuis plusieurs mois.	☐	☐
(g)	Il n'y a que des Russes qui travaillent pour la station Mir.	☐	☐
(h)	On espère explorer d'autres planètes un jour.	☐	☐ (8)

Chapter 7 Reading

Box-ticking questions

This type of question contains elements of multiple-choice and true and false questions. You will have to read the text given and then decide which of the criteria apply. Here is an example of this kind of test.

5   Voici des jeunes qui cherchent des correspondants.

Mireille
15 ans. J'aimerais correspondre avec une fille de mon âge qui habite en Belgique et qui parle français. J'adore la musique et les sports.

Antoine
16 ans. Je cherche un correspondant de mon âge qui vit dans un pays de langue anglaise et qui aime la philatélie.

Anne-Marie
15 ans. J'aime les animaux et les livres. Je voudrais correspondre avec une fille entre 15 et 16 ans qui m'enverrait sa photo.

Véronique
17 ans. Je cherche un correspondant qui adore la nature et la mer, comme moi. Réponds-moi vite.

Alexandre
16ans. Je collectionne les documents, cartes postales et posters. J'adore jouer au football et au badminton. Je cherche un correspondant dynamique.

Indiquez la personne ou les personnes pour qui ces phrases sont vraies.

		Mireille	Antoine	Anne-Marie	Véronique	Alexandre
(a)	J'adore la nature.	☐	☐	☐	☐	☐
(b)	Je m'intéresse à la musique.	☐	☐	☐	☐	☐
(c)	J'aime les sports.	☐	☐	☐	☐	☐
(d)	J'ai quinze ans.	☐	☐	☐	☐	☐
(e)	J'aime collectionner les timbres-poste.	☐	☐	☐	☐	☐
(f)	Je voudrais correspondre avec un garçon.	☐	☐	☐	☐	☐

(10)

> **Examiner's tip**
>
> Read the statements given at the end of this question first, then underline key words in the text, bearing in mind the statements, e.g. you are asked who likes music, sport, collecting stamps, etc. Underline these words as you come to them in the text. In this way you are less likely to accidentally miss out one of the points needed in the answer.

6   **Le football féminin**

ISABELLE
Je joue au football depuis 14 ans. En fait, depuis que je suis toute petite, je tape dans un ballon. Je continue à pratiquer ce sport en club car j'adore la compétition. J'évolue au poste de milieu offensif.
Le football féminin est évidemment moins physique que celui pratiqué chez les garçons mais il est aussi spectaculaire. Actuellement, je joue en Nationale 1 B. Notre équipe se bat pour le maintien. Le jeu dans cette division est très intéressant quoiqu'un peu trop physique à mon goût. Je préfère un jeu plus fluide et plus ouvert où les belles actions priment sur l'engagement des joueuses.

LOUISE
Le football féminin est un sport trop peu connu en France et c'est dommage! Les filles sont capables de bien jouer au foot. Le football en compétition permet d'avoir un comportement positif sur le terrain où la notion de collectif doit prévaloir sur l'aspect individuel. Cette notion de groupe me plaît bien. A mon sens, la technique collective de l'équipe est la condition primordiale si on veut avoir de bons résultats en club. J'évolue en milieu de terrain mais je suis souvent attirée par le but adverse. Je sais me montrer efficace face au gardien et marquer des buts décisifs en certaines circonstances.

CHARLOTTE
J'ai pratiqué beaucoup d'autres sports avant de me lancer définitivement dans le football. C'est finalement dans cette discipline que je me suis le plus épanouie. Je tape dans un ballon depuis 7 ans. Le football est un bon moyen de se changer les idées après la semaine de travail. On se retrouve entre copines le dimanche et c'est vraiment sympa! Plus que la compétition en elle-même, c'est l'ambiance qui m'attire le plus. Mais, attention! Sur le terrain, on joue pour gagner. Je ne m'intéresse pas trop au football masculin, même si je me tiens au courant des résultats des grands matchs nationaux et internationaux.

ELISABETH
Je jouais dans la cour avec les garçons, puis j'ai voulu continuer le football de manière régulière et surtout en compétition. Au club, il y a vraiment une très bonne ambiance et c'est le plus important à mes yeux. J'évolue à différents postes et je ne me suis pas encore réellement fixée sur le terrain. Cette polyvalence ne me dérange pas. Je m'intéresse au football masculin. Mon équipe favorite est le Paris Saint-Germain. Au niveau des joueurs, je suis plus particulièrement des performances d'Alain Roch, le libero de l'équipe de France et du PSG, ainsi que les arrêts de Dominique Casagrande, le gardien du Fc Nantes.

Qui dit quoi? Cochez les bonnes cases.

		Isabelle	Louise	Charlotte	Elisabeth
(a)	Je joue au football le weekend.	☐	☐	☐	☐
(b)	Etre membre d'une équipe est très important pour moi.	☐	☐	☐	☐
(c)	J'aime bien les matchs.	☐	☐	☐	☐
(d)	Pour moi, l'ambiance est plus importante que la compétition.	☐	☐	☐	☐
(e)	Les Français, pour la plupart, ne sont pas au courant du football féminin.	☐	☐	☐	☐

(5)

Gap-filling questions

For this type of reading comprehension test, you will need to use a process of elimination as well as understanding the passage. Some of the words given will be easy to place in the appropriate gap but, for others, you will need to decide carefully which makes the most sense. You can practise this type of question by taking a short passage of French, re-writing it with some of the words left out, then try to fill in the gaps, a day or two later. This kind of practice will also help you to improve your style in the Writing Exam. You should also apply grammatical knowledge when doing this kind of test. Some of the words left out may be:

verbs – check the *person/number/tense* of the word you think might fit the gap. They must all agree with the *subject* of the verb.
nouns – check that they are appropriate in the given sentence and that they make sense.
adjectives – do they agree with the noun or pronoun they are describing?
numbers/weights (as in the following passage) – use your common sense e.g. *kilos* and *tonnes* are words to fit into this passage, but in the last sentence it would be nonsense to put in *tonnes* as it would be impossible to make 900 tonnes of recycled paper from 1 tonne of used paper.
other grammatical features – these may be adverbs/prepositions/negatives, etc. Always check the *meaning* of the word you include to see that it *makes sense*.

7 Voici un article sur la pollution. Il manque certains mots. Pour chaque blanc indiquez le mot qui manque.

Le papier recyclé

Pourquoi recycler le papier? Eh bien, on conservera les arbres et aussi l'énergie (1...) dans la fabrication du papier. La France utilise 8 millions de (2...) de papier chaque année. Pour fabriquer tout le (3...) dont la France a besoin, on fait venir de grandes quantités de pâte à papier, produite au Canada ou en Suède. Le bois utilisé par ces (4...) vient des arbres des forêts boréales primaires qui ont une grande valeur (5...). Si on utilisait davantage de papier recyclé, les milieux (6...) seraient préservés.

Pour fabriquer la pâte à papier, il faut beaucoup d'énergie, beaucoup d'eau et de nombreux produits (7...) très polluants. Fabriquer du papier à partir de (8...) papiers demande presque autant de produits chimiques. En revanche, il faut moitié moins d'énergie et 60% d'eau en moins. De plus, à partir d'une tonne de papier récupéré, on obtient 900 (9...) de papier recyclé. Alors qu'il faut (10...) tonnes de bois pour avoir une tonne de papier 'neuf'.

Les mots qui manquent: vieux, kilos, pays, utilisée, quatre, chimiques, naturels, tonnes, écologique, papier.

(10)

Questions to be answered in English

In this type of question you will be asked questions in English to be answered in English. Careful reading of both passage and questions will still be necessary. Here is an example.

8 **Séjours linguistiques**
   Toutes les précautions à prendre
   En envoyant votre enfant en séjour linguistique, vous pouvez tomber sur le meilleur, comme sur le pire.
   Des transports surveillés
   Votre enfant doit être accompagné. La législation impose la présence d'un adulte pour huit enfants de moins de douze ans, et un pour dix au-delà de cet âge. Ceci pour tous les déplacements.

Chapter 7 Reading

Des cours de qualité
Il faut opter pour un organisme proposant des cours réunissant des élèves de même niveau.
Hébergement
Un seul enfant reçu par la famille d'acceuil, c'est la condition pour que l'enfant pratique la langue du pays. Demandez à l'organisme les coordonnées des hôtes.
Un tarif tout compris
Le tarif proposé doit inclure toutes les prestations qui sont fournies pendant le séjour.

Answer the following questions in English.
1 (a) What does this article say about transport arrangements for children travelling abroad? (1)
   (b) What is the legal requirement for children over twelve years of age? (2)
2 What kind of class groupings are most beneficial to pupils? (2)
3 (a) What is the ideal number of children to have staying with a family? (1)
   (b) What information about the family should you ask the organisation for? (3)
4 What are you told about the cost of the language course? (1)
   (10)

9 Read the following advert about holiday homes.

RESIDENCES – SERVICES
NETTOYAGE – ENTRETIEN – SURVEILLANCE
Votre résidence, appartement ou studio prêts à vous recevoir dès votre arrivée.
Durant votre absence, nous surveillons votre résidence, appartement ou studio et prenons en charge le petit entretien:
entretien intérieur: sols, murs, vitrages, moquettes.
Possibilité d'entretien extérieur: propreté des allées, tondre les pelouses, nettoyer les fenêtres.
Pour votre arrivée, un simple coup de fil et votre résidence sera prête à vous recevoir.
Avant chacun de vos départs, nous venons prendre vos directives.
En fin de saison, ou quand vous le désirez, nous fermons votre résidence.
En cas de tempêtes, orages, gelées, nous prenons, avec votre accord, des mesures si des dégâts sont relevés et faisons intervenir l'entreprise concernée.
Devis gratuit

Answer the following questions in English.
1 What kind of work can be done during your absence?
   (a) Inside of the house. (Give 2 details)
   (b) Outside of the house. (Give 2 details) (4)
2 What can you do, before arriving, to have the house ready for you? (1)
3 What will the company do at the end of the season, if required? (2)
4 What might the company do if there are storms or hard frosts? (2)
5 What does *Devis gratuit* mean? (1)
   (10)

Questions to be answered in French

10 Vous lisez un journal en France pour savoir quel temps il va faire. Répondez aux questions en français.

Météo: retour vers un temps pluvieux

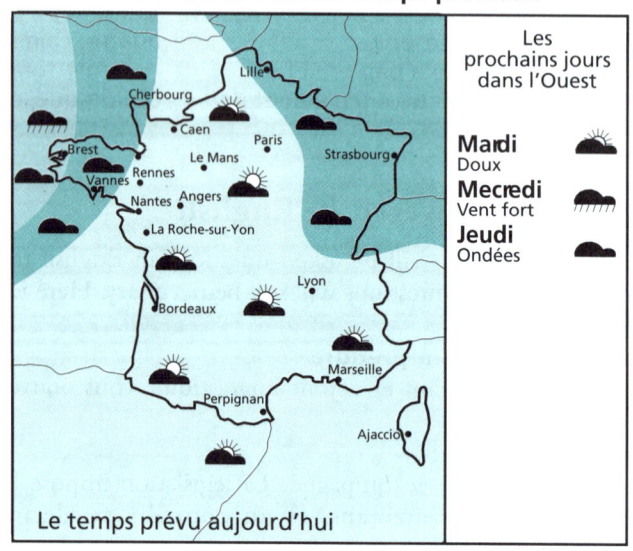

Les prochains jours dans l'Ouest
Mardi Doux
Mecredi Vent fort
Jeudi Ondées

Le temps prévu aujourd'hui

7.6 Higher Tier questions

Aujourd'hui dans l'Ouest: le redoux et les gelées ne concernent plus notre région. En revanche, le ciel est à nouveau habité par les nuages. Ceux-ci deviendront de plus en plus nombreux au fil de la journée et donneront quelques pluies ou ondées sur l'ouest-Bretagne en cours d'après-midi, plus tardivement sur les régions plus à l'est. Le vent s'orientera au sud en se renforçant légèrement.

Sur la côte: vent du sud 10 à 20 nœuds, passagèrement 25 nœuds à la pointe de Bretagne. Mer peu agitée.

1 Est-ce qu'il va geler? (1)
2 Est-ce que le soleil brillera? (1)
3 Quand pleuvra-t-il… ?
  (a) en Bretagne (2)
  (b) à l'est (2)
4 De quelle direction soufflera le vent? (1)
5 La mer sera très agitée? (1)
(8)

11 Vous êtes en vacances à Avignon et vous voulez aller à la piscine. Dans une brochure touristique vous lisez:

La piscine municipale d'Avignon

Située à environ 400m du centre-ville, à proximité du centre culturel, cet établissement de bains entièrement vitré à exposition sud et à la toiture ouvrante, bénéficie d'un ensoleillement maximum.

Bassin de 25m × 10m, d'une profondeur maximum de 2m et minimum de 0,90m, en pente douce, permet d'accueillir les familles en toute quiétude. La remarquable qualité de l'eau associée à une température idéale pour le farniente (28 à 30 degrés) assure le confort parfait des usagers.

Les droits d'entrée s'élèvent à 20F pour les adultes et 15F pour les enfants, avec possibilité de cartes d'abonnement de 10 entrées à 150F (adultes) et 100F (enfants). Tarifs spéciaux pour colonies de vacances, centres aérés, camps, etc.

Horaires d'ouverture (du 8 juillet au 15 septembre)
Mardi: 10h–12h* 15h–20h
Mercredi: 15h–20h
Jeudi: 10h–12h* 15h–20h
Vendredi: 10h–12h* 15h–18h (pour tous)
           18h–20h (adultes + 18 ans)
Samedi: 15h–19h

Nota: Bassin fermé les mercredis et les samedis en matinée, ainsi que les dimanches et lundis.
Attention: Fermeture annuelle du bassin du 15 septembre au 8 octobre.

Répondez aux questions en français.
(a) Où se trouve la piscine d'Avignon? (2)
(b) Pourquoi la piscine bénéficie-t-elle de beaucoup de soleil? Donnez deux détails. (2)
(c) Quelles sont les dimensions de la piscine? (3)
(d) Pourquoi la piscine est-elle idéale pour les familles? Donnez deux raisons. (2)
(e) Quels sont les prix d'entrée pour un enfant selon les différentes possibilités? (3)
(f) Un enfant peut y entrer le vendredi entre quelles heures? (2)
(g) La piscine est ouverte tous les jours de la semaine? Donnez des détails. (4)
(h) Est-ce qu'on peut y nager à la fin septembre? Donnez une raison pour votre réponse. (2)
(18)

12 **Quel hôtel?**

Vous et votre famille allez passer des vacances en France. Voici des brochures que vous avez reçues. Quel hôtel choisir?

Pour vous et votre famille, l'hôtel doit offrir: une piscine; un téléphone; une TV avec vidéo; et vous voulez jouer au squash et vous entraîner dans une salle de musculation. Choisissez la bonne lettre.

> **E**xaminer's tip
>
> There are five elements needed here. Underline the relevant ones as you read the text and add them up. Watch out for *equivalent* words, e.g. *salle de musculation* is the same as *gymnase* in a hotel.

149

(a) **Le Vieux Logis**
20 chambres avec salle de bains ou douche, radio, TV avec circuit vidéo, téléphone, mini-bar.
Restaurant et bar climatisé.
2 salles de réunion.
Piscine avec terrasse et bar, gymnase.
Salle de jeux.

(b) **Hôtel de la Baie**
140 chambres avec vue sur mer, salle de bains, TV couleur avec vidéo.
Service en chambre 24h sur 24.
Restaurant de tradition française, 2 bars.
Salon pour réunions et réceptions.
Piscine, sauna, 2 squash, gymnase, salon de coiffure.

(c) **Hôtel de la Lune**
60 chambres avec douche, 1 chambre pour handicapé.
Téléphone, TV couleur, radio, mini-bar.
Hôtel climatisé et insonorisé.
Restaurant traditionnel. Salons pour réunions et réceptions.
Service en chambre jusqu'à minuit.
2 courts de tennis, 2 squash, gymnase, galerie marchande, piscine.

(d) **Hôtel de la Plage**
80 chambres dont 40 avec vue sur mer.
Hôtel climatisé et insonorisé.
Téléphone direct, TV couleur avec circuit vidéo, mini-bar, radio.
Restaurant international, spécialités régionales, 3 bars.
Piscine, court de tennis, 3 squash, gymnase, sauna, salle de jeux.

(e) **Hôtel du Port**
12 chambres, salle de bains, radio, TV avec vidéo, téléphone, mini-bar.
1 chambre pour handicapé.
Salon pour repas d'affaires, climatisé et insonorisé.
Spécialités régionales, cuisine traditionnelle.
Restaurant et bar.
Salle de jeux, court de tennis, piscine.

13 La musique Rock et Rap

Grand-père Hard Rock
Le Hard Rock, avec son cuir et ses chaînes, est apparu en 1968 à Los Angeles. En 1970 apparaît le Heavy Metal: guitares poussées à l'extrême, voix aiguës.

L'oncle Punk
Né en Angleterre en 1976, le mouvement punk incarne la révolte de la jeunesse face aux institutions. Le son est dur, le rythme infernal et les paroles provocantes.

Les petits-fils
Fusion – C'est un mélange de rock, rap, funk, et jazz-rock.
Pop – Ici l'accent est mis sur la mélodie, un son très propre et des chansons structurées. Le Pop est très en vogue actuellement en Angleterre.
Grunge – Le mouvement Grunge vient de Seattle, aux Etats-Unis. Le look est négligé.

Papa Rap
Le mot *Rap* veut dire *frapper*. Il est né dans le Bronx et à Harlem au début des années 80. Il mettait en valeur les performances verbales des disc-jockeys dans les boîtes de nuit. Le texte est parlé sur des rythmes samplés, recopiés de morceaux de soul.

Les fils
New Jack – C'est un mélange de rap et de soul funk.
Raggamuffin – Né en Jamaïque, il est une concentration du rap et du reggae.
Trip Hop – Celui-ci utilise des morceaux de jazz, de blues et de funk. L'accent est mis sur l'ambiance.

Répondez aux questions en français.
(a) Quand est-ce que le Hard Rock a commencé? Et où? (2)
(b) Où est-ce que le Punk a commencé et quand? (2)
(c) Le Punk, c'est une musique institutionnelle dont les paroles sont calmantes? (1)
(d) La Fusion, c'est un mélange de rock et soul? (1)

Examiner's tip
Remember to use only the information given in the text for this kind of question. Do not include any other information that you know about the topic. Marks will only be given for the information given in the exam question.

(e) Le Pop est très populaire en Angleterre? (1)
(f) Le Grunge vient de l'Amérique? (1)
(g) Qu'est-ce que le mot 'rap' signifie? (1)
(h) Le Raggamuffin vient des Antilles? (1)
(10)

14 Multimédia

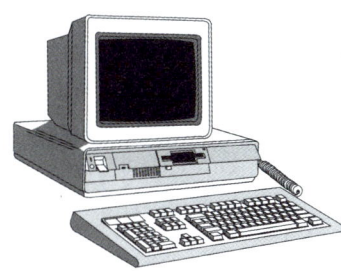

Les Imprimantes
Les imprimantes à jet d'encre ont un bel avenir. Seule capable d'assurer la couleur pour tous à bas prix, cette technologie pourrait aussi faire du cent pages/minute en qualité photo.
Eveiller le fax-modem
L'Eveilleur, c'est un petit boîtier qui permet d'allumer son PC à distance. Il permet aussi de recevoir un appel de fax, de le prendre, puis l'ordinateur s'éteint tout seul… C'est beau le progrès.
Wanadoo
Hormis ce nom plus que discutable, ce nouveau service de France Télécom est une sorte de pages jaunes multimédia où l'utilisateur peut commander directement, s'informer et comparer.

Répondez aux questions en français.
(a) Donnez deux avantages des imprimantes à jet d'encre. (2)
(b) Donnez en chiffres le nombre de pages en qualité photo que cette imprimante peut produire par minute. (1)
(c) Quelles sont les possibilités des Eveilleurs/Fax-Modem? (4)
(d) Wanadoo, c'est un service de quelle agence? (1)
(e) Décrivez le service de Wanadoo. (2)
(10)

Examiner's tip

Remember that the *World of Work* and *IT* are part of the National Curriculum GCSE French Syllabus. Make sure that you learn the vocabulary on these topics from the vocabulary section in this book.

15 Vous faites un stage dans un bureau en France. Votre patron vous a demandé de faire des recherches au sujet des téléphones-répondeurs. Voici ce que vous avez trouvé.

Téléphones-répondeurs
Les téléphones-répondeurs sont indispensables dans le bureau d'aujourd'hui. Mais lequel acheter? Pour bien choisir, il faut considérer plusieurs choses. 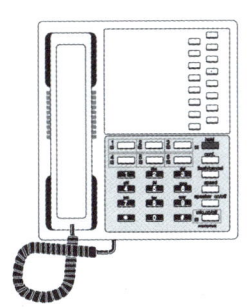
Cassette ou Numérique?
Les répondeurs à cassette sont les moins chers et on peut conserver les bandes enregistrées mais avec les numériques on peut accéder directement aux messages sans rembobinage et le son des enregistrements est plus clair.
Interrogeable à distance?
Cela vous permettra d'écouter vos messages à partir d'un téléphone lorsque vous n'êtes pas chez vous.
Voulez-vous… ?
 1 L'indication du nombre de messages par voyant clignotant
 2 Sauvegarde automatique des messages
 3 Touches bis, secret et pause
 4 Possibilité d'accrochage mural
 5 Simple d'utilisation, à prix attractif
 6 Clavier intégré au combiné
 7 Un grand choix de coloris vifs pour le combiné
 8 Chaque numéro en mémoire accessible par une touche
 9 Un écran affichant les numéros composés en mémoire, la durée de la communication et le nombre de messages
 10 Choix du nombre de sonneries avant annonce

Maintenant répondez *Oui* ou *Non* aux questions suivantes que le patron vous pose.
(a) Les répondeurs numériques sont moins chers que les répondeurs à cassette? (1)
(b) Le son des enregistrements sur cassette est plus clair que le son des enregistrements numériques? (1)
(c) Si un téléphone est interrogeable à distance, on peut écouter ses messages quand on n'est pas à la maison? (1)

(d) Un voyant clignotant indique le nombre de messages au téléphone-répondeur? (1)
(e) On peut installer un téléphone-répondeur au mur? (1)
(f) Les téléphones-répondeurs sont en blanc et noir seulement? (1)
(g) Il est possible d'activer un numéro en mémoire à partir d'une seule touche? (1)
(h) On peut voir sur un écran combien de minutes on a parlé? (1)
(8)

16 Lisez ce texte
L'alpinisme

Dans l'Himalaya, les choses sérieuses se passent de plus en plus souvent de nuit. Une génération d'alpinistes se mesure aux sommets de plus de 8 000 mètres en des assauts éclairs, mangeant, buvant et dormant peu, réduisant l'emploi de l'oxygène. Bref, grimpant sans s'arrêter – sauf le jour, lorsque la température est plus clémente – du camp de base au camp de base en passant, si possible, par le sommet.

C'est ainsi que l'alpiniste français Jean-Luc Nicolas a gagné le sommet vers 3h30 du matin, le 31 juillet, après une ascension solitaire de la difficile face nord-ouest. Trois jours auparavant, il avait gagné la face nord-est, toujours en solitaire en onze heures vingt minutes depuis le camp de base.

A Paris hier, Jean-Luc a dit 'J'avais super froid aux pieds et aux mains: le vent avait rendu les dernières heures d'ascension pénibles, j'étais très diminué physiquement, ayant passé près de quatre jours à plus de 6 000 mètres d'altitude, et le mauvais temps était en train d'arriver'.

Dans l'Himalaya il savoure la sensation d'espace que les Alpes ne lui offrent plus. Jean-Luc a maintenant gravi six sommets de plus de 8 000 mètres. L'automne dernier, il avait renoncé lors d'une tentative en solitaire dans la face sud de l'Annapurna.

Répondez aux questions en français.
(a) Où est-ce que Jean-Luc vient de faire de l'alpinisme? (1)
(b) A quel moment de la journée a-t-il fait l'ascension? (1)
(c) A-t-il employé de l'oxygène? (1)
(d) Combien de personnes l'ont accompagné? (1)
(e) Qu'est-ce qu'il a fait trois jours avant d'escalader la face nord-ouest? (2)
(f) Pourquoi a-t-il trouvé la fin de l'ascension difficile? Donnez deux détails. (2)
(g) Qu'est-ce qu'il trouve dans l'Himalaya qu'il ne trouve pas dans les Alpes? (1)
(h) Quelle ascension n'a-t-il pas encore achevée? (1)
(10)

17 **Les aliments énergie**

Pour vous remettre en forme après les examens, après une année de stress et de fatigue, allez faire un tour au marché. Vous y trouverez une quantité d'aliments qui apportent une bonne dose d'énergie.

Les meilleurs aliments pour la santé sont: amandes, abricots, brocolis, épinards, riz brun, graines de sésame.

Les meilleurs légumes sont: asperges, artichauts, betteraves, carottes, céleris, choux, oignons, tomates.

Les meilleurs fruits sont: bananes, citrons, dattes, figues, fraises, framboises, oranges, poires, pommes, prunes, raisins, rhubarbe.

Les herbes et les épices: basilic, laurier, marjolaine, menthe, persil, sauge, thym.

Les autres: la plupart des fruits secs, graines de tournesol et de soja.

Voici ce qu'il faudrait manger dans une journée
- un bol de céréales
- quatre tranches de pain complet
- 100g de crudités (concombre, chou blanc ou rouge, céleri-rave, carotte)
- 200g de légumes verts
- 100g de légumes secs (lentilles, pois cassés, haricots blancs) ou de féculents cuits (riz brun, pâtes complètes)
- 1 pomme ou 1 poire ou 1 orange
- 1 petite banane ou 50g d'abricots secs

Attention

Le système digestif a besoin de temps pour s'habituer à une alimentation riche en fibres. Afin d'éviter les crampes d'estomac, augmentez progressivement les quantités pour arriver à cette journée idéale.

Et les jeunes en France?
Les jeunes obèses sont deux fois plus nombreux en France qu'il y a dix ans. La moitié d'entre eux le resteront toute leur vie. La cause? C'est la façon dont ils se nourrissent. Trop de hamburgers, glaces, frites. Eux aussi doivent penser aux aliments énergie.

Répondez aux questions en cochant la bonne case.
1. Quels conseils donne-t-on pour combattre le stress?
   - (a) Faire du jogging
   - (b) Aller faire un tour
   - (c) Aller au marché
   - (d) Faire une promenade (2)
2. Pour la santé, il faut manger…
   - (a) des légumes verts
   - (b) des légumes secs
   - (c) de la viande
   - (d) du poisson (2)
3. Ce qui est mauvais pour la santé, ce sont…
   - (a) les abricots
   - (b) les fruits secs
   - (c) les épices
   - (d) les glaces (2)
4. Les crudités sont…
   - (a) des légumes non cuits
   - (b) des légumes cuits
   - (c) des céréales
   - (d) des fruits (2)
5. Pour bien digérer, il faut…
   - (a) ne manger que des fibres
   - (b) ajouter des fibres petit à petit
   - (c) manger lentement
   - (d) ajouter des fibres tout de suite (2)
6. Les jeunes Français…
   - (a) aiment le fast-food
   - (b) détestent le fast-food
   - (c) préfèrent les aliments énergie
   - (d) pensent aux aliments énergie (2)

> **Examiner's tip**
>
> Make sure that you learn all the topic vocabulary on food given in this book so that you won't have to waste time in the exam looking up words in your dictionary. Remember that *only* the information given in this text must be used in your answers. Do not include other information on this topic that you might know.

7.7 Suggested answers

1. (b)
2. (d)
3. (a) Vrai
   (b) Faux
   (c) Faux
   (d) Faux
   (e) Vrai
4. (a) Faux
   (b) Faux
   (c) Vrai
   (d) Faux
   (e) Faux
   (f) Vrai
   (g) Faux
   (h) Vrai
5. (a) Véronique
   (b) Mireille
   (c) Mireille/Alexandre
   (d) Mireille/Anne-Marie
   (e) Antoine
   (f) Antoine/Véronique/Alexandre
6. (a) Charlotte
   (b) Louise
   (c) Isabelle
   (d) Charlotte/Elisabeth
   (e) Louise
7. 1 utilisée
   2 tonnes
   3 papier
   4 pays
   5 écologique
   6 naturels
   7 chimiques
   8 vieux
   9 kilos
   10 quatre

Chapter 7 Reading

8 1 (a) The children must be accompanied.
      (b) There should be one adult for every ten children.
   2 Children of the same ability should be placed in the same class.
   3 (a) One per family.
      (b) Name, address and telephone number.
   4 It should be all inclusive.
9 1 (a) (2 from) Clean floors/walls/windows/carpets.
      (b) (2 from) Clear paths/mow lawns/clean windows.
   2 Telephone the company.
   3 Shut up the house.
   4 See that any damage is repaired.
   5 Free estimate.
10 1 Non
   2 Non
   3 (a) L'après-midi
      (b) plus tard
   4 Du sud
   5 Non
11 (a) A 400 mètres du centre-ville
   (b) La piscine est entièrement vitrée et a une exposition sud
   (c) 25m × 10m × 0.90–2m
   (d) (2 out of) Calme/bonne qualité de l'eau/température idéale
   (e) 15F pour une visite/carte d'abonnement de 10 entrées – 100F
   (f) 10h–12h, 15h–18h
   (g) Non, fermée les mercredis et samedis en matinée et aussi les dimanches et les lundis.
   (h) Non, la piscine se ferme le 15 septembre pour la fermeture annuelle.
12 (d)

13 (a) En 1968 à Los Angeles.
   (b) En Angleterre en 1976
   (c) Non
   (d) Non
   (e) Oui
   (f) Oui
   (g) Frapper
   (h) Oui
14 (a) La couleur à bas prix
   (b) 100
   (c) On peut allumer son PC à distance/ recevoir un appel de fax/le prendre/puis l'ordinateur s'éteint tout seul
   (d) France Télécom
   (e) Une sorte de pages jaunes
15 (a) Non
   (b) Non
   (c) Oui
   (d) Oui
   (e) Oui
   (f) Non
   (g) Oui
   (h) Oui
16 (a) Dans l'Himalaya
   (b) La nuit
   (c) Non
   (d) 0
   (e) Il a escaladé la face nord-est
   (f) (2 out of) Le froid aux pieds et aux mains/ le vent /très fatigué
   (g) la sensation de l'espace
   (h) la face sud de l'Annapurna
17 1 (c)
   2 (a)
   3 (d)
   4 (a)
   5 (b)
   6 (a)

7.8 Votre guide anti-panique

Read the following guide which will help you *not* to panic before and during your French GCSE Exam. It will also be useful as a reading comprehension practice.

Est-ce qu'une des phrases suivantes vous décrit?
(a) Je n'arrive pas à m'organiser.
(b) J'ai peur des examens.
(c) Je suis en dessous de la moyenne.
(d) Je voudrais réussir à mes examens.

Si oui, lisez attentivement ce guide afin de ne pas paniquer face aux examens. Si vous suivez les conseils ci-dessous, vous pourrez réussir brillamment à vos examens.
1 *Choisissez* vos *priorités*.
2 *Fixez* des *objectifs*.
3 *Lisez régulièrement* la *section grammaire* dans ce livre.
4 *Parlez français* toutes les semaines avec des Francophones que vous connaissez ou avec des amis qui, eux aussi, préparent un examen de français.

7.8 Votre guide anti-panique

5   *Apprenez* les *matières clés*.
6   *Repérez* vos *lacunes* puis utilisez ce livre pour réviser vos matières faibles.
7   *Organisez-vous mieux* en gérant votre temps, votre espace et en vous donnant des priorités de révisions.

Il vous faut un coin à vous, un bureau et un emploi du temps devant les yeux. Si vous mettez de l'ordre sur votre table de travail avant de commencer un devoir, cela vous permettra de clarifier vos idées. Ne gardez sur votre table que les affaires dont vous avez besoin.

Mesurez votre temps. Travaillez avec la pendule devant vous pour ne pas gaspiller votre temps. Minutez-vous et regardez combien de temps vous avez passé sur tel type de travail et combien de temps vous avez été efficace.

Donnez-vous une heure fixe pour faire quelque chose, e.g. réviser des verbes – $^1/_2$ heure, préparer des réponses écrites ou orales – 1 heure, etc.

Notez vos priorités – les matières qu'il faut étudier, quand et pour combien de temps.

Ayez toujours un but précis. La concentration a ses limites. Entraînez-vous à accomplir une tâche dans un certain temps.

Faites attention aux pièges – des copains qui téléphonent ou une émission de télé préférée. Soyez strict(e). N'admettez pas de distractions quand vous travaillez.

Ne travaillez pas sans un calendrier à proximité. Essayez de mettre en place un planning de travail, sans oublier les vacances.

Il faut alterner des périodes de travail avec des périodes de loisirs. Essayez de participer à une activité sportive chaque semaine afin de combattre le stress du travail.

L'examen oral

L'oral est une question de sonorités, de vocabulaire et de grammaire.
1   Enrichissez votre répertoire de mots.
2   Lisez des textes français et des articles dans des journaux/magazines français. Essayez d'imiter les constructions des phrases – cela serait bien aussi pour l'examen écrit.
3   Pour sensibiliser l'oreille à la musique de la langue, écoutez France Inter ou France Europe à la radio. Enregistrez des passages pour pouvoir les écouter plusieurs fois et essayez d'imiter les sons/phrases. Regardez les émissions de télé en langue française.
4   Surtout participez le plus possible en classe et avec l'Assistant(e) Français(e).

Et finalement…

N'oubliez pas que la forme physique précède la forme intellectuelle. Pour lutter contre la fatigue:

- Faites attention à l'alimentation 
- Faites attention aux heures de sommeil 
- N'oubliez pas les bienfaits des activités sportives.
- Trouvez un rythme de vie personnel.
- Attention à la saturation intellectuelle.
- Réservez-vous des moments de détente… mais pas trop!

Chapter 8
Writing

8.1 Introduction

The Writing examination will be *either* a terminal examination *or* a coursework element.

Terminal exam
If you are taking this option, you will have a writing exam paper on a set day at the end of your course during the period of the GCSE exams in May/June.

Coursework element
If you are taking this option, you will carry out various writing tasks throughout the course, usually under controlled classroom conditions. These pieces of work will be marked by your teacher and a sample of your work will be sent to the exam board for moderation. Check to see if this is the writing option that you will be doing, and also if you will be allowed to use a dictionary when doing coursework.

Use of dictionaries in the exam
Check your exam board syllabus to find out if you will be allowed to use a dictionary in your writing exam. Here is some advice on using dictionaries.
1. Do *not* rely too heavily on using your dictionary in the exam. Learn as much vocabulary as you can before the examination on each of the Areas of Experience.
2. Use your dictionary to:
   (a) Find words that you really do not know
   (b) Check what you have written:
       (i) the gender of a word (is it masculine or feminine?)
           Have you written *le* or *la*, *un* or *une*?
           The dictionary will indicate *n.m.* for a masculine word, *n.f.* for a feminine word.
       (ii) spelling, especially if the plural form of the word is different, e.g. *cheval/chevaux* (horse/horses)
            journal/journaux (newspaper/newspapers)
       (iii) accents on words

> **Examiner's tip**
>
> Remember that some words change their meaning if the gender changes e.g. *le poêle* (stove) and *la poêle* (frying-pan); *le tour* (tour) and *la tour* (tower); *le poste* (post/position) and *la Poste* (Post Office).
> Always try to give yourself plenty of time at the end of the exam to check your work. *Never* finish your exam early. You should use every minute in the exam.

8.2 Preparing for the examination

Assessment
In the writing examination and coursework you will be given marks for:
- Task completion
- Accuracy

At the Higher Tier, in addition to these, you will be given marks for:
- Range of vocabulary
- Structures

In order to achieve the highest marks you should:
- Thoroughly revise the *Grammar* section in this book.
- Learn as much *vocabulary* as possible from the vocabulary section of this book.
- Practise all the specimen material in this book and check your answers.

Writing rubrics

The instructions for the writing tasks will be given in French, so you should learn the following (the most frequently used instructions on the Writing paper) carefully so that you will know what you are being asked to do.

Commence/commencez par… *Begin with…*
Choisis/choisissez question numéro un ou question numéro deux
Choose question number one or question number two
Choisis/choisissez une question parmi (a), (b) et (c)
Choose one of the questions (a), (b) or (c)
Ecris/écrivez une lettre en français *Write a letter in French*
Ecris/écrivez un article en français *Write an article in French*
Ecris/écrivez (e.g. 100) mots *Write (e.g. 100) words*
Commence/commencez votre lettre avec cette introduction…
Begin your letter with this introduction…
Lis/lisez cette carte postale *Read this postcard*
Ecris/écrivez une carte postale en utilisant ces renseignements
Write a postcard using this information
Lisez… puis écrivez une réponse *Read… then write a reply*
Raconte/racontez ce qui s'est passé *Tell what happened*
Expique/expliquez ce qui s'est passé *Explain what happened*
Remplis/remplissez cette fiche/ce formulaire *Fill in this form*
Réponds/répondez aux (à toutes les) questions *Answer (all) the questions*
Donne/donnez au moins (e.g. dix) détails *Give at least (e.g. 10) details*
Mentionne/mentionnez… *Mention…*
Pose/posez des questions sur… *Ask questions about…*
Parle/parlez de vos réactions *Write about your reactions*

> **Examiner's tip**
>
> Sometimes in the Writing exam you will see the instruction Parle/parlez de (e.g. tes/vos impressions). Remember that this means 'write' about (e.g. your impressions). The verb parler does not mean to speak aloud in a writing exam.

8.3 Foundation Tier tasks

The writing tasks at Foundation Tier will usually consist of a combination of the following:
- Lists/notes/messages
- Postcards
- Form-filling/questionnaire
- Diary entries
- Some continuous writing, e.g. a letter

Lists

This type of question is often set in the Foundation Tier paper. You may be asked to write a shopping list in French or write a list of things you are going to do on holiday. Here are two examples of this type of question.

1. Vous allez faire des courses avec la mère de votre correspondant. Elle vous demande d'écrire sa liste.

   Ecrivez en français 5 choses sur la liste,

   e.g 1 bananes

         2 ....

         3 ....

Chapter 8 Writing

    4 ....
    5 ....
    6 ....

(10)

2 Votre correspondant(e) va rester chez vous. Ecrivez en français une liste des activitiés possibles dans la région.

    e.g 1 aller au cinéma
            2 ....
            3 ....
            4 ....
            5 ....
            6 ....

> **Examiner's tip**
>
> For this kind of writing test, you do not need to use complete sentences so long as the essential information is conveyed.

(10)

Diary entries

This kind of writing test is similar to writing a list. You will probably be given a week's diary entry and asked to fill in a different activity for each day.

3 Vous voulez organiser votre visite en France. Ecrivez en français une activité différente pour chaque jour de la semaine.

    e.g dimanche   aller à l'église
          lundi   ....
          mardi   ....
          mercredi   ....
          jeudi   ....
          vendredi   ....
          samedi   ....

> **Examiner's tip**
>
> This diary entry is very similar to making a list. Complete sentences are not needed for this kind of question.

(12)

Messages

You might be asked to write a message.

4 Tu vas sortir. Ecris un message à ton ami(e) pour dire:

    qui a téléphoné

    où tu vas

    avec qui

    pourquoi

    à quelle heure tu rentreras

> **Examiner's tip**
>
> When writing messages and postcards, you do not always need to give a complete sentence as long as the message is conveyed. The question itself suggests which tenses are needed, e.g. qui a téléphoné tells us to use the perfect tense; à quelle heure tu rentreras shows that the future tense is needed for this part of the question. In this example, you need to give part of different tenses, but can leave out the word 'je'.

(10)

Form-filling

You may be asked to fill in a simple form or questionnaire. Here are some of the things often asked for:

    Nom *Surname*
    Prénom(s) *First name(s)*
    Nationalité *Nationality*
    Domicile *Address*
    Date de naissance *Date of Birth*
    Préférences *Preferences*
    Langues parlées *Languages spoken*
    Intérêts *Interests*

Here is an example of a form-filling question.

5 Vous cherchez un(e) correspondant(e) français(e). Remplissez ce questionnaire en français.

    Nom   ....

    Prénom(s)   ....

Domicile ....
Nationalité ....
Sports préférés ....
Matières scolaires préférées ....

(10)

Postcards

When writing a postcard remember that some words are left out because of lack of space. What the examiner is looking for is to see if the essential message has been conveyed. Here are some useful short phrases to use when writing a postcard in French.

Cher/chère... *Dear (masculine/feminine)...*
Me voici en vacances à... *Here I am on holiday at...*
Me voici au bord de la mer/à la montagne/avec ma famille/avec mes copains/avec un groupe scolaire
Here I am at the seaside/in the mountains/with my family/with my friends/with my school.
Il fait beau. *The weather is fine.*
Il fait très chaud. *The weather is very hot.*
Il pleut. *It's raining.*
Hier/aujourd'hui j'ai visité... *Yesterday/today I visited...*
M'amuse bien. *Having a great time.*
Hôtel/camping super! *Great hotel/campsite.*
Fais du ski/de la planche à voile/du tennis... *Am skiing/windsurfing/playing tennis...*
To end a postcard – Bises or Amitiés... *Love...*

Other cards

Bon anniversaire *Happy birthday*
Joyeux Noël *Happy Christmas*
Meilleurs vœux *Best wishes*

Here is an example of a writing question based on a postcard.

6 Vous êtes en vacances. Ecrivez une carte postale à votre correspondant(e) français(e).
   Mentionnez:
   1 où vous êtes
   2 avec qui
   3 où vous logez
   4 le temps qu'il fait
   5 vos activités

(15)

Informal letters

To a friend of your own age, you should begin the letter with...
e.g. to Pierre   *Cher Pierre,* or *Mon cher Pierre,* or *Cher ami,*
e.g. to Anne-Marie   *Chère Anne-Marie,* or *Ma chère Anne-Marie,* or *Chère amie,*

To a friend of your own age, you should end the letter with *Amitiés,* or *Amicalement,* or *A bientôt,* or *Bien à toi,* or other phrases which you have been taught and know to be appropriate.

If you are writing to a friend of your own age, you should use the 'tu' form of the verb to address him/her.

If you are writing to an adult (e.g. parent/s of your friend), you should use the 'vous' form of the verb.

French people write their address in full at the top left-hand side of a letter when writing to a friend. Sometimes they just put the date and the place, e.g.

Paris, le 3 octobre

They usually put their name and address on the back top of the envelope after the word 'Expéd:' (Expéditeur).

Useful expressions for informal letters

Thanking for letter received
Je te remercie de ta dernière lettre.
or *J'ai été très heureux/heureuse d'avoir de tes nouvelles.*

Chapter 8 Writing

or *J'ai été très content(e) de recevoir ta lettre.*
or *J'ai reçu ta lettre avec plaisir.*
Apologies for a late reply
Excuse-moi de n'avoir pas écrit plus tôt mais…
or *J'espère que tu m'excuseras de t'écrire avec un peu de retard.*
or *Je suis désolé(e) de te répondre avec un peu de retard.*
General statements – any combination of the following:

Je profite	*d'un moment*	*libre*	*pour*	*t'écrire*
	d'un instant	*de repos*		*t'envoyer un petit mot*
	d'un après-midi			*te répondre*
	d'un jour			

Expressing good wishes
Je te souhaite de bonnes vacances. (for a good holiday)
Je te souhaite un joyeux Noël. (for Christmas)
Je te souhaite un bon anniversaire. (for a happy birthday)
Je te souhaite bonne chance. (for good luck)
Je te souhaite 'bon voyage'. (for a journey)
Accepting invitations
Je te remercie de ton invitation à faire un séjour chez toi pendant les grandes vacances.
J'aimerais bien venir passer une (deux, etc) semaine(s) chez toi au mois de…/pendant les grandes vacances.
Refusing an invitation
Je te remercie de ton invitation à faire un séjour chez toi pendant les grandes vacances.
Malheureusement je ne peux pas accepter.
Je suis désolé(e) d'être forcé(e) de refuser.
Giving invitations
J'écris pour te demander si tu peux venir passer (e.g. une/deux semaines)… chez moi pendant les grandes vacances.
Expressing regret
Je suis désolé(e) de te dire que…
Expressing pleasure
Je suis ravi(e) de te dire que…
Endings
Mes parents t'envoient leur bon souvenir/leurs amitiés. (Best wishes from my parents)
Dis le bonjour de ma part à tes parents/toute la famille. (Best wishes to your parents/family)
Je vais te quitter car j'ai beaucoup de devoirs à faire.
   or *Je te quitte car j'ai beaucoup de travail à faire.*
Je te quitte en espérant de te lire bientôt,
or *En attendant le plaisir de te lire,*
or *en attendant ta prochaine lettre, etc.*

7 Ecrivez une lettre à votre correspondant(e) français(e). (100 mots)
   Parlez de:
   (a) votre famille
   (b) vos amis
   (c) votre école
   (d) vos loisirs

   (40)

> **Examiner's tip**
>
> Remember that more marks are given for questions where you have to write complete sentences. Check particularly that your verb forms are correct, also spelling, genders and accents. When writing to a friend, remember to use the 'Tu' form of the verb.

8 Vous êtes allé(e) en vacances. Ecrivez une lettre à votre correspondant(e) français(e) pour lui parler de vos vacances.
   Décrivez le voyage, la région où vous êtes resté(e), vos activités et vos opinions sur ces vacances. (120 mots)

   (40)

Sometimes, you may be asked to write a letter in reply to a letter which you have received. In this kind of question, you will need to read the letter carefully before answering. Here is an example of this kind of question.

9 Vous avez reçu cette lettre de votre correspondant(e) français(e). Lisez la lettre puis écrivez une réponse en français. Répondez à toutes les questions. Ecrivez 120 mots.

> **Examiner's tip**
>
> If there are questions to answer in the letter, it is a good idea to highlight or underline the questions you are being asked and to number them. Then, as you answer the questions in the letter you can tick them off to make sure that you have not left anything out.

Salut,

Mon professeur d'anglais vient de me donner ton nom et ton adresse. Je voudrais être ton correspondant français. Je suis élève au lycée Zola à Aix-en-Provence et je suis en seconde. J'étudie les maths, les sciences, le français, l'anglais et le latin. Quelles matières étudies-tu? C'est comment ton collège ?

J'habite avec ma famille à la campagne à dix kilomètres d'Aix. Je prends le car de ramassage scolaire pour aller à l'école. Je dois quitter la maison à sept heures du matin. Et toi? Où habites-tu exactement? Comment vas-tu à l'école et à quelle heure?

Il y a combien de personnes dans ta famille? Peux-tu m'envoyer une photo? Voici une photo de ma famille avec notre chien Virus. Tu as des animaux domestiques?

Maintenant je dois faire mes devoirs. Ecris-moi vite.

A bientôt,

....

(40)

> **Examiner's tip**
>
> Informal letters at GCSE level are usually about yourself/family and friends/your home and the area where you live/school/leisure activities and holidays. Revise all the vocabulary in this book on these topics and prepare in advance some of the things you might want to write in French in a letter on these topics.

8.4 Suggested answers

As there are not right and wrong answers for these tasks, the answers suggested below are examples of the sort of thing you might write.

Lists

1 2   tomates
    3   jambon
    4   œufs
    5   lait
    6   café

2 2   voir des amis
    3   aller à la piscine
    4   jouer au tennis
    5   regarder un match de football
    6   faire du shopping

Diary entries

3 lundi – faire du shopping
    mardi – faire de l'équitation
    mercredi – aller au marché
    jeudi – jouer au badminton
    vendredi – nager dans la mer
    samedi – visiter un château

Messages

4 Pierre a téléphoné. Suis allé(e) en ville avec lui faire du shopping. Rentrerai à six heures.

Form-filling

5 *Nom*   Smith
   Prénom   Mary
   Domicile   3 Forest Road, Newtown.
   Nationalité   Britannique
   Sports préférés   tennis, natation
   Matières préférées sciences, maths

Postcards

6 Chère Solange,
   Me voici au camping municipal de Rouen avec ma famille. Il fait beau. Je joue au football chaque jour.
            Christophe

Informal letters

7 Cher Laurent,
   Merci bien de ta lettre et de la photo de ta famille.
   Voici une photo de ma famille. Il y a mon père, ma mère et mes deux sœurs. Ma sœur Charlotte a dix ans et Louise a six ans. Ma mère est infirmière et, malheureusement, mon père est chômeur.
   Je vais au CES Rankin qui se trouve au centre-ville à deux kilomètres de chez moi. Au collège, j'ai beaucoup d'amis. Mon meilleur ami s'appelle James. Le soir et le week-end, nous sortons ensemble. Nous allons en ville et à la disco. Le dimanche je fais mes devoirs.
   En attendant de te lire bientôt,
   ....

8 Chère Marie-Christine,
   La semaine dernière je suis allé avec un groupe scolaire faire du ski dans les montagnes en Ecosse. Nous avons fait le voyage en car et cela nous a pris six heures pour y arriver.
   Notre professeur a déjà fait du ski en Ecosse et c'est lui qui a choisi l'hôtel. A mon avis, ce n'était pas un bon hôtel car il n'y avait pas de salle de jeux, mais les chambres étaient très confortables.
   Chaque matin nous avons quitté l'hôtel vers neuf heures et on nous a donné des leçons de ski. C'était chouette! L'après-midi on nous a laissé skier sur les pistes. Le ski, c'était superbe, et je veux y retourner l'année prochaine.
   A bientôt,
   ....

9 Cher/chère ....
   Merci de ta lettre et de la photo de ta famille. Je suis très content(e) d'avoir un correspondant français. Je suis élève au collège (name of your school) à (name of the town). Je suis en seconde aussi. J'étudie les maths, l'histoire-géo, les sciences, l'anglais, le français et la technologie. Les bâtiments de mon collège sont vieux mais les profs sont sympas.
   J'habite tout près de mon collège et j'y vais à pied. Les cours commencent à neuf heures et quart. Je quitte la maison, le matin à neuf heures moins le quart et je rentre à quatre heures et demie. Voici une photo de moi et de ma famille. Nous avons aussi un chat qui s'appelle Blotto. Il est très drôle.
   En attendant ta prochaine lettre,
   Amitiés,
   ....

8.5 Higher Tier tasks

At Higher Tier you may be asked to write a report/account, narrate events, express and justify points of view. Check the syllabus of your examination board to see what type of Higher Tier writing tasks you will have to do. The writing tasks at Higher Tier will usually consist of various pieces of continuous writing, for example:
- Letters
- Job applications
- Articles
- Factual or imaginative narratives
- Pictures, photographs or other visual stimuli may be used

During the examination:
- Always *think* in French when attempting a writing task. Do not think out what you want to say in English as you will end up with a very difficult translation exercise.
- Be *accurate* in what you write. Check especially the tense/person and agreement of the verbs which you use.
- Try to use a *range* of good French expressions. Remember that the use of idiom counts at this level.

The section on **informal letters** in Unit 8.3 also applies to Higher Tier candidates. Questions 7–9 provide examples of the sort of question you might have to answer with an informal letter.

> **Examiner's tip**
>
> When answering questions at the Higher Tier, you will usually be asked to express your opinions and reactions. Revise the Functions section of this book to check how to express opinions and reactions.

Formal letters

When writing formal letters in French, you must follow certain rules.
- Write your own name and address at the top *left*-hand side of the page before you begin the letter.
- Write the name and address of the person to whom you are writing at the *right*-hand side of the page before you begin the letter.
- Begin your letter with *Monsieur* or *Madame*. Leave ou the word *Cher/Chère*.
- Use the *vous* form of the verb throughout the letter to address the person to whom you are writing.
- Use a formal ending to end your letter, e.g. *Je vous prie d'agréer, Monsieur (Madame), l'expression de mes sentiments distingués.*

Useful expressions for formal letters

Acknowledging receipt of a letter
J'accuse réception de votre lettre du…(date)

Requesting information
Je voudrais savoir…
or *Voulez-vous m'envoyer des renseignements sur…?*
or *Voulez-vous m'indiquer…*

Requesting brochures/lists
Voulez-vous m'envoyer des brochures sur… ?
Voulez-vous m'envoyer une liste des hôtels?

Thanking in advance
Avec mes remerciements anticipés…

Expressing thanks
Je vous remercie beaucoup de…/Je vous suis très reconnaissant(e)…

Expressing intention
J'ai l'intention de…/Je compte…

Booking accommodation
Je voudrais retenir une/deux (etc) chambre(s)/Il me faut une/deux (etc) chambre(s).

In reply to an advert
J'ai lu dans le journal…/J'ai lu dans les petites annonces…/J'ai lu votre annonce dans le journal…

Enclosing material
Veuillez trouver ci-joint…/Je vous prie de bien vouloir trouver ci-joint…
Cancelling arrangements
Je regrette beaucoup de me trouver dans l'impossibilité de…/Je vous prie d'annuler ma réservation.
Complaining
J'ai le regret de vous informer que…/Je ne suis pas du tout satisfait(e) de…
J'ai à me plaindre de…/Cela ne répondait pas du tout à ce que j'attendais.
Le service était affreux/J'espère que vous ne tarderez pas à me donner satisfaction.

Applying for jobs

You have read an advert in the newspaper…
J'ai lu dans les petites annonces du (e.g. Figaro) du… (date) que vous cherchez…
or *En réponse/Comme suite à votre annonce dans le journal… du…, j'ai l'honneur de poser ma candidature au poste de…*
Possible jobs
(une) jeune fille au pair au pair girl
(un) moniteur/(une) monitrice youth leader, instructor
(un(e)) pompiste petrol pump attendant
(un) garçon de café, une serveuse waiter/waitress
(un) vendeur/(une) vendeuse shop assistant
(un) plongeur/(une) plongeuse washer-up in restaurant
(un) gardien/(une) gardienne de plage beach lifeguard
(un(e)) sécretaire secretary
(un(e)) babysitter babysitter
Other useful phrases
Ce poste m'intéresse beaucoup parce que…/Je suis intéressé(e) par ce poste car… I am very interested in the job because…
J'adore les enfants.
J'aime travailler dans les restaurants/magasins/les garages/sur les plages, etc
Je voudrais perfectionner ma connaissance de la langue française.
Je vous prie de bien vouloir trouver ci-joint mon c.v. et une lettre de recommandation du censeur de mon collège Please find enclosed my c.v. (curriculum vitae) and a reference from my tutor/deputy head
Je me permets donc d'offrir mes services or *Je vous prie donc de prendre ma demande en considération* ending an application letter

Here are two examples of this type of letter.

1. Vous écrivez une lettre pour réserver des chambres à l'Hôtel de la Plage, Biarritz. Donnez les détails de votre groupe et les dates. Posez des questions sur la situation de l'hôtel, les équipements, les repas, les distractions et les excursions possibles dans la région. (120 mots)

(40)

2. Vous voulez travailler en France pendant les grandes vacances. Vous voyez cette annonce dans le journal. Ecrivez une lettre pour poser votre candidature à ce poste.

RECHERCHE SECRETAIRE BILINGUE

Anglais/français.

Temps partiel/saisonnier.

Bureau Parisien.

Pour des informations supplémentaires

S'adresser à Mme Roux, France Intel,

B.P. 99, Paris Cedex.

N'oubliez pas de donner vos détails personnels (âge, nom, adresse, etc). Dites pourquoi vous voulez travailler en France. Donnez vos expériences. Demandez des informations supplémentaires au sujet du travail proposé. (150 mots)

(40)

Articles

3 Vous recevez ce fax de votre lycée partenaire en France.
Nous faisons une enquête sur l'environnement. Pouvez-vous nous donner des informations sur:
   (a) les problèmes dans votre environnement local
   (b) ce qu'on fait actuellement à l'école pour protéger l'environnement
   (c) à votre avis, ce qu'on peut faire de plus pour améliorer l'environnement.
Ecrivez un article en français (130 mots) pour répondre à ce fax.

(40)

4 Vivre en ville ou à la campagne?
Vous avez lu une annonce dans un magazine français au sujet de la vie en ville et à la campagne. On vous invite à écrire un article au sujet de vos préférences. Ecrivez un article (150 mots) donnant vos idées et vos préférences, les avantages et les inconvénients de votre ville/région. Dites si vous aimeriez habiter ailleurs et pourquoi.

(40)

5 On vous a demandé d'écrire un article en français au sujet de votre collège pour envoyer à votre lycée partenaire en France.
Donnez des détails au sujet des matières que vous étudiez, ce que vous faites pendant la pause déjeuner, les professeurs que tu aimes et que tu n'aimes pas et pourquoi, votre uniforme scolaire, les clubs et les activités possibles après les classes. (130 mots)

(40)

Task based on visual material

Some Higher Tier questions may be based on photographic material or a visual stimulus of some kind. You can easily practise this kind of task at home. Take out your photo album and write an imaginative story around the photo or, if you are out walking the dog, tell yourself, in French, an imaginary story about what you see. You could also cut out a picture from a magazine and practise writing an article about it in French.

If you are given a visual stimulus to help you in the writing exam, the picture or photo will probably give you plenty of scope to use your imagination. You may also be given some guidance in the form of written instructions. Here is an example of this kind of task.

6 Regardez cette photo d'une pharmacie en France.

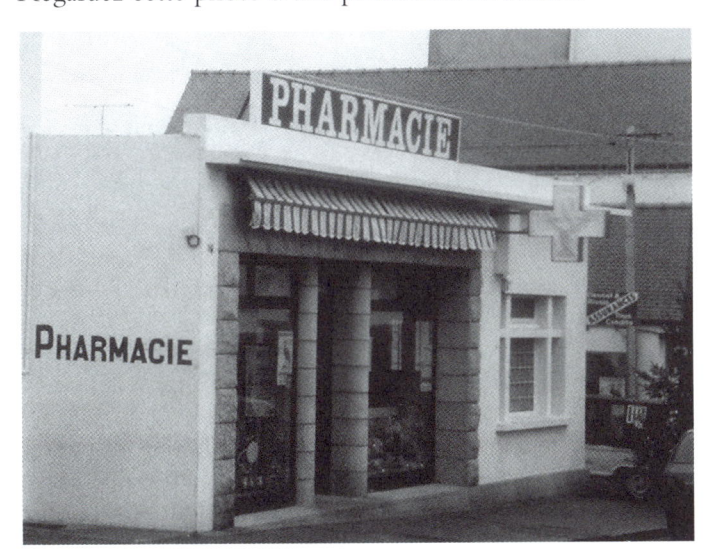

Vous êtes allé(e) à la pharmacie pendant vos vacances en France. Vous écrivez à votre correspondant(e) français(e) pour lui expliquer quand, pourquoi, avec qui vous y êtes allé(e) et ce qui est arrivé après.

(40)

Sometimes the exact number of words needed for an answer will not be given. This is because the task completion is left to the discretion of the candidate. *You have to decide how many words to use, but remember that quantity does not necessarily mean quality.*

> **Examiner's tip**
>
> Remember that at the Higher Tier you should be able to show the examiner your ability to refer to past, present and future time. The above question gives you the opportunity to do this. Remember to revise thoroughly the perfect, imperfect and future tenses as well as the present tense before your exam.

Chapter 8 Writing

8.6 Suggested answers to Higher Tier tasks

As there are not right and wrong answers for these tasks, the answers suggested below are examples of the sort of thing you might write.

Formal letters

1 (Your name,
   Your address)

Monsieur le Propriétaire,
Hôtel de la plage,
Biarritz.
le 12 mai

Monsieur,
Ma famille et moi avons l'intention de passer des vacances à Biarritz entre le 15 et le 30 août. Je vous écris dans l'espoir de réserver des chambres. Il y aura cinq personnes dans notre groupe. Nous voudrions réserver trois chambres – deux avec deux lits et une chambre pour une personne. Nous voudrions des chambres avec douche. Mon frère est handicapé, donc nous cherchons une chambre pour lui au rez-de-chaussée. Nous voudrions aussi des chambres avec vue sur la mer, si possible.
Toute la famille aime bien nager. Il y a une piscine à l'hôtel ou dans les environs? Et le soir, qu'est-ce qu'il y a à faire dans la région?
Voulez-vous nous envoyer aussi des informations sur les heures des repas et sur l'équipement de l'hôtel?
Avec mes remerciements anticipés, je vous prie d'agréer, Monsieur, l'expression de mes sentiments distingués.
(Your signature)

2 (Your name,
   Your address)

France Intel
B.P.99
Paris
le 16 février.

Madame,
*Ayant lu votre annonce dans le journal au sujet du poste de secrétaire bilingue, j'ai l'honneur de poser ma candidature à ce poste.
J'ai dix-sept ans et j'ai déjà eu des expériences de ce genre de travail. Je parle anglais couramment et j'ai mon diplôme de GCSE en français. Je voudrais travailler en France pour me perfectionner en langue française.
Je m'intéresse surtout à un poste à temps partiel car je voudrais continuer mes études de français au lycée professionnel du quartier. L'année dernière j'ai travaillé le samedi dans un bureau où j'ai dû écrire des lettres à des clients français, taper des lettres, répondre au téléphone et faire la comptabilité.
Je vous serais reconnaissant(e) de me fournir des détails sur les heures de travail et sur le salaire proposé.
Vous trouverez ci-joint une lettre de recommandation de mon professeur de français, ainsi qu'une lettre de mon employeur précédent.
En attendant de vous lire, je vous prie d'agréer, Madame, l'expression de mes sentiments distingués.
(Your signature)

> *'Ayant' is the present participle of the verb 'avoir'. It means 'having'. It is very useful at the beginning of formal letters. You could also use it at the beginning of the formal letter in question 1, e.g. 'Ayant l'intention de passer…'

Articles

3   Dans notre ville il y a beaucoup de problèmes en ce qui concerne l'environnement. Les industries locales déversent leurs déchets dans la rivière – ce qui pollue l'eau et tue les poissons. En ville, il y a beaucoup de pollution qui vient des voitures.

   Ici, à l'école nous essayons de protéger l'environnement en recyclant le papier et les déchets domestiques de la cantine.

   On nous encourage à venir à l'école à pied où à vélo pour éviter la pollution de l'air des voitures.

   Mais à mon avis, nous pouvons faire mieux pour améliorer notre environnement. Nous devons encourager tout le monde à recycler les journaux, à utiliser les transports en commun au lieu de prendre la voiture, et nous ne devrions pas acheter les produits des industries qui polluent nos rivières.

4   J'habite à la campagne depuis seize ans – c'est-à-dire, toute ma vie. J'adore la campagne et sa tranquillité, mais de temps en temps je pense que je préférerais habiter en ville car il y a un manque de distractions à la campagne. C'est surtout le samedi soir que je voudrais habiter en ville, car si je veux sortir avec mes amis, je dois demander toujours à mes parents de me conduire en ville car il n'y a pas d'autobus dans mon village.

   Au contraire, le dimanche, je suis très content d'habiter à la campagne parce que j'ai un cheval et j'adore faire de l'équitation. Mes amis me disent que j'ai de la chance de pouvoir respirer l'air frais de la campagne. Ils aiment bien me rendre visite le dimanche après-midi pour faire des promenades à la campagne.

5   Mon collège est très typique des collèges de la région. Il y a mille élèves et soixante professeurs. La plupart des professeurs sont sympa mais mon prof d'histoire-géo est trop sévère. Nous ne pouvons rien dire en classe et il nous donne une heure de colle pour rien du tout.

   Pendant la pause-déjeuner, j'essaie de faire mes devoirs. On nous en donne trop! J'ai toujours des devoirs de maths, d'anglais et de français.

   Nous devons porter un uniforme scolaire, noir et blanc. Il est moche. Je déteste porter une cravate. A la maison je porte un jean et un tee-shirt.

   Mais après les classes, il y a des club sportifs et j'adore ça. Je suis membre de l'équipe de badminton et nous nous entraînons deux fois par semaine, le mardi et le jeudi.

Task based on visual material

6   Chère Isabelle,
   Nous venons de rentrer chez nous après nos vacances à Grenoble. Nous y avons passé de bonnes vacances mais le dernier jour de nos vacances mon frère est tombé malade. Il a eu de la fièvre et a toussé beaucoup. Il avait mal à la gorge aussi.

   Mon père a décidé de l'emmener chez le médecin. Le médecin l'a examiné et a dit qu'il avait la grippe. Il a dit à mon frère de rester au lit pour deux jours mais nous devions prendre le ferry le lendemain.

   Le médecin nous a dit alors d'aller chez le pharmacien pour chercher des comprimés contre la fièvre et du sirop contre la toux. Le pharmacien nous a expliqué combien de fois par jour mon frère devait prendre les médicaments.

   Le lendemain nous avons pu prendre le ferry et nous sommes rentrés samedi dernier. Je crois que mon frère ira mieux dans quelques jours.

   J'espère que tu as passé de bonnes vacances sans incident.
   Amitiés
   ....

8.7 Coursework

If you have chosen to do the written coursework element, check the examination board syllabus carefully to find out:

- how many pieces of work you will have to submit;
- by what date you will have to complete the pieces of work;
- under what conditions (e.g. as a classroom test or outside the classroom) you will have to produce the coursework.

Chapter 8 Writing

Ask your teacher to explain what kind of coursework you will be expected to do. It will vary from Exam Board to Exam Board. Some of the tasks may be similar to those given in Units 8.3 and 8.5. The criteria for assessment will be the same, i.e. task completion and quality and accuracy of the language used. Make sure that you:
- practise your dictionary skills;
- write accurately;
- use a variety of vocabulary and a range of expressions.

Examination practice

Complete GCSE paper

Introduction

In this chapter you have an example of a complete Foundation and Higher Tier GCSE paper. Probably the best time to attempt it is a week or two before your French exams start. The recordings for the listening and speaking tests are on the CD accompanying this book. The transcripts of the recordings and the suggested answers are also given later in the book.
- Try to do the papers under exam conditions.
- Try to adhere to the times that your Board allows for each paper.
- Ask your teacher to mark your work for the writing paper.
- In the following questions you will notice that both the *tu* and *vous* forms of the verb appear in different questions. Exam boards use either one or the other – check with your teacher which one will be used in your examination.

The examination paper

LETTS SCHOOL EXAMINATIONS BOARD
General Certificate of Education Examination

FRENCH

Answer all four papers (Listening, Speaking, Reading, Writing).
Answer all the questions relating to your Tier (Foundation or Higher)

Listening

Information for candidates:
You may use a dictionary in the preparation period before the exam.
Foundation Tier: attempt sections 1 and 2.
Higher Tier: attempt sections 2 and 3.

Section 1 (Foundation Tier)

Recording 26

1. You are in France on holiday and are in front of a museum. You hear an announcement.
   - (a) On what days can you visit the museum? ....
   - (b) At what time? ....
   - (c) How long will the guided tour last? ....

169

Complete GCSE paper

(d) Where can you buy your ticket? ....

(4)

WJEC

Recording 27

2 Ecoutez la météo. Sur la carte de France mettez la lettre du symbole correcte dans la case correcte.

(a) rain
(b) snow
(c) fog
(d) wind
(e) cold
(f) sun

(5)

Recording 28

3 Ecoutez ces extraits de la radio. Regardez la liste de descriptions. Choisissez la description qui correspond à chaque extrait. Mettez les bonnes lettres dans les cases.

(a) sport   1 ☐
(b) publicité   2 ☐
(c) circulation routière   3 ☐
(d) crime   4 ☐
(e) politique   5 ☐
(f) météo

(5)

Recording 29

4 Un jeune Français parle de son collège. Indique pour chaque numéro le mot qui manque. Choisis parmi la liste de mots.

J'aime bien mon collège mais je 1 .... que les professeurs nous donnent 2 .... de devoirs. 3 .... soir je passe trois heures à faire mes devoirs et je me 4 .... si fatigué. Le week-end mes 5 .... sortent et jouent au football dans le parc mais moi je ne peux pas 6 .... j'ai trop de travail à faire. Je serai très 7 .... quand les vacances arriveront.

| content, jouer, trouve, amis, livre, trop, parce que, sens, temps, chaque |

(7)

Section 2 (Foundation and Higher Tiers)

Recording 30

1 Marc et Monique discutent du nouveau professeur. Répondez aux questions.

(a) Quelle est l'attitude de Monique envers le professeur? Donnez quatre raisons pour justifier votre réponse.

....
....
....
....

(5)

(b) Quelle est l'attitude de Marc envers le professeur? Donnez quatre raisons pour justifier votre réponse?

....
....
....

(5)

(c) Qu'est-ce qui est arrivé ce matin?

....

(1)

(d) Comment était le professeur pendant le cours? Donnez deux détails.

....

(2)

(e) Que dit Marc à la fin de la conversation?

....

(1)

(14)

Recording 31

2 Quatre jeunes parlent de leurs vacances. Cochez les bonnes cases.

	Pas de vacances	Une semaine	Deux semaines	Un mois	Deux mois
Sylvie	☐	☐	☐	☐	☐
Marc	☐	☐	☐	☐	☐
Luc	☐	☐	☐	☐	☐
Isabelle	☐	☐	☐	☐	☐

(4)

Section 3 (Higher Tier)

Recording 32

1 Vous travaillez dans le bureau d'une grande entreprise. Le téléphone sonne. Quel est le message? Cochez les bonnes cases.

1 Qui téléphone?
   (a) Madame Ferrier ☐
   (b) Monsieur Ferrier ☐
   (c) Un étranger ☐
   (d) Le patron ☐

2 Quel est le problème?
   (a) Une panne ☐
   (b) Une plainte ☐
   (c) Une maladie ☐
   (d) Un délai ☐

3 Où travaille madame Ferrier?
   (a) à l'étranger ☐
   (b) chez un médecin ☐
   (c) elle ne travaille pas ☐
   (d) dans la grande entreprise ☐

4 Madame Ferrier parle avec qui?
   (a) avec le patron ☐
   (b) avec son mari ☐
   (c) avec un étranger ☐
   (d) avec le médecin ☐

Complete GCSE paper

    5 Où sera madame Ferrier demain?

        (a) à l'hôpital ☐

        (b) au lit ☐

        (c) au travail ☐

        (d) à l'étranger ☐   (5)

Recording 33

2 Trois personnes donnent leurs opinions. Coche la bonne case et écris des exemples qui montrent leurs personnalités.

  1 M. Laudic

      Comment est-il?

      (a) déprimé ☐

      (b) paresseux ☐

      (c) difficile ☐

      (d) optimiste ☐   (1)

  2 Ecrivez trois exemples qui montrent sa personnalité.

      ....

      ....

      .... (3)

  3 Mme Bernard

      Comment est-elle?

      (a) déprimé ☐

      (b) paresseux ☐

      (c) difficile ☐

      (d) optimiste ☐   (1)

  4 Ecrivez trois exemples qui montrent sa personnalité.

      ....

      ....

      .... (3)

  5 M. Renault

      Comment est-il?

      (a) déprimé ☐

      (b) paresseux ☐

      (c) difficile ☐

      (d) optimiste ☐   (1)

  6 Ecrivez trois exemples qui montrent sa personnalité.

      ....

      ....

      .... (3)

        (12)

Recording 34

3 A group of French students are spending a week in London and are asked by one of their teachers for their impressions of the city. Listen to what each of them says and decide which statement from the list best describes his or her opinion. Write after each name the letter of the matching statement. You will not use all the letters. The students are interviewed in the order given.

   A is not very impressed
   B likes it a lot
   C finds it very like Paris
   D dislikes the noise and pollution
   E is impressed by the amount of things to visit
   F finds it friendly

   (a) Carine ☐
   (b) François ☐
   (c) Stéphanie ☐
   (d) Caroline ☐
   (e) Christophe ☐

(5)
MEG

Recording 35

4 You are in Brittany on holiday. You tune in to a local radio station and hear a report.

   (a) Why did Alexandre stop going to school? ....
   (b) What does Alexandre do to earn money? ....
   (c) What does he hope to do with this money? ....
   (d) Why do so few children go to school? ....

(4)
SQA

Speaking

Instructions to candidates:
Foundation Tier: attempt role-plays 1 and 2.
Higher Tier: attempt role-plays 3 and 4.
You must assume that the Examiner speaks no English.

Information for Candidates:
You may use a bilingual dictionary in the preparation period before the exam.

Role-play 1

1 Saluez l'examinateur et demandez de l'aide.

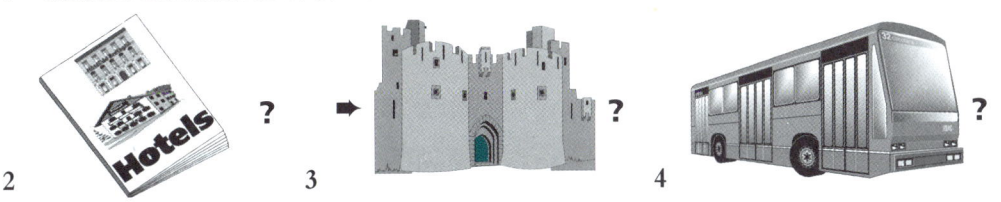

2 3 4

5 Finissez poliment la conversation. (10)

Role-play 2

1 Saluez l'examinateur.

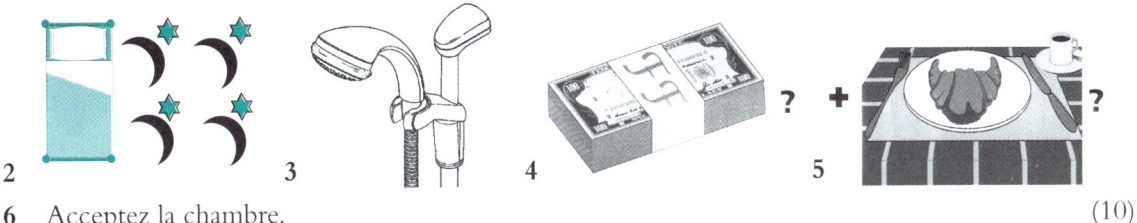

2 3 4 5

6 Acceptez la chambre. (10)

Complete GCSE paper

Role-play 3

You are being interviewed in France for a job as a waiter/waitress. The examiner will play the part of the restaurant owner who is interviewing you for the job.
1. Présentez-vous et dites pourquoi vous êtes là.
2. Donnez votre âge et votre nationalité.
3. Dites pourquoi vous cherchez un emploi en France.
4. Donnez vos expériences de ce genre de travail.
5. Posez des questions pour avoir plus d'informations sur le travail proposé.

(10)

Role-play 4

You are shopping in France for some clothes to take home as presents. The examiner will play the part of the shop assistant.
1. Saluez l'employé(e) et demandez les directions au(x) rayon(s) que vous cherchez.
2. Dites ce que vous voulez acheter.
3. Choisissez la(les) taille(s) et la(les) couleur(s).
4. Donnez vos impressions.
5. Demandez les méthodes de paiement (e.g. argent/carte bancaire, etc) et remerciez l'employé(e).

(10)

Reading (Foundation and Higher Tiers)

Time allowed: 45 minutes
(Look at your examination board syllabus to check the length of the reading paper which you will have to do. The following is an example only.)

Instructions to candidates:

Foundation Tier: attempt questions 1–10
Higher Tier: attempt questions 8–13
You will not be required to write in complete sentences.
Where numbers are required figures may be used.
Answer the questions in French unless otherwise instructed.
You should read the instructions and the questions carefully.

Information for candidates:

You may use a bilingual dictionary.
The number of marks available is shown in brackets at the end of each question.

You are in France with a friend who does not understand French. Answer each question by ticking *one* answer only.

Example

Your friend wants to buy some bread. What sign do you look for?

(a) Boulangerie ✓
(b) Maison de la Presse ☐
(c) Boucherie ☐
(d) Pharmacie ☐

1. You want to go swimming. What sign do you look for?
   (a) Stade ☐
   (b) Piscine ☐
   (c) Vélodrome ☐
   (d) Gare ☐

(1)

2. You need information about the area. Which sign do you look for?
   (a) Syndicat d'initiative ☐
   (b) Château ☐
   (c) Musée ☐
   (d) Hôtel de ville ☐

(1)

3. You need to buy something for your friends headache. Which sign do you look for?
   - (a) Boulangerie ☐
   - (b) Epicerie ☐
   - (c) Maison de la Presse ☐
   - (d) Pharmacie ☐

   (1)

4. Your friend would like to see a film but is not sure if this will be possible as you are both only 16. Which of the following is suitable for you?
   - (a) Film pour les adultes ☐
   - (b) Film pour tous les âges ☐
   - (c) Film pour les plus de dix-huit ans ☐
   - (d) Pas de film aujourd'hui ☐

   (1)

5. Vous avez soif. Vous voulez boire quelque chose. Qu'est-ce que vous pouvez acheter ici? Cochez 3 cases.

   jus d'orange ☐
   café ☐
   thé ☐
   citron pressé ☐
   Coca ☐

   BOISSONS FRAICHES

   (3)

6. Où dois-tu aller? Pour chaque phrase écris la bonne lettre.
   - (a) Librairie
   - (b) Stade municipal
   - (c) PTT
   - (d) Syndicat d'Initiative
   - (e) Gare routière
   - (f) Gare SNCF

   Exemple Tu veux acheter des timbres-poste (c).

   1. Tu veux prendre le train.
   2. Tu cherches une liste des hôtels.
   3. Tu veux acheter un livre.
   4. Tu veux prendre le car.
   5. Tu veux jouer au football.

   (5)

7. Vous voyez ce panneau au parking en ville.

   > STATIONNEMENT INTERDIT
   > Les jours de marché (mercredi et samedi) de 6h à 14h
   > STATIONNEMENT GRATUIT
   > Le dimanche
   > Les jours fériés
   > STATIONNEMENT PAYANT TOUS LES AUTRES JOURS
   > de 7h à 19h
   > Prenez votre ticket au distributeur.

Pour chaque phrase indiquez si la réponse est *vraie* ou *fausse*.

		Vraie	Fausse
Exemple	Il faut payer le parking le samedi soir à 21h.	☐	☑
(a)	Il faut payer le parking le jour de Noël.	☐	☐
(b)	Il faut payer le parking le mercredi à 15h.	☐	☐
(c)	On ne peut pas stationner le jeudi à 20h.	☐	☐
(d)	On peut stationner le samedi à 10h.	☐	☐
(e)	On doit payer le parking le vendredi à midi.	☐	☐

(5)

8 Regardez cette annonce puis répondez aux questions en français.

GRANDE FETE AÉRIENNE

Dimanche 11 août
Aérodrome de Nancy
Avec la Partouille de France
Exposition permanente du 6 au 11 août
Animée par l'Armée de l'Air
Entrée gratuite
ORGANISÉE PAR L'AÉRO-CLUB DE NANCY

1 C'est quelle sorte d'exposition? Cochez la bonne case.

   (a) Bateaux ☐

   (b) Avions ☐

   (c) Vélos ☐

   (d) Motos ☐

(1)

2 C'est pour quel mois de l'année?

....

(1)

3 L'exposition se trouve dans quelle ville?

....

(1)

4 Il faut payer combien pour y entrer?

....

(1)

5 Quel groupe de personnes va participer à cette exposition?

....

(1)

9 Lisez ces informations au sujet d'un hôtel en France.

HOTEL DE LA PLAGE

Situation: L'hôtel est situé au bord de la mer et se trouve à cent mètres du centre-ville.

Chambres: Il y a vingt chambres. Dix chambres à deux lits. Six chambres à un lit. Quatre chambres de famille à quatre lits. Toutes les chambres sont avec douche, TV, téléphone.

Tarif: Chambres à quatre lits 500 F
     Chambres à deux lits 300 F
     Chambres à un lit 200 F

Installation: Pour les résidents, il y a une piscine chauffée, une salle de musculation, deux ascenseurs et une salle de jeux.

Repas: Le petit déjeuner: 7h – 10h
     Le déjeuner: 12h – 15h
     Le dîner: 19h – 22h

Dates d'ouverture: Pâques – fin octobre.

Répondez aux questions en français:

(a) Le centre-ville est à quelle distance de l'hôtel?

.... (1)

(b) La plage est à quelle distance de l'hôtel?

.... (1)

(c) Il y a combien de chambres à deux lits?

.... (1)

(d) Il y a combien de chambres de famille?

.... (2)

(e) Qu'est-ce qu'il y a pour les personnes sportives à l'hôtel? (Donnez 2 détails.)

.... (1)

(f) Quels repas peut-on prendre à l'hôtel?

.... (3)

(g) Est-ce que l'hôtel est ouvert à Noël?

.... (1)

10 Tu lis cette lettre et la réponse dans un magazine.

Chère Eve-Marie,

Je m'appelle Kevin et j'ai seize ans. A l'école, j'ai des problèmes de communication. Chaque fois que je vois une de mes camarades de classe, Sylvianne, je me trouve incapable de lui parler. Je suis aussi incapable de répondre aux questions des professeurs quand Sylvianne est là. Sylvianne est très belle. Elle a les cheveux blonds et les yeux bleus. Je la connais depuis longtemps. Je voudrais bien lui faire une bonne impression, mais je suis sûr qu'elle croit que je suis bête. Les professeurs, aussi, croient que je suis nul. Que faire? Comment les impressionner tous?

Kevin, le désespéré.

Cher Kevin,

Ne désespère pas! Ta situation est tout à fait normale. Tu m'as dit que Sylvianne est belle, mais comment est sa personnalité? Peut-être qu'elle est aussi timide que toi. Peut-être qu'elle voudrait te parler, elle aussi. Pourquoi pas lui téléphoner? Demande-lui un conseil au sujet d'une de tes matières scolaires. Parle-lui des choses que vous avez en commun – les cours, les copains, les devoirs. De cette manière tu pourras commencer une conversation naturelle et le téléphone cachera ton embarras.

Bon courage,

Eve-Marie.

Remplis les blancs.

(a) Kevin a … ans. (1)
(b) Il trouve difficile de .... à Sylvianne et à ses .... (2)
(c) Il voudrait impressionner .... (1)
(d) .... est très jolie. (1)
(e) Kevin est .... (1)
(f) Eve-Marie lui conseille de .... à Sylvianne. (1)
(g) Eve-Marie lui dit de parler des .... , des .... et des .... (3)

11 Lisez les informations sur le TGV au départ de Rennes.

Désormais, le TGV vous emmène directement vers Marne-la-Vallée, Roissy et cela sans changer à Paris.
A Marne-la-Vallée Chessy, c'est tout l'univers de Disneyland Paris au pied de la gare. A la gare Aéroport Charles-de-Gaulle TGV, le monde entier s'ouvre à vous, et vous êtes également à un quart d'heure du Parc Astérix. Enfin, à 3h50 de Rennes, Lille vous offre des correspondances vers Bruxelles, et vers Londres en Eurostar. Sachez également qu'un TGV relie directement Quimper à ces 3 gares tous les jours en été, et le week-end le reste de l'année. Il dessert les villes de Rosporden, Quimperlé, Lorient, Auray, Vannes et Redon.
Trois relations en correspondance à Rennes vous sont également proposées.
Alors, n'attendez plus, renseignez-vous vite au 36 35 35 35 (2,23 F la minute).

SNCF - A NOUS DE VOUS FAIRE PREFERER LE TRAIN.

Vrai ou faux? Pour chaque phrase coche la bonne case.

		Vrai	Faux
(a)	Pour aller à Roissy de Rennes, il faut changer à Paris.	☐	☐
(b)	Disneyland Paris se trouve à Marne-la-Vallée Chessy.	☐	☐
(c)	Le Parc Astérix se trouve à quarante minutes de l'aéroport Charles-de-Gaulle.	☐	☐
(d)	Pour aller à Londres il faut changer de train à Lille.	☐	☐
(e)	En octobre on peut aller directement de Quimper à Bruxelles le samedi.	☐	☐
(f)	Pour avoir encore des renseignements il faut téléphoner au 35 35 35 35.	☐	☐

(6)

12 Lisez cet article au sujet des jeunes basketteurs.

Voici des jeunes basketteurs

BRUNO
Je fais du basket depuis trois ans. C'est le seul sport que je pratique. J'espère progresser dans cette discipline pour arriver le plus haut possible. Je suis ailier.
Dans la vie courante, je suis lycéen en classe de terminale. J'espère entrer à l'université de Clermont-Ferrand pour étudier les sciences-po.

FABRICE
Je joue pour la première équipe du lycée depuis deux ans. Avant, je faisais du rugby, mais une blessure m'a contraint d'arrêter ce sport. J'ai un peu la nostalgie du rugby, mais je prends beaucoup de plaisir à jouer au basket. Après le lycée, je voudrais continuer à participer aux sports.

JEAN-PAUL
Je joue au basket depuis dix ans. J'entraîne les jeunes de mon club.
En dehors du basket, j'exerce la fonction d'agent de sécurité. Pour moi, le basket est un plaisir et un loisir, mais de temps en temps j'ai des difficultés à concilier sport et vie professionnelle.

MARC
Il y a huit ans j'ai commencé le basket. C'est grâce à mon frère que j'ai débuté. Il pratiquait déjà ce sport et il m'a poussé à essayer. Maintenant je joue en première équipe.
Je suis mécanicien tout en pratiquant le basket au club.

Qui dit quoi?

(a) Je joue au basket depuis plus de cinq ans.

(b) Je suis toujours écolier.

(c) Je ne pratique pas d'autres sports.

(d) Je donne des cours de basket.

(e) J'ai un boulot.

Cochez les bonnes cases.

	Bruno	Fabrice	Jean-Paul	Marc
(a)	☐	☐	☐	☐
(b)	☐	☐	☐	☐
(c)	☐	☐	☐	☐
(d)	☐	☐	☐	☐
(e)	☐	☐	☐	☐

(9)

13 You are on holiday in France in May and want to have sailing lessons during your stay. Here is a form giving details of the courses available and a section for your parent's signature. Naturally, your parents (who do not understand French) want to know what the form says.

Club Nautique du Pays de Vannes-Arradon
La pointe
56610 Arradon
Tél. 97 44 72 92 - 97 44 80 36

Ecole de voile affiliée
Fédération Française de Voile
Label 'Ecole de voile'

L'école de voile propose tous les mercredis
ou tous les samedis (sauf durant les vacances scolaires)
du mercredi 15 mars au mercredi 28 juin 1997
EN INITIATION, PERFECTIONNEMENT OU COMPETTION
• de l'OPTIMIST
• de la PLANCHE à VOILE

TARIFS

Cotisation 1997/1998, adhésion au CNPV-Arradon   100,00 F

Ecole de voile/Ecole de sport   Optimist   500,00 F
                                 Planche à voile   500,00 F

Licence FFV obligatoire   Passeport voile   50,00 F
                           ou compétition   105,00 F
                           ou adulte   210,00 F

Documents à fournir avec le présent bulletin
• Certificat médica   • Attestation de natation   • Paiement solde

AUTORISATION PARENTALE

Je soussigné(e)   père, mère, tuteur,
autorise mon enfant: à participer aux activitiés du CNPV – Arradon
                                                Signature:

Nom: Prénom:
Date de naissance: Téléphone:
Adresse:
Jour préféré: mercredi am   samedi am   (rayer la mention inutile)

J'autorise les responsables de la Base Nautique à donner les soins médicaux d'urgence qui seraient nécessaires pendant les cours. J'atteste avoir pris connaissance du règlement sportif spécifique et des consignes de sécurité (affichées au club).   Fait le:
Signature:

Equipement: Chaussures usagées, ciré, pull, prévoir des vêtements de rechange.
Combinaison isothermique fournie en planche à voile.
Renseignements complémentaires au 97 44 72 35

Answer the questions in English.

(a) Does the sailing school belong to the French National Sailing Federation?

(1)

(b) On what days of the week do the courses take place?

(2)

179

Complete GCSE paper

(c) Are there classes for beginners?

.... (1)

(d) What else can you learn besides sailing?

.... (1)

(e) How much will it cost to join?

.... (1)

(f) How much will it cost for sailing lessons?

.... (1)

(g) How much extra will it cost if you want to take part in races?

.... (1)

(h) Name 2 of the documents you must show before taking part in the course.

.... (2)

(i) What does *rayer la mention inutile* mean on the section that your parents have to sign?

.... (1)

(j) Name 2 things that you will have to provide to wear

....

.... (2)

(k) Name one article of clothing that the centre will provide and for what activity.

....

.... (2)

Writing (Foundation and Higher Tiers)

Time allowed: 40 minutes
(Look at your Examination Board syllabus to check the length of the writing paper which you will have to do. The following is an example only.)

Instructions to candidates:
Foundation Tier: attempt questions 1–3
Higher Tier: attempt questions 3–4
Read the instructions at the beginning of the questions carefully.
Write your answers in French.

Information for candidates:
You may use a bilingual dictionary.
The number of marks available is shown in brackets at the end of each question.

1 Vous voulez réserver un emplacement dans un camping en France.
Remplissez cette fiche.
CAMPING BEAUSEJOUR

    (a) Votre nom

    (b) Votre adresse

    (c) Code postal

    (d) Nationalité

    (e) Tente ou caravane

    (f) Nombre de personnes

    (g) Date d'arrivée

    (h) Date du départ

(8)

2 Vous répondez à un questionnaire au sujet de vos activités de loisirs. Répondez en français.

   (a) Quels sports pratiquez-vous?

   ....

   (b) Quand et où?

   ....

   (c) Quels sports regardez-vous à la télévision?

   ....

   (d) Etes-vous membre d'une équipe? Si oui, quelle équipe?

   ....

   ....

   (e) Quels sports voulez-vous pratiquer?

   ....

   ....

   (10)

3 Vous avez passé des vacances en France. Ecrivez un article (80 mots environ (Foundation Tier)) (100 mots environ (Higher Tier)) pour envoyer à votre collège jumelé en France.

....

....

....

....

....

....

(20)

4 Vous avez reçu une lettre de votre correspondant français. Il vous a demandé des informations sur votre école et votre vie scolaire. Ecrivez lui une lettre (150 mots environ). Parlez de votre routine scolaire, de vos études et donnez-lui vos opinions sur votre école.

....

....

....

....

....

....

....

(30)

Listening transcripts (Foundation and Higher Tiers)

Recording 26

'Visite guidée du musée, tous les mercredis à quatorze heures. Vous pouvez acheter votre ticket à l'entrée du musée. Durée de la visite: une heure et demie.'

Recording 27

Voici la météo pour aujourd'hui. Dans le Nord, le vent va souffler très fort du nord toute la journée. Dans le Sud, il fera très chaud, beaucoup plus chaud qu'hier. Dans l'Est, il fera du brouillard et ce sera très dangereux sur les routes. Dans l'Ouest, il fera très froid, les températures vont baisser rapidement. Dans le centre du pays, on attend un jour de pluie. Il va pleuvoir toute la journée.

Recording 28

1. Un cambrioleur est entré dans une maison à Beaugency en plein jour et a volé une hi-fi et une somme d'argent. Les gendarmes ont arrêté un homme.
2. Un athlète français, Jean Torcq, a battu le record du saut en longueur hier soir. Il a sauté cinq mètres soixante.
3. Encore des problèmes pour les automobilistes. Sur la N120 il y a une déviation au sud de Lille à la suite de la neige.
4. Le président des Etats-Unis a annoncé un accord historique entre les Arabes et les Israéliens, signé aujourd'hui à Washington.
5. Si vous voulez goûter les meilleurs vins de France, venez directement dans nos caves pour une sélection incroyable de vins. On accepte les paiements par carte de crédit.

Recording 29

J'aime bien mon collège mais je *trouve* que les professeurs nous donnent *trop* de devoirs.
Chaque soir je passe trois heures à faire mes devoirs et je me *sens* très fatigué. Le weekend mes *amis* sortent et jouent au football dans le parc mais moi je ne peux pas *parce que* j'ai trop de travail à faire. Je serai très *content* quand les vacances arriveront.

Recording 30

– Ecoute, Monique, quelle est ton opinion du nouveau professeur?
– Alors, Marc. Ça, c'est facile. Ça ne va pas du tout entre lui et moi. J'ai eu deux cours avec lui et il m'a grondée, il m'a critiquée et il m'a punie.
– Mais moi aussi j'ai eu deux cours avec lui et je trouve qu'il est le meilleur professeur du collège. Et il m'a dit que je suis très fort en géographie.
– Mais Marc, sa discipline est nulle. Les élèves bavardent pendant la leçon, personne ne l'écoute, on n'apprend rien.
– Monique, ce n'est pas vrai. Pendant mes cours avec lui, il y a un silence absolu. Sa discipline est excellente et aussi il est vraiment expert dans sa matière. Il sait tout.
– Marc, il ne sait rien. Il n'arrive pas à répondre aux questions les plus simples.
– Monique, il arrive toujours à l'heure tandis que les autres profs arrivent cinq, dix minutes en retard.
– Mais mon ami, ce matin, il est arrivé dix minutes en retard. Il avait l'air triste pendant toute la leçon et il n'a pas souri… même pas une fois.
– On dirait qu'on parle de deux professeurs différents.

Recording 31

1. Je m'appelle Sylvie et j'aime bien partir en vacances. Mon père est pompier et il a quatre semaines de congé par an. Nous avons une maison en Italie et nous y passons le mois d'août. C'est formidable!

2. Je m'appelle Marc. Malheureusement mon père est chômeur et on est presque toujours sans argent. Ça signifie qu'on ne part jamais en vacances. C'est triste.
3. Je m'appelle Luc. Mon père a un magasin au centre-ville. S'il ne travaille pas il ne gagne pas d'argent et ses clients vont ailleurs. Alors on ne part en vacances que huit jours par an. Ce n'est pas suffisant.
4. Je m'appelle Isabelle. Mes parents adorent l'Allemagne et on y passe une quinzaine de jours tous les ans. C'est chouette!

Recording 32

Bonjour. Je suis le mari de madame Ferrier qui travaille chez vous dans la section étrangère. Je suis désolé mais ma femme ne peut pas travailler aujourd'hui parce qu'elle a la grippe. Elle est au lit et le médecin est avec elle maintenant. Mais elle a dit qu' elle sera là demain sans faute.

Recording 33

- Qu'en pensez-vous, M. Laudic?
- Je n'accepte pas ce que vous dites. En fait, je pense que vous dites des bêtises. L'idée de donner de l'argent aux chômeurs est ridicule. Les chômeurs... ce sont des paresseux et ils ne méritent rien.
- Qu'en pensez-vous, Mme Bernard?
- Je crois qu'on fait des progrès. Il y a moins de pauvreté dans notre ville, les gens semblent plus contents et à mon avis l'avenir est plein d'espoir. Oui, les choses vont beaucoup mieux.
- Votre opinion, M. Renault?
- Alors quand je vois le monde tel qu'il est j'ai envie de pleurer. Il y a tant de gens tristes, tant de chômeurs, tant de tragédies tous les jours dans les journaux. Les choses deviennent de pire en pire. Qu'est-ce qu'on peut faire?

Recording 34

- Alors nous sommes à Londres depuis une semaine maintenant, n'est-ce pas? Qu'est-ce que vous pensez de cette ville? Toi, Carine, tu veux commencer? Que penses-tu de Londres?
- Eh ben, Londres, c'est assez bien je trouve. Enfin, c'est pas mal. Je dois dire qu'il y a beaucoup à voir, les musées, les théâtres, les cinémas, les magasins, les parcs et tout ça. Eh oui, il y a une énorme variété.
- Et toi, François?
- Pour moi, vous voyez, qui viens de la campagne, je trouve que Londres est très bruyant. J'aime la ville mais toutes ces voitures, ces taxis, tout ce monde, ce n'est que du bruit et de la fumée. L'air est sale!
- Stéphanie, qu'est-ce que tu penses de Londres?
- Ah, c'est sympa. On peut parler avec les gens et ils répondent. Ils sont accueillants, chaleureux, pas comme Paris où je trouve que les gens sont assez froids en général.
- Et toi, Caroline? Qu'est-ce que tu penses de Londres?
- Bof! Il y a des choses assez bien comme les parcs, mais il y a d'autres choses que je n'aime pas du tout. Le métro par exemple. Ah, ce n'est pas comme Paris. C'est difficile à dire. Je ne sais pas moi. C'est pas mal, je suppose.
- Merci, Caroline. Et toi, finalement, Christophe. Tu aimes Londres?
- Ah, c'est passionnant, Londres. C'est une ville que j'aimerais visiter très, très souvent. C'est chouette, hein? J'ai passé une semaine formidable ici.

Recording 35

J'ai fait la connaissance d'un petit garçon, Alexandre, âgé de 12 ans. Sa famille ne pouvait pas lui payer le bus, et pendant quelque temps, il est allé à l'école à pied. Mais dix kilomètres à pied, trois heures de marche tous les matins, c'était trop. Donc il ne va plus à l'école.

Alexandre est surnommé 'Monsieur l'ingénieur', car il fabrique des jouets, par exemple, un petit vélo, une petite moto ou alors une voiture miniature, qu'il vend à des touristes. Avec l'argent qu'il gagne, il espère payer l'école à son petit frère.

Les enfants qui vont à l'école sont des privilégiés: seulement 30% à peu près des enfants sont scolarisés. Beaucoup habitent trop loin et, pour d'autres, les familles préfèrent les voir travailler à la ferme.

Suggested answers

Listening Section 1 (Foundation Tier)

Recording 26

1 (a) Wednesdays
(b) Two o'clock in the afternoon.
(c) One and a half hours.
(d) At the entrance to the museum.

Recording 27

2

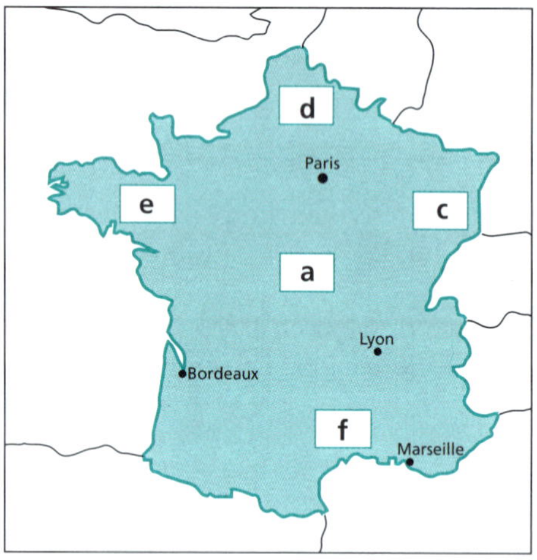
d
Paris
e
c
a
Lyon
Bordeaux
f
Marseille

Recording 28

3 1 (d)
2 (a)
3 (c)
4 (e)
5 (b)

Recording 29

4 1 trouve
2 trop
3 chaque
4 sens
5 amis
6 parce que
7 content

Listening Section 2 (Foundation and Higher Tier)

Recording 30

1 (a) Elle ne l'aime pas (1 mark)
Il l'a critiquée
Il l'a grondée
Il l'a punie
Sa discipline est nule
Il n'est pas expert
Il arrive en retard (any four from six – 4 marks)
(b) Il l'aime (1 mark)
Il l'a félicité
Sa discipline est bonne

Suggested answers

    Il est expert
    Il arrive à l'heure (4 marks)
 (c) Il est arrivé dix minutes en retard
 (d) Triste. Il n'a pas souri
 (e) C'est comme si on parlait de deux professeurs différents

Recording 31

2

	Pas de vacances	Une semaine	Deux semaines	Un mois	Deux mois
Sylvie				✓	
Marc	✓				
Luc		✓			
Isabelle			✓		

Listening Section 3 (Higher Tier)

Recording 32

1 1 (b)
  2 (c)
  3 (d)
  4 (d)
  5 (c)

Recording 33

2 1 (c)
  2 Il est impoli
    Il ne veut pas qu'on donne de l'argent aux chômeurs
    Il dit que les chômeurs sont des paresseux
  3 (d)
  4 Elle dit qu'il y a moins de pauvreté.
    Elle dit que les gens semblent contents
    Elle dit que l'avenir est plein d'espoir
    Elle dit que les choses vont mieux (any three from four)
  5 (a)
  6 Il veut pleurer
    Il pense que les gens sont tristes
    Il voit tant de chômeurs
    Il voit tant de tragédies
    Il dit que les choses deviennent pires
    Il ne sait pas quoi faire (any three from six)

Recording 34

3 (a) E
  (b) D
  (c) F
  (d) A
  (e) B

Recording 35

4 (a) As he could not afford the bus he had to walk 10 km to get there and it took too long.
  (b) Makes toys.
  (c) Pay for his brother to go to school
  (d) Some live too far away and others have parents who need them to work on the farm.

Speaking

Role-play 1

1. Cand: Bonjour monsieur/madame. Pouvez-vous m'aider?
   Ex: Bonjour. Oui, qu'est-ce que vous voulez?
2. Cand: Avez-vous une liste des hôtels de la ville/la région?
   Ex: Oui, voilà une liste des hôtels.
3. Cand: Pour aller au château, s'il vous plaît?
   Ex: Descendez la rue, puis tournez à gauche. Le château est à cinq cents mètres.
4. Cand: Est-ce qu'il y a un bus?
   Ex: Oui, l'arrêt d'autobus est juste en face.
5. Cand: Merci beaucoup de votre aide, monsieur/madame.
   Ex: De rien.

Role-play 2

1. Cand: Bonjour monsieur/madame.
   Ex: Bonjour. Puis-je vous aider?
2. Cand: Avez-vous une chambre pour quatre nuits?
   Ex: Avec douche ou salle de bains?
3. Cand: Avec douche, s'il vous plaît.
   Ex: D'accord. La chambre numéro neuf.
4. Cand: C'est combien?
   Ex: Deux cents francs la nuit.
5. Cand: Le petit déjeuner est compris?
   Ex: Oui, le petit déjeuner est compris.
6. Cand: D'accord. Je prends la chambre.

Role-play 3

1. Cand: Bonjour, je m'appelle…. Je voudrais poser ma candidature au poste de serveur/serveuse.
   Ex: Oui, quel âge avez-vous?
2. Cand: J'ai seize ans. Je suis britannique.
   Ex: Pourquoi voulez-vous travailler en France?
3. Cand: Je voudrais travailler en France pour perfectionner ma connaissance de la langue française.
   Ex: Avez-vous déjà travaillé dans un restaurant?
4. Cand: J'ai déjà travaillé comme serveur/serveuse dans un restaurant en Grande-Bretagne pendant un mois l'année dernière.
   Ex: D'accord. Avez-vous des questions à me poser?
5. Cand: Quels sont les heures de travail et le salaire proposé, s'il vous plaît?
   Ex: Nous cherchons quelqu'un pour travailler le week-end, de dix heures à dix-huit heures. Le salaire est à négocier.

Role-play 4

1. Cand: Bonjour monsieur/madame. Où se trouve le rayon des vêtements, s'il vous plaît?
   Ex: Là-bas à droite.
2. Cand: Je voudrais acheter des T-shirts pour mes amis.
   Ex: De quelle taille et de quelle couleur?
3. Cand: Je cherche des T-shirts en blanc et en noir de taille quarante-deux.
   Ex: Voilà des T-shirts de cette taille en blanc et en noir.
4. Cand: Merci, ces T-shirts sont supers.
   Ex: Les T-shirts sont à cent francs.
5. Cand: Puis-je payer en chèques de voyage ou en espèces?
   Ex: Comme vous voulez.
   Cand: Merci. Au revoir.

Suggested answers

Reading (Foundation and Higher Tiers)

1. (b)
2. (a)
3. (d)
4. (b)
5. Jus d'orange/citron pressé/Coca.
6. 1 (f)
   2 (d)
   3 (a)
   4 (e)
   5 (b)
7. (a) F
   (b) V
   (c) F
   (d) F
   (e) V
8. 1 (b)
   2 Août.
   3 Nancy.
   4 0 FF – gratuit(e).
   5 L'Armée de l'Air.
9. (a) cent/100 mètres.
   (b) La plage est près de l'hôtel/à côté de l'hôtel.
   (c) 10
   (d) 4
   (e) Piscine/salle de musculation/salle de jeux.
   (f) petit déjeuner, déjeuner, dîner.
   (g) Non.
10. (a) seize/16
    (b) parler/professeurs
    (c) Sylvianne et ses professeurs
    (d) Sylvianne
    (e) timide/bête/nul
    (f) téléphoner
    (g) cours/copains/devoirs.
11. (a) F
    (b) V
    (c) F
    (d) V
    (e) V
    (f) F
12. (a) Jean-Paul/Marc
    (b) Bruno/Fabrice
    (c) Bruno/Fabrice
    (d) Jean-Paul
    (e) Jean-Paul/Marc
13. (a) Yes
    (b) Wednesday and Saturday
    (c) Yes
    (d) Sailboarding
    (e) 100 00 FF
    (f) 500 00 FF
    (g) 105 00 FF
    (h) medical certificate/swimming certificate/receipt of payment.
    (i) Cross out that which does not apply.
    (j) 2 from: old shoes/waterproof/sweater/a change of clothes.
    (k) A wetsuit for those doing sailboarding.

187

Writing (Foundation and Higher Tiers)

1. (a) (your name)
   (b) (your address)
   (c) (your post code)
   (d) e.g. britannique
   (e) e.g. tente
   (f) e.g. cinq
   (g) e.g. le 20 juillet
   (h) e.g. le 12 août

2. (a) e.g. le tennis et la natation
   (b) e.g. au complexe sportif le samedi et le dimanche
   (c) e.g. le football et le golf
   (d) e.g. Je suis membre de l'équipe de badminton de mon collège
   (e) Je voudrais pratiquer (e.g.) le ski et la voile

3. (e.g.) Au mois d'août j'ai passé deux semaines au bord de la mer à St-Rémy. Voici une photo de la plage. Ma famille et moi avons loué une caravane au camping de la Plage. J'adore nager et je suis allé à la plage tous les jours. Il a fait très beau et je me suis bronzé. Mon père et moi avons fait de la planche à voile. C'est super! Je voudrais retourner à St-Rémy l'année prochaine.

4. Example:

   Cher Philippe,

   Merci bien de ta dernière lettre. J'étais très content d'avoir des informations sur ta vie à l'école. Tu dois quitter la maison très tôt le matin!

   Moi, je quitte la maison à huit heures et demie. Je prends le car de ramassage et j'arrive à l'école vers neuf heures moins le quart.

   Les cours commencent à neuf heures et quart. Il y a trois cours le matin et deux l'après-midi. Chaque cours dure une heure. Quelquefois, je trouve les cours trop longs, mais si c'est un cours de maths, je m'amuse beaucoup et le temps passe très vite. Le prof. de maths est très drôle.

   Tous les jours, après les classes, on peut pratiquer des sports. Je suis membre de la deuxième équipe de basket. Si je m'entraîne très fort cette année, j'espère devenir membre de la première équipe.

   Maintenant je dois faire mes devoirs. Je n'aime pas ça!

   A bientôt.

Index

abstractions, vocabulary 75
accidents and emergencies 76, 128–9, 132
accommodation, reading tests 131
adjectives
   agreement with nouns 21–2
   comparative and superlative 23
   definition 20
   demonstrative 23
   indefinite 22
   irregular feminine forms 22
   possessive 23–4
   rules of use 21–2
   vocabulary 63, 65, 68, 79–80, 82–3
adverbs
   comparative and superlative 24
   definition 20
   rules of use 24
   vocabulary 82
advertising, listening tests 99
agreement
   direct object 41
   grammar 147
   nouns/adjectives 21–2
   tout 24
aller 36, 45
alphabet, speaking tests 108
animals, vocabulary 64, 79
answers
   grammar tests 57–9
   listening tests 96–7, 106–7
   reading tests 142–4, 153–4
   speaking tests 122–6, 128–9
   writing tests 161–2, 166–7
areas of experience *see* topic areas
articles, grammatical 19–20, 53, 57
articles, journalistic 164–5, 167
avoir 40–1, 62

banking 78–9, 131
body parts, vocabulary 69
buildings 77, 133

cafés *see* restaurants
camping, vocabulary 74
cinema 73, 102
cities *see* towns and cities
clothes, vocabulary 71–2
colours, vocabulary 79
communication, vocabulary 84–6
compass locations, vocabulary 80
conditional perfect tense 41
conditional tense 38
conjunctions 20, 28, 54, 57
conversation, speaking tests 108, 109–13, 116

countries, vocabulary 87
countryside, writing tests 165, 167
coursework 2, 156, 167–8

days, vocabulary 60
definite article 19, 20
diaries, writing tests 158, 161
dictionaries, use of 2, 5, 130–1, 156
direct object, agreement 41
directions, asking for 80, 121, 126
drinking *see* food and drink

eating *see* food and drink
environment 79, 147, 167
être 39–40
everyday life
   see also topic areas
   reading tests 131–8
   vocabulary 63–70
examination technique 1
   anti-panic guide 154–5
   listening tests 90–4, 97–8
   reading tests 140–1
   speaking tests 108–9
   writing tests 156–7
examinations
   complete paper 169–88
   general information 1–2
   grading and tiering 2–3, 89
   listening 89–107
   reading 130–55
   speaking 108–29
   writing 156–68
examining groups
   skills tested 1
   syllabuses 6–16
expressions, vocabulary 62, 75–6

family 70, 109–10
family names 21
faux amis 138
feelings, vocabulary 76
food and drink 66–8, 152–3
form-filling, writing tests 158–9, 162
friends 71, 109
functions
   grammar test 56, 59
   syllabus requirements 50–2
future perfect tense 41
future tense 36–7

gardens, vocabulary 64
gender, definition 20
grammar 19–52, 147
   self testing 53–9

189

Index

health and fitness 69–70, 101, 152–3
holidays
   listening tests 93–4
   reading tests 132, 149–50
   speaking tests 111–12, 118–19, 127
   vocabulary 73–5, 79
hotels 74, 99, 149–50
house and home 63–4, 77, 100, 110–11, 148
how much?, vocabulary 80
how?, vocabulary 80–1

illness 69–70, 102, 121
imperative 45
imperfect tense 37–8
indefinite article 20
information technology *see* IT
interviews, listening tests 92
inversion 50
irregular verbs
   future tense 37
   past historic 42–3
   perfect tense 40
   present tense 33, 34–5
IT (information technology) 85–6, 151–2

job applications 83–6
   listening tests 93
   speaking tests 120, 124–5
   writing tests 163, 164, 166

letters
   formal 163–4, 166
   informal 159–61, 162, 163, 167
listening examination 89–107
   answers 96–7, 106–7
   preparation for 89–90
   questions 90–4, 98–103
lists, writing tests 157–8, 161

materials, vocabulary 63
messages, writing tests 158, 161
months, vocabulary 60
mountains, vocabulary 88
music 73, 150–1

names, family 21
narrative account 127–9
nationalities, vocabulary 87
negatives 20, 48–9, 55, 59, 62
n'est-ce pas 49
notices, reading tests 131–8
nouns 20–1, 147
numbers 60–1, 147

object, definition 20
object pronouns 25
oral examination *see* speaking examination

partitive articles 20
passive 44

past historic tense 42–3
past participles 39–41, 44, 48–9
people 82–3, 88, 98
perfect tense 39–41
personal details 70, 109–10
pets *see* animals
places, vocabulary 80
pluperfect tense 41
plural, nouns 20–1
pop music 150–1
post office 78, 132
postcards, writing tests 159, 162
prefixes 140
prepositions 20, 29–31, 46–7, 54, 58, 62
present participle 45–6
present tense 32–6
problem handling, speaking tests 120–1, 125
pronouns
   definition 20
   demonstrative 26
   disjunctive 26–7
   grammar test 53, 57
   indefinite 27–8
   personal 25
   possessive 25–6
   relative 27
pronunciation, speaking tests 108

quantities, vocabulary 62
questions
   asking 49–50
   grammar tests 53–6
   listening tests 90–4, 98–103
   reading tests 139–53
   speaking tests 109–28
   types of 4–5
   writing tests 157–61, 163–5

radio, listening tests 93
reading, vocabulary 72–3
reading examination 130–55
   answers 142–4, 153–4
   anti-panic guide 154–5
   preparation for 131–8
   questions 139–53
reflexive verbs 36, 39–40, 44, 45
regions, vocabulary 87–8
restaurants 68, 91–2, 94, 119, 122–3, 133–4
revision 6, 17–18, 19, 32
rivers, vocabulary 87
road signs, reading tests 134–5
role-plays 108, 117–26
rubrics, examination 3–4, 139, 157

school 64–6, 112–13, 165, 167
seas, vocabulary 88
seaside 79, 135
seasons, vocabulary 61
shapes, vocabulary 82

Index

shopping 77–8, 93, 119, 123, 135–7, 141–2
si, tenses with 48
signs, reading tests 131–8, 141
sizes, vocabulary 82
social life 70–6, 102, 109–113, 121, 125–6
  see also topic areas
speaking examination 108–29
  answers 122–6, 128–9
  assessment criteria 116
  general conversation 109–13
  narrative account 127–9
  preparation for 108–9
  prepared talk 114–17
  questions 109–28
  role-plays 117–26
sport 69, 146–7, 149, 152
streets, reading tests 134–5
subject pronouns 25
subjects, definition 20
subjunctive 43–4
swimming, reading tests 149
syllabuses, examining groups 6–16

telephones 84–5, 99, 123–4, 132, 151–2
television 73, 142
tense *see* verbs
tests, grammar 53–9
tiering 2–3
time 61, 90
topic areas
  everyday life 3, 63–70, 109–13, 114
  international world 3, 86–8, 115–16
  our world 3, 77–83, 112–13, 115
  personal and social life 3, 70–6, 109–15
  work 3, 83–6, 115
tourism *see* travel and tourism
tout, agreement 24
towns and cities 77, 80, 87, 112, 137, 165, 167

transcripts 95–6, 103–6
transport 86–7, 98, 132, 133
travel and tourism
  listening tests 90–2
  reading tests 137–8, 141–2, 145, 147–50
  speaking tests 118–20, 122–4, 127–9
  vocabulary 86–8

venir de 48
verbs 32–48, 70
  agreement 147
  definition 20
  impersonal 47–8
  irregular 33, 34–5, 37, 40
  negatives 48–9
  passive 44
  past participle 39–41, 44, 48–9
  prepositions 46–7
  present participle 45–6
  revision 32
visual material, writing test 165
vocabulary 60–88

weather 81–2, 92, 94, 148–9
weights 147
when?, vocabulary 81
where?, vocabulary 80
word endings 140–1
work 83–6, 100–1, 103, 120, 124–5, 151–2
  see also job applications; topic areas
world issues
  see also topic areas
  vocabulary 88
writing examination 156–68
  answers 161–2, 166–7
  preparation for 156–7
  questions 157–61, 163–5

GCSE French CD/Cassette

If you have purchased a copy of our Study Guide for GCSE French and would like to buy the accompanying CD or cassette, or if you have bought the CD and would like to swap it for a cassette, please tick the relevant box below, complete the order form and return it to:

**Letts Educational Ltd
Aldine Place
London W12 8AW
Telephone 0181 740 2266**

Forenames (Mr/Ms) _____

Surname _____

Address _____

_____

_____ Postcode _____

Please swap the enclosed CD for a cassette: ☐

Please send me:

		Quantity	Price (incl VAT)	Total
GCSE French CD	☐	_____	£4.00	_____
GCSE French cassette	☐	_____	£4.00	_____
Add postage – UK and ROI 75p for each CD/cassette	☐			_____

I enclose a cheque/postal order for £ _____
(made payable to Letts Educational Ltd)

Or charge to Access/Visa card No. ☐☐☐☐☐☐☐☐☐☐☐☐☐☐

Expiry date _____

Signature _____